Informatik Fachberichte 102

Herausgegeben von W. Brauer
Im Auftrag der Gesellschaft für Informatik (GI)

Hans-Jürgen Appelrath

Von Datenbanken
zu Expertensystemen

Springer-Verlag Berlin
Heidelberg GmbH

Autor

Hans-Jürgen Appelrath
ETH Zürich, Institut für Informatik
ETH-Zentrum, CH-8092 Zürich

CR Subject Classifications (1985): H.2, I.2.1, I.2.3, I.2.4

ISBN 978-3-540-15655-0   ISBN 978-3-642-95478-8 (eBook)
DOI 10.1007/978-3-642-95478-8

CIP-Kurztitelaufnahme der Deutschen Bibliothek. Appelrath, Hans-Jürgen: Von Datenbanken zu Expertensystemen / Hans-Jürgen Appelrath. - Berlin; Heidelberg; New York; Tokyo: Springer, 1985.
(Informatik-Fachberichte; 102)

NE: GT

2145/3140-54321

Für Rita

Vorwort

Das Buch basiert auf der Dissertationsschrift "Konzepte der Wissensbereitstellung in Expertensystemen: Inferenzmechanismen auf relationalen Datenbanken", die ich im Frühjahr 1983 an der Universität Dortmund abschloss.
Das darin gelegte Fundament erhielt zahlreiche Ergänzungen, ein neues Kapitel zum Thema "PROLOG und Datenbanken" und Hinweise auf aktuelle Literatur. Dabei waren Erfahrungen aus einer im Wintersemester 84/85 an der ETH Zürich gehaltenen Vorlesung mit dem Titel "Wissensbasierte Systeme" hilfreich.

Auf dem langen Weg von ersten Fassungen der Dissertationsschrift bis zum vorliegenden Buchmanuskript haben mich viele Menschen unterstützt, denen ich an dieser Stelle gerne danke.

A.B. Cremers, mein Doktorvater, und J. Biskup, Mitbetreuer und zweiter Gutachter der Dissertationsschrift, haben die Arbeit in Dortmund mit wertvollen Anregungen, kritischen Bemerkungen und aufmunternden Worten begleitet. Konstruktive Beiträge kamen auch von H.H. Brüggemann und H. Bense.
O. Fuhlrott machte gute Vorschläge für eine kompaktere Darstellung des Stoffes und gab nützliche Hinweise auf aktuelle Veröffentlichungen.

In der Zürcher Zeit seit Anfang 1984 hat mir die Diskussionsbereitschaft von Mitarbeitern des Instituts für Informatik der ETH, insbesondere von M. Ester, H. Jasper, J.A. Makowsky und A. Ultsch sehr geholfen.

Zürich, im April 1985

Hans-Jürgen Appelrath

Inhaltsverzeichnis

1. Einleitung

Die Entwicklung der Informationstechnologie wird zur Zeit vom Übergang der dritten zur vierten und bereits der Diskussion der fünften Systemgeneration bestimmt. Etwa seit Mitte der 70er Jahre erlaubten Systeme der *dritten Generation* durch verbesserte Hardware- und Softwaretechnologien zunehmend die *Integration* räumlich verteilter Systeme und funktional spezialisierter Geräte unter einem umfassenden Architekturkonzept.
Innovationen im Hardwarebereich - kostengünstige Kleinrechner mit grossem Funktionsumfang und hoher Leistung sowie ihr Verbund über lokale und öffentliche Datennetze mit Zugriff auf nahezu beliebige zentrale und dezentrale Datenbasen - haben zu einer Vervielfältigung der Datenspeicherungs- und -verarbeitungskapazität geführt.

Systeme der *vierten Generation*, die bereits vereinzelt kommerziell einsetzbar sind, realisieren erstmals in stärkerem Masse relevante Anwendungen aus dem Bereich der sogenannten *Künstlichen Intelligenz* (KI). Ein Charakteristikum ist die Fähigkeit zur *Musterverarbeitung* (etwa von Sprachsignalen und Bildern).

Die *fünfte Generation* (FEI3]) lässt sich mit dem Schlagwort "*Intelligente Systeme*" kennzeichnen. Solche Systeme sollen in der Lage sein, in problemangepasster Weise grosse Mengen auch heterogenen und vagen Wissens zu repräsentieren, aus solchen Wissensbasen mit meist heuristischen Methoden Schlussfolgerungen zu ziehen und einem Benutzer in weitgehend natürlicher Sprache erklärend und bewertend auf Abfragen bereitzustellen. Ein Bedarf an intelligenten Systemen besteht insbesondere in natur- und ingenieurwissenschaftlichen *Wissensgebieten*, die bisher nur von Experten in hinreichendem Umfang beherrscht wurden, z.B. Medizin, Chemie, Biologie, Verfahrens- und Umwelttechnik, Energie- und Sicherheitstechnik.

Systeme mit den oben beschriebenen Fähigkeiten werden nach einer Begriffsbildung in der KI als *Expertensysteme* oder auch *Wissensbasierte Systeme* bezeichnet. Die zentralen Komponenten solcher Systeme sind *Wissensbasis* und *Deduktionskomponente* (zur Manipulation und Auswertung der Wissensbasis). Die komplexen Anforderungen legen die Entwicklung spezialisierter Wissensbasen mit in ihrer Anwendbarkeit eng begrenzten Expertensystemen nahe.

Konzeptionen und prototypische Implementierungen von Expertensystemen gibt es bereits seit Ende der 60er, Anfang der 70er Jahre. Als erste Systeme werden allgemein die an der Stanford University von Buchanan, Shortliffe und anderen entwickelten Systeme DENDRAL ([BUCH]) und MYCIN ([BUSH]) angesehen. Sie stammen aus einem informationstechnologischen Szenario, das durch den Wechsel von der zweiten zur dritten Systemgeneration bestimmt wurde: die Hardwaretechnologie bot nicht die für eine befriedigende Lösung notwendige Rechnerleistung, und für die Entwicklung der Anwendersoftware fehlten geeignete Methoden, Programmiersprachen und Werkzeuge der Softwaretechnologie.
Bis heute waren die Fortschritte in beiden Technologiebereichen nicht ausreichend, um Expertensysteme mit dem oben aufgeführten Anforderungskatalog in praxisnahen Problemstellungen erfolgreich einsetzen zu können, doch sind sie als "Assistenten" menschlicher Experten in quantitativ und qualitativ beschränkten Einzelfällen durchaus verwendbar. Ein häufig zitiertes Beispiel ist das von McDermott initiierte R1/ XCON ([MCDE]), ein System zur Konfigurierungsberatung, das aus der Implementierung einer Software-Entwicklungsumgebung zur Erstellung von Expertensystemen (*Expertensystem-shell*) hervorging.

Ein zentrales Problem bei der Konzipierung und Realisierung von Expertensystemen ist die geeignete Darstellung und effiziente Manipulation von Wissen. Etwa parallel zu frühen Veröffentlichungen über Expertensysteme schlug Green 1969 die Verwendung einheitlich *prädikatenlogischer* Beschreibungsmittel zur Repräsentierung, Bereitstellung und Veränderung von Wissen vor ([GRE1]). Darauf aufbauend entwickelten sich *deduktive Frage-Antwort-Systeme*, die mit meist kleinen Datenbeständen gespeicherter Fakten unter Verwendung von *Inferenzmechanismen* (Algorithmisierungen des semantischen Folgerungsbegriffs der Prädikatenlogik) Abfragen auch nach nicht explizit repräsentiertem Wissen beantworten. Der

Vorteil dieser für einen Benutzer einheitlichen Sichtweise des Systems wird durch den Verzicht auf eine problemangepasste Beschreibungsmöglichkeit und die fehlende Berücksichtigung fast aller Implementierungsaspekte erkauft.

Gestützt wurde dieser Ansatz durch die Bemühungen zur Konstruktion *universeller Problemlöser* (als frühes Beispiel sei der "general problem solver" GPS von Newell und Simon ([NES1]) erwähnt). Die auftretenden *Komplexitätsprobleme* führten aber zu einer Abkehr von diesem Generalisierungsansatz und bestärken den Spezialisierungsansatz massgeschneiderter Expertensysteme mit problembezogener Wissensrepräsentierung und heuristischen Inferenzmechanismen.

In den gleichen Zeitraum der Entwicklung erster Expertensysteme fielen 1970/71 die grundlegenden Arbeiten zum *relationalen Datenmodell* von Codd ([COD1]). Prototypische Implementierungen auf dem Relationenmodell basierender *Datenbank (DB)-Systeme* (z.B. INGRES ([STON]) und SYSTEM R ([AST2])) gibt es seit der Mitte der 70er Jahre.

Die Frontend-Erweiterung (konventioneller) DB-Systeme um eine deduktive Frage-Antwort-Komponente mit Inferenzmechanismus führte zur Entwicklung *deduktiver Datenbanken* ([GAMI]) seit Ende der 70er Jahre. Diese Integration von Aspekten der Frage-Antwort-Systeme und DB bringt u.a. bei grossen Datenbeständen und komplexen, *deduktiven Regeln* wegen der fehlenden Möglichkeit zur DB-Speicherung "negativen und unvollständigen" Wissens und vor allem wegen der *Schnittstelle* zwischen deduktiver Komponente und DB-System eine Reihe noch nicht zufriedenstellend gelöster Probleme mit sich.
Solche *deduktiven DB-Systeme* bezeichnen wir als - wenn auch noch sehr einfache - *DB-basierte Expertensysteme*, da sie in einem "bottom up"-Ansatz einige der an Expertensysteme gestellten Anforderungen zu erfüllen versuchen und durch die aufgesetzte Deduktionskomponente eine der beiden charakteristischen Komponenten eines Expertensystems aufweisen.

Die qualitative und quantitative Zunahme umfangreicher DB legt aber auch das Interesse an einem "top down"-Ansatz DB-basierter Expertensysteme nahe. Ältere, auf ihren heutigen Umfang inkrementell gewachsene Expertensysteme verzichten noch häufig auf die Einbindung von DB als Subsysteme zur effizienten Verwaltung grosser, formatierter Datenbestände, doch lassen die Erwartung kürzerer Entwicklungszeiten und der Vorteil schon vorhandener, streng modellierter Wissensbasen die Integration zu - wie wir sie nennen wollen - erweiterten DB-basierten Expertensystemen wünschenswert erscheinen.

Der *bottom up*-Ansatz geht also von einem anwendungsneutralen, universellen Basis-Softwaresystem (einem DB-System) aus und will Anforderungen an Expertensysteme durch eine Erweiterung des DB-Systems erreichen. Der *top down*-Ansatz verfolgt die Idee, in ein problembezogenes, massgeschneidertes Anwendungs-Softwaresystem (ein Expertensystem) DB als Subsystem(e) zu integrieren.

Die recht intensive Forschung in beiden Richtungen beweisen u.a. [BROD] und die Fülle der in [SIGA] aufgeführten Projekte, wobei diese Übersicht auf den nicht-industriellen Bereich beschränkt ist. Eine andere Klassifikation von Ansätzen zur Integration von DB- und Expertensystemen skizziert Vassiliou in [VASS].

Ein spezielles Problem im Rahmen des top down-Ansatzes ist die Fragestellung, inwieweit man ein DB-System in ein *Logisches Programmiersystem* (z.B. das bekannte PROLOG ([CLO1])) einbetten kann. Ziel dieses Einbettungsvorgangs bei der Konstruktion sogenannter *DB-basierter PROLOG-Systeme* ist die Abspeicherung von Fakten und Regeln des PROLOG-Programms in der zugrundeliegenden DB. Damit soll insbesondere bei grösseren Applikationen das Problem der externen Datenverwaltung gelöst werden.

Das Hauptziel dieses Buches ist eine einheitliche Beschreibung der *Wissensbereitstellung DB-basierter Expertensysteme* und darauf aufbauend die Vorstellung des *deduktiven DB-Systems* DEDUDAB (Deductive database system) und des mit einem Meta-Interpreter ausgestatteten *DB-basierten PROLOG-Systems* CPDB (Controlled PROLOG for DB).

Dazu werden wir konventionelle und deduktive DB prädikatenlogisch darstellen und ihre Wissensbereitstellung als spezielle Inferenzmechanismen charakterisieren. Um später erweiterte DB-basierte Expertensysteme als evtl. mehrstufige *Metasysteme* von DB beschreiben zu können, benutzen wir bereits für konventionelle und deduktive DB ein für die gesamte Arbeit durchgängiges *Architektur- und Funktionskonzept* für (DB-basierte) Expertensysteme.

Als Inferenzmechanismen deduktiver DB stellen wir eine Konkretisierung *semantischer Resolutionsstrategien* vor, mit der wir bekannte deduktive DB-Systeme klassifizieren. Dieser neuartige Ansatz erlaubt die einheitliche Beschreibung verschiedener Konzepte zur Wissensbereitstellung (z.B. Übersetzungs- bzw. Interpretierungsansatz, Ableitungs- bzw. Generierungsansatz).

Prädikatenlogisch differenzieren wir deduktive DB und erweiterte DB-basierte Expertensysteme u.a. durch den Übergang von *Horn-Formeln* auf eine grössere Klasse prädikatenlogischer Formeln als jeweils zugelassene Klasse deduktiver Regeln. Diese Differenzierung ist durch eine Reihe attraktiver Eigenschaften von Horn-Formeln begründet.

Bezüglich ihrer *Funktionalität* streben erweiterte DB-basierte Expertensysteme im Gegensatz zu deduktiven DB z.B. die Einbeziehung vagen Wissens, nicht-monotoner Inferenzmechanismen, einer Erklärungs- und einer komfortablen Dialogkomponente an. Die DB-unabhängige Wissensbereitstellung beschreiben wir durch graphentheoretische Konzepte auf *Und-Oder-Graphen* ([NIL1]), die durch spezielle Metaprädikate die Einbindung von DB ermöglichen.

Die von uns befolgte strikte Trennung in hierarchisch geordnete "Schalen" zunehmend komplexerer Metasysteme respektiert Implementierungsgesichtspunkte von Expertensystemen. Eine Analyse existierender Expertensysteme zeigt nämlich, dass diese Systeme über einen langen Entwicklungszeitraum inkrementell gewachsen sind. Anwendungstests von Prototypen und neue Anforderungen implizieren in der Regel Komplexitätsprobleme, die man durch Einführung von Metasystemen zur Steuerung und Kontrolle der Inferenzmechanismen zu lösen versucht.

Mit der durchgängig prädikatenlogisch orientierten Beschreibung der Wissensbereitstellung erfüllen wir die Forderung nach einer *einheitlichen Systemsicht* für den Benutzer, während wir durch das Prinzip der Metabildung *Implementierungsaspekte* DB-basierter Expertensysteme berücksichtigen.

Wir schliessen die Einleitung mit einem Überblick über die weiteren Kapitel des Buches ab.

Kapitel 2 beschreibt kurz die notwendigen Grundlagen von *Expertensystemen* und einiger Methoden zur *Wissensrepräsentierung* und *-bereitstellung* (insbesondere der universellen Methode der *Ersetzungssysteme*), die in Expertensystemen zum Einsatz kommen. Ausführlicher werden die *Prädikatenlogik 1. Stufe* und darauf aufbauend *Resolutionsstrategien* vorgestellt.

In Kapitel 3 greifen wir einen Ansatz von Nicolas ([NIC1]) auf, indem wir eine *relationale DB* prädikatenlogisch beschreiben und ihre Wissensbereitstellung (im DB-Bereich als *Retrieval* bezeichnet) als Inferenzmechanismus auffassen. Wir setzen diese prädikatenlogische Sichtweise fort und sehen eine *deduktive DB* als DB mit einem erweiterten Inferenzmechanismus, der zur Wissensbereitstellung - auch rekursiv definierbare - deduktive Regeln einsetzt. Erste Überlegungen zur *Architektur* und Differenzierung der *Wissensbereitstellung DB-basierter Expertensysteme* beschliessen dieses Kapitel.

Das Kapitel 4 beschreibt die *Wissensbereitstellung deduktiver DB* durch spezielle Resolutionstrategien - als *rückwärts-gerichtete* Ersetzungssysteme interpretiert -, anhand derer eine Klassifizierung existierender deduktiver DB-Systeme möglich wird. Probleme der Effizienz und Terminierung solcher Strategien werden diskutiert.

Kapitel 5 behandelt die *Wissensbereitstellung erweiterter DB-basierter Expertensysteme* unter dem Aspekt der Einbindung relationaler DB als Subsysteme. Dabei wird die DB-unabhängige Wissensbereitstellung mit graphentheoretischen Konzepten - einer anderen Konkretisierung von Ersetzungssystemen - dargestellt. Es schliessen sich Betrachtungen der Schnittstelle zum DB-System, der Einbeziehung vagen Wissens und nicht-monotoner Inferenzmechanismen, der Funktion einer Erklärungskomponente und der Gestaltung der Dialogkomponente an.

In Kapitel 6 werden Entwurf und Implementierung des in einem bottom up-Ansatz auf der Basis von INGRES (unter UNIX auf einer PDP11/60) realisierten deduktiven DB-Systems DEDUDAB vorgestellt. Bei der Beschreibung greifen wir auf die in Kapitel 5 verwendeten Begriffe zur Klassifizierung existierender deduktiver DB-Systeme zurück, um die Einordnung von DEDUDAB zu erleichtern. Schliesslich werden Konzepte zur Verbesserung des Inferenzmechanismus' und zur transparenten Verwaltung deduktiver Regeln behandelt.

Kapitel 7 basiert auf [APB2] und stellt zunächst PROLOG als inzwischen bekannteste logische Programmiersprache vor, um dann eine Klassifikation der Ansätze zur *Integration* von DB-Systemen in ein *PROLOG-Programmiersystem* zu diskutieren. Bezüglich dieser Klassifikation beschreiben wir dann ausführlich die Realisierung des Systems CPDB, ein System, das auf der Ein-Tupel-Schnittstelle des relationalen DB-Systems SYSTEM B ([BENS]) aufsetzt und dessen Zugriffssystem zur PROLOG-Fakten- und Regelverwaltung nutzt. Originell ist neben der integrierten Fakten- und Regelverwaltung der Einsatz eines Meta-Interpreters, der über *lokale Metaregeln* (an Regeln gebundene Kontrollworte) den i.a. ineffizienten Ableitungsvorgang des *Backtracking* im PROLOG-Interpreter beschleunigt.

Ein umfangreiches Literaturverzeichnis sowie ein Abkürzungs- und ein Schlagwortindex runden das Buch ab.

2. Grundlagen

2.1. Expertensysteme

Begriffsbildung

Versuche, den Begriff 'Expertensysteme' zu definieren, sind in der einschlägigen Literatur zwar häufig- zu finden, aber bisher durchweg nicht hinreichend exakt, um Missverständnisse und Anschlussfragen bezüglich einer zuvor gegebenen Definition zu verhindern. Ein wesentlicher Grund dafür scheint zu sein, dass die Entwicklung der Systeme, die man unter dem Begriff 'Expertensysteme' zusammenfasst, noch sehr stürmisch und keineswegs so abgeschlossen ist, dass ein generelles Verständnis von dem, "was Expertensysteme sind", erreicht ist, was notwendige Voraussetzung einer präzisen Definition ist.

Die Art solcher Definitionsversuche zeigt folgende Auswahl von Zitaten:
>   "... high-performance programs in specialized professional domains, a pursuit that has encouraged an emphasis on the knowledge that underlies human expertise" ([HAYE]),
>   "... computer programs that behave like a human expert in some useful ways" ([WINS]),
>   "... computer systems that can help solve complex, real-world problems in specific scientific, engineering, and medical specialities" ([FEI2]).

Auch die nachfolgende Begriffsbildung erfüllt keinesfalls den Anspruch einer formal befriedigenden Definition. Wir verwenden in diesem Buch den Begriff 'Expertensysteme' in dem in dieser "Definition" zum Ausdruck kommenden Verständnis:

"Expertensysteme sind *wissensbasierte Informationssysteme*, die

1. (meist grosse) Mengen von (evtl. auch heterogenem und vagem) *Wissen* einer eng begrenzten Anwendung in problemangepasster Weise zu *repräsentieren* versuchen,

2. helfen, dieses Wissen zu *akquirieren* (erstmals zu beschaffen) und zu *verändern*, und

3. aus solchem Wissen (mit meist heuristischen Methoden) *Schlussfolgerungen* ziehen - damit neues Wissen ableiten - und auf Abfragen eines Benutzers hin Wissen erklärend (und wenn notwendig bewertend) *bereitstellen.*

Unter *Wissen* verstehen wir dabei pragmatisch die Gesamtheit solcher in einer *Wissensrepräsentierungssprache* darstellbaren und im Rechner gespeicherten Informationen der Expertensystem-Anwendung, die zur Beantwortung von Abfragen notwendig sind. Diese Informationen umfassen bei den meisten Expertensystemen (mindestens) *Fakten, Regeln* und *Metaregeln* (Regeln über die Verwendung von Regeln)."

Bem. 1. Mit dieser Begriffsbildung grenzen wir uns wegen der Betonung des *Informationssystem-Charakters* von einem weitergefassten Anspruch von Expertensystemen ab. Die Betonung, dass Expertensysteme - wenn auch recht komplexe und anspruchsvolle - Informationssysteme sind, bedeutet insbesondere, dass vergleichbar DB- und Information Retrieval-Systemen die *Beantwortung von Abfragen* eines Benutzers die eigentliche Problemstellung ist, die von einem Expertensystem zu lösen ist.

2. Dieser Definitionsversuch zeigt wiederum die grundsätzliche Schwierigkeit bei der Beantwortung von "*was-Fragen*" (was sind 'Expertensysteme'?, was ist 'Wissen'?).
Man wendet sich gerne schnell den "*wie-Fragen*" zu (wie arbeitet die Komponente zur Wissensbereitstellung in einem Expertensystem?, wie kann man Wissen in einer bestimmten Sprache repräsentieren?), d.h. man geht von den *Inhalts-* zu den *Methodenfragen* über.

3. Die obige Definition zeigt bereits die drei entscheidenden Probleme bei der Realisierung von Expertensystemen auf. Es geht vor allem darum
   - Wissen zu repräsentieren,
   - Wissen zu akquirieren und zu verändern und
   - Wissen bereitzustellen,
   und dies mit angemessenen und effizienten Konzepten, Methoden und Werkzeugen.

4. Einen vergleichenden Einblick in die z.Zt. wichtigen Disziplinen im Bereich der KI, unter ihnen Expertensysteme, erlaubt [BISI].

Architektur und Funktionsbereiche

Die für das gesamte Buch durchgängige Vorstellung einer *Architektur* von Expertensystemen lehnt sich an den von Raulefs gemachten Vorschlag ([RAUL]) an. Wir unterscheiden danach fünf *Komponenten*, die in Abb. 1 dargestellt sind:

die *Wissensbasis* enthält alle Wissensinhalte (der betrachteten Anwendung(en)), die die Grundlage der Arbeit der anderen Komponenten bilden,

die *Problemlösungskomponente* bearbeitet die vom Benutzer gestellten Aufgaben (im wesentlichen das Erfragen von Wissensinhalten),

die *Erklärungskomponente* kommentiert und begründet die von der Problemlösungskomponente gelieferten Lösungen und macht ihre Erarbeitung und Qualität dem Benutzer möglichst durchschaubar,

die *Wissensveränderungskomponente* unterstützt die Konstruktion und Manipulation der Wissensbasis (i.a. Update von Wissensinhalten),

die *Dialogkomponente* führt den gesamten Dialog mit dem Benutzer und/ oder Wissensbasis-Administrator durch.

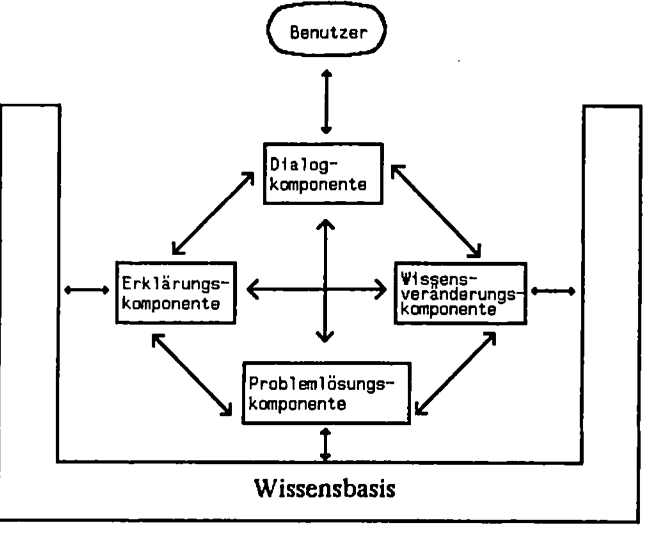

Abb. 1 Expertensysteme (Architektur/Komponenten)

Bem. 1. Mit *Wissensbasis-Administrator* (WBA) bezeichnen wir in Anlehnung an den Begriff 'Datenbank-Administrator' die Person(en), die insbesondere für den Entwurf und den Unterhalt der Wissensbasis zuständig ist (sind).

2. Eine differenziertere Architektur, *Funktionsschema* für Expertensysteme genannt, stellen Bungers et al. vor ([BUNG]). Dieses Schema berücksicht den wichtigen Aspekt des dynamischen Systemverhaltens, indem die Wissensbasis und die Problemlösungskomponente (hier als *Interpreter* bezeichnet) bezüglich der in verschiedenen Verarbeitungsstadien jeweils aktiven Teile der Wissensbasis strukturiert werden. Für dieses Funktionsschema wird anschliessend das Konzept einer Expertensystem-shell skizziert.

Bei der Betrachtung der drei bereits oben aufgezählten wesentlichen *Funktionsbereiche* von Expertensystemen interessieren Methoden zur

Wissensrepräsentierung (wie kann die Wissensbasis benutzernah und anwendungsorientiert modelliert sowie effizient im Rechner gespeichert werden),

Wissensbereitstellung (wie werden das Anwenden, Verarbeiten, Erklären und Verfügbarmachen von Wissen realisiert, was Dialog-, Problemlösungs- und Erklärungskomponente leisten),

Wissensveränderung (wie erfolgen die Akquisition und Änderung der Wissensbasis, was hauptsächlich durch die Dialog- und die Wissensveränderungskomponente geschieht).

Charakterisierung von Expertensystemen
Aufbauend auf der bisherigen Begriffsbildung führen wir nachfolgend einen Katalog von sieben Charakteristika auf, der uns hilfreich für eine Entscheidung zu sein scheint, ob ein System ein Expertensystem ist oder nicht:

1. *Grosse Wissensbasis* mit Regeln, Fakten (, Metaregeln, ...)
2. *Schlussfolgerungsverfahren* als Kern der Problemlösungskomponente
   (zur Gewinnung "neuen" Wissens aus bereits bekanntem Wisssen)
3. *Komfortable Dialogmöglichkeit*
4. *Erklärungsfähigkeit*
5. Unterstützung bei *Akquisition* und *Update* der Wissensbasis
6. Berücksichtigung einer möglichen *Vagheit von Wissen*
   (Bewertung von Regeln und Fakten,
   Nicht-Monotonie beim Schlussfolgern)
7. *Anwendungsbezug*: die Funktion eines Expertensystems ist die Assistenz eines "menschlichen Experten" bei der Problemlösung eingegrenzter Aufgaben vor allem in natur- und ingenieurwissenschaftlichen Gebieten.

Der Katalog ist so zu interpretieren, dass nicht jedes System jeden der sieben Punkte voll erfüllen muss, um nach unserem Verständnis als Expertensystem bezeichnet werden zu dürfen. Aber die quantitative (wieviele Charakteristika sind festzustellen) und qualitative (wie deutlich ist die Charakteristik ausgeprägt) Erfüllung des Katalogs scheint uns ein guter Gradmesser für die Komplexitätsstufe eines Expertensystems zu sein.

Die bisherigen Versuche zur Begriffsbildung erfolgten durch *Abstrahieren*, genauer Generalisierung ("was sind die gemeinsamen Eigenschaften von Expertensystemen, die sie charakterisieren und gleichzeitig nach aussen abgrenzen").
Daneben gibt es noch die Möglichkeit, eine Begriffsbildung durch *Aufzählung* und *Klassifizierung*

anzustreben ("X, Y und Z sind Expertensysteme, wodurch implizit klar werden soll, welche Systeme die Bezeichnung 'Expertensysteme' verdienen").
Wir werden beispielhaft für diese Form der Begriffsbildung einige bekannte Expertensysteme in ihrem Entwicklungszusammenhang aufzählen und danach abschliessend für den Abschnitt 2.1. eine Klassifikation bezüglich Anwendungstypen vorstellen.

Bem. Für ein intensiveres Studium von Expertensystemen werden wir im Buch noch zahlreiche Hinweise auf entsprechende Originalarbeiten geben. Als Übersicht über gemeinsame Konzepte und Methoden auf dem Gebiet der Expertensysteme kann man u.E. zur Zeit noch kein Buch ohne Einwände empfehlen.
Wie umstritten bereits die Frage ist, was in ein solches Buch gehört, zeigen als ein aktuelles Beispiel die Reviews zu [HAYE] von de Kleer und Dym in der Zeitschrift "Artificial Intelligence", Vol. 25, 1985, S. 101-107.

Entwicklungszusammenhänge
Die Übersicht in Abb. 2 (an eine Abbildung aus [HAYE] angelehnt) zeigt einige ausgewählte Expertensysteme in "normaler" Schrift und Softwareentwicklungsumgebungen zur Konstruktion von Expertensystemen, sogenannte *Expertensystem-shells*, in kursiver Schrift.

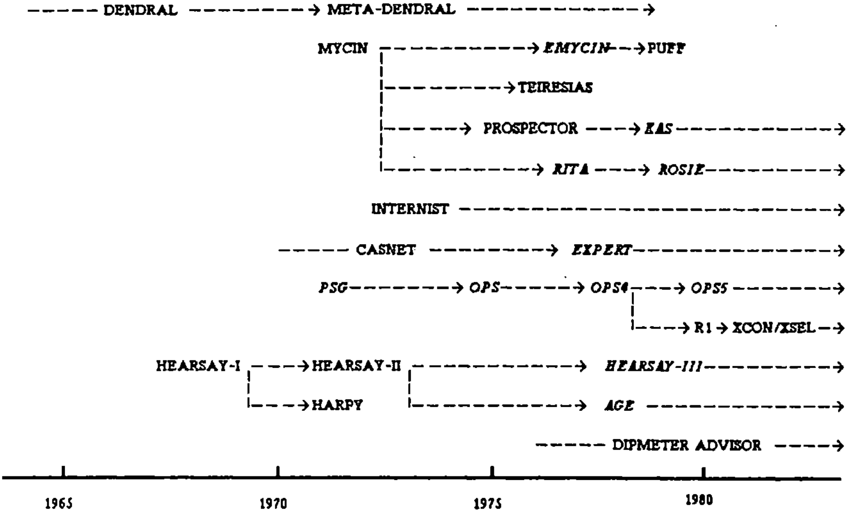

Abb. 2 Expertensysteme und Expertensystem-shells

Als eines der ältesten Expertensysteme, wenn auch beim Start des Projekts Mitte der 60er Jahre nicht als solches bezeichnet, gilt das in Stanford entwickelte DENDRAL ([BUCH]). Es hilft bei der Analyse von Massenspektren organischer Stoffe. Das Implementierungsergebnis (in LISP auf einer PDP6) konnte die Erwartungen allerdings nicht erfüllen, eine Tatsache, die DENDRAL mit vielen, auch aktuellen Expertensystemen gemein hat.

Ein weiteres "klassisches" und häufig zitiertes Expertensystem ist das ebenfalls in Stanford realisierte MYCIN, das zur Diagnose und Therapie von bakteriellen Infektionen dient. Im Vergleich zu DENDRAL beinhaltet es eine Reihe von noch heute akzeptierten Konzepten: die Wissensrepräsentierung in Form von *Produktionsregeln* (production rules), die Möglichkeit zur Bewertung von Wissen anhand von *Sicherheitsfaktoren* (certainty factors), die Entwicklung selbständiger Komponenten wie etwa TEIRESIAS ([DAVI]) für die Wissensakquisition und nicht zuletzt die Abstrahierung der für einen speziellen Anwendungsbezug verwendeten Wissensrepräsentierungs- und Problemlösungsmechanismen zu einer Expertensystem-shell wie *EMYCIN*. Eine sehr ausführliche, durch zahlreiche Einzelbeiträge aber häufig redundante Beschreibung von MYCIN und *EMYCIN* bringen Buchanan und Shortliffe in [BUSH].

Gerade die Tendenz zur Konstruktion von Werkzeugen (aus der MYCIN-Wurzel stammen neben *EMYCIN* noch andere shells wie *KAS*, *RITA* und *ROSIE*), mit denen man die Realisierung von Systemen aus einer Klasse von Anwendungen beschleunigen kann, ist angesichts der hohen Kosten für die "isolierte" Entwicklung eines anwendungsspezifischen Expertensystems keine überraschende Beobachtung.
Bei allem notwendigen Vorbehalt gegenüber solchen Abschätzungen macht eine Tabelle in [WINS] deutlich, wie der Aufwand zur Implementierung von Expertensystemen von Projektbeginn und verfügbarer Softwareentwicklungsumgebung abhängt: während Winston für das etwa 1965 ohne Werkzeugunterstützung gestartete DENDRAL-Projekt mit ca. 40 Mannjahren rechnet, stellt er für das Ende der 70er/ Anfang der 80er Jahre mit der *OPS*-shell realisierte R1 bzw. XCON nur noch einen Aufwand von einigen Mannjahren fest.

Die zentrale Bedeutung von MYCIN für das Gebiet der Expertensysteme macht Abb. 2 deutlich. Aufbauend auf den mit MYCIN gesammelten Erfahrungen und unter Verwendung bewährter MYCIN-Komponenten wurden weitere Expertensysteme entwickelt. Neben dem in [OSBO] beschriebenen PUFF, das für die Diagnose von Lungenkrankenheiten eingesetzt wurde, hat insbesondere PROSPECTOR eine grössere Aufmerksamkeit gefunden.

PROSPECTOR ([GASC]) ist ein Expertensystem zur Interpretation geologischer Daten, das bei Tests ein Molybdänvorkommen (Molybdän ist ein eisenähnliches Metall) im Wert von mehreren Millionen US-Dollar entdeckt haben soll. Selbst wenn PROISPECTOR bei diesem glücklichen Zufall behilflich war, sollte man u.E. nicht mit solchen Referenzen die kommerzielle Verfügbarkeit von Expertensystemmen zu "beweisen" suchen, wie es u.a. [HAYE] und [WINS] tun.

INTERNIST ([POPL]) ist ein an der University of Pittsburgh entwickeltes System zur Diagnose im Bereich der inneren Medizin. Seine Qualität wird allgemein als recht gut bezeichnet, was auch praxisnahe Tests - etwa das in der Zeitschrift *Science* (Ausgabe April 1983) belegte Experiment mit Fallstudien aus einer medizinischen Fachpublikation - zeigen.

CASNET ([WEIS]) ist ebenfalls ein medizinisches Diagnose- und Therapiesystem, aus dem die Entwicklung eines Programmsystems - *EXPERT* ([WEKU]) - zur Beschreibung von Expertenwissen resultierte. An *EXPERT* ist die differenzierte Behandlung von Fakten und *Hypothesen* (nicht aus der Wissensbasis ableitbare Fakten) in speziellen Regelklassen bemerkenswert.

Man kann feststellen, dass sowohl aus der Konstruktion eines konkreten Expertensystems die Entwicklung von Expertensystem-shells (wie z.B. bei MYCIN -> *EMYCIN* oder CASNET -> *EXPERT*) hervorging, als auch umgekehrt.

Diese "umgekehrte Richtung" zeigt die Entwicklung *OPS* -> R1 in Abb. 2. Es begann Anfang der 70er Jahre an der Carnegie Mellon University (CMU) mit der Entwicklung von *PSG* durch Newell und McDermott. *PSG* ist eine Sprache zur Formulierung von sogenannten *Produktionsregeln*, "wenn-dann-Regeln" zur Formulierung logischer Abhängigkeiten von Fakten. Erweiterungen und Verbesserungen von *PSG* brachte die Linie der OPS-Sprachen *OPS/ OPS4/ OPS5* ([FORG]), von denen *OPS4* Ende 1978 zur Realisierung eines Expertensystems, eben R1 - später als XCON bezeichnet - eingesetzt wurde.

R1 ([MCDE]) ist ein Expertensystem, das einen "Konfigurierer" beim Entwurf einer Rechnerkonfiguration von VAX-Systemen der Firma DEC unterstützen soll. Aufgabe von R1 ist

es, aufgrund vorgegebener Spezifikationen möglichst "optimale" Konfigurationen zu entwerfen, die bezüglich Anzahl, Art und Vernetzung der Komponenten auch in graphischer Aufbereitung dargestellt werden. Dabei bedient sich dieses System einer DB, die zu den mehreren hundert System-Komponenten die für die Konfiguration notwendigen Beschreibungen enthält.
Die Weiterentwicklung von R1 ging von der CMU zunehmend in die Verantwortung von DEC über. Das System wurde dann als XCON - inzwischen mit einer komfortablen Dialog-Schnittstelle ausgestattet als XCON/XSEL - bezeichnet und ist nur für den internen Gebrauch bei DEC bestimmt. Die Wissensbasis wuchs ausgehend von einem R1-Prototypen mit ca. 300 Regeln auf inzwischen mehrere tausend Regeln in XCON, wobei die Anzahl durch die Entwicklung neuer VAX-Komponenten kontinuierlich weiter steigt.
Leider unterliegt XCON, wie viele in den USA entwickelte Expertensysteme, wegen des "Technologieembargos" einer besonderen Geheimhaltung, so dass Informationen über den praktischen Einsatz nicht zugänglich sind.

Ein älteres Expertensystem, das aufgrund verfügbarer Literatur wohl als Prototyp eines komplexen Spracherkennungs- und Antwortsystems einzuordnen ist, ist HEARSAY-II ([ERMA]). Dieses System soll gesprochene Abfragen über mehrere Metasysteme hinweg in Abfragen übersetzen, die von einer DB beantwortbar sind, und die entsprechenden Antworten wiederum nach Durchlaufen der Metasysteme in umgekehrter Richtung für einen Menschen verständlich gesprochen ausgeben.
Das Projekt HEARSAY-II führte mit *HEARSAY-III* und *AGE* (beide in [HAYE] kurz beschrieben) ebenfalls zur Realisierung von Werkzeugen zur Implementierung von Expertensystemen.

Unter der Bezeichnung MED1 (Meta-Ebenen Diagnosesystem) wird in [PUPU] ein interessantes medizinisches Diagnosesystem - oder besser Werkzeug zur Konstruktion von Diagnosesystemen - vorgestellt. Bemerkenswert ist bei diesem, nicht in der Abb. 2 aufgeführten Expertensystem das sogenannte Meta-System, das der medizinischen Denkweise angepasste Kontrollstrukturen anbietet, die zur Beschleunigung des Diagnosevorgangs dienen.

Als weitere bekannte Expertensysteme seien noch DIPMETER ADVISOR und MOLGEN erwähnt. DIPMETER ADVISOR ([SMBA]) interpretiert die bei Bohrungen gewonnenen Messergebnisse, um Hinweise auf vermutete Ölvorkommen zu geben. MOLGEN ([STE2]) unterstützt interaktiv die Planung molekulargenetischer Versuche, speziell die Durchführung von DNA-Experimenten.

Anwendungstypen
Die von Expertensystemen bearbeiteten Aufgabenstellungen lassen sich bezüglich der Anwendungstypen wie folgt klassifizieren (vergl. auch [HAYE] und [RAUL]):

a) *Diagnose* von Zuständen eines technischen oder biologischen Systems
   Die grösste Bedeutung haben Diagnosesysteme im Bereich der Humanmedizin erlangt, doch werden bessere Erfolge in Bezug auf die Verlässlichkeit der Diagnosen in gut modellierbaren technischen Systemen erzielt.

b) *Therapie* (Wartung/Korrektur) von Systemen
   Während Diagnosesysteme fehlerhafte Systemzustände erkennen und Ursachen erforschen helfen, sind Therapiesysteme zur Korrektur fehlerhafter Systemzustände und der Beseitigung der Ursache geschaffen worden. Insofern ergibt sich häufig eine Wechselbeziehung von Diagnose- und Therapiesystemen.

c) *Interpretation* von Zuständen eines Systems
   Interpretationssysteme analysieren Zustände eines Systems und versuchen, Zusammenhänge, Strukturen und Bedeutungen zu erkennen.

d) *Entwurf* von Systemen nach gegebenen Anforderungen
Entwurfsysteme unterstützen Experten beim Festlegen von System-Versionen, etwa beim Entwurf von Schaltkreisen oder auch im Architekturbereich.

e) *Prognose* von Zuständen eines Systems
Prognosesysteme versuchen, aufgrund zeitvarianter Systemzustände Voraussagen über erreichbare Zustände zu machen und diese zu bewerten. Anwendungen, z.B. in den Bereichen Meteorologie und Volkswirtschaft, sind noch sehr selten und stossen sehr schnell an "harte" Komplexitätsgrenzen.

f) *Planung* von Aktionen zur Erreichung von Zuständen
Planungssysteme erzeugen und bewerten Aktionsfolgen zur Erreichung eines (oder mehrerer) Zielzustände (Generierung von Plänen).

g) *Überwachung* von Zuständen eines Systems
Überwachungssysteme zielen auf Anwendungen, in denen in relativ kurzer Zeit Systemzustände wechseln. Gerade im medizinischen Bereich werden solche Systeme zur Überwachung schnell anfallender Daten eingesetzt.

h) *Training* mit Unterstützung von Expertensystemen
Hierunter fallen Systeme, die dialogorientiert Wissen vermitteln, die korrekte Verwendung von Wissen trainieren und die kooperative Lösung von Aufgabenstellungen unterstützen. Insofern sind Trainingssysteme keine isolierten Systeme, sondern nur als Erweiterung der unter a) bis g) genannten Systemtypen zu verstehen.

Aufzählung und Klassifikationen von Expertensystemen sind auch bezüglich *Anwendungskomplexität* (sicheres oder vages Wissen, Grösse des "Problemraumes", usw.) und bezüglich *Anwendungsgebieten* (Medizin, Chemie, usw.) möglich.
Ein Beispiel für den 1. Ansatz bringt Stefik in [STE3], den 2. Ansatz wählt Feigenbaum im 2. Band von [FEI2].

2.2. Methoden der Repräsentierung und Bereitstellung von Wissen

In diesem Abschnitt behandeln wir Methoden der Wissensrepräsentierung und -bereitstellung, wobei die Prädikatenlogik (Abschnitt 2.2.1.) klar im Vordergrund steht und andere Methoden - gemessen an ihrer Bedeutung für die aktuelle Entwicklung von Expertensystemen - vergleichsweise sehr kurz behandelt werden (Abschnitt 2.2.2.).
Diese Entscheidung ist bereits in der Einleitung begründet worden. Die Prädikatenlogik erlaubt die angestrebte *einheitliche Bechreibung* der Wissensrepräsentierung und -bereitstellung von relationalen DB über deduktive DB bis hin zu komplexeren DB-basierten Expertensystemen, was uns mit anderen Methoden nicht möglich scheint.

2.2.1. Prädikatenlogik 1. Stufe

Wir stellen die notwendigen Grundlagen der Prädikatenlogik 1. Stufe (abgekürzt: *PLI*) in knapper Form dar und verweisen für eine ausführlichere Darstellung z.B. auf [RIC1].

Syntax

Def. Gegeben seien folgende vier, jeweils abzählbare Mengen von *Grundsymbolen*:

a) *Logische Symbole:* ⌐ ∨ ∧ (*Negationssymbol, Disjunktionssymbol, Konjunktionssymbol*)

$\rightarrow$ $\leftrightarrow$ (*Implikationssymbol, Äquivalenzsymbol*)

∃ ∀ (*Existenz-Quantor, All-Quantor*)

( ) , (*Hilfssymbole*)

b) *Individuensymbole:* $x, y, z, x_1, u, v, ...$ (*Individuenvariable;* i.a. kleine Buchstaben vom Ende des Alphabets)

$a, b, c, \text{Name}, 8, ...$ (*Individuenkonstante*)

c) *Funktionssymbole:* $f, g, h, ...$ mit jeweils der Stellenzahl $n \geq 1$

d) *Prädikatensymbole:* $P, Q, R, ...$ mit jeweils der Stellenzahl $n \geq 1$

1. Eine Individuenkonstante ist ein Term.

2. Eine Individuenvariable ist ein Term.

3. Seien f ein n-stelliges Funktionssymbol und $t_1, ..., t_n$ Terme, dann ist auch die Funktion $f(t_1, ..., t_n)$ ein Term.

4. Die kleinste durch 1. - 3. charakterisierte Menge ist die Menge der *Terme*.

5. Seien P ein n-stelliges Prädikatensymbol und $t_1, ..., t_n$ Terme, dann ist $P(t_1, ..., t_n)$ eine (atomare) *Formel*, auch nur als *Atom* bezeichnet. Das Auftreten einer Individuenvariable in einer atomaren Formel heisst *frei*.

6. Seien F und G Formeln, dann sind auch ⌐F, $(F \wedge G)$, $(F \vee G)$, $(F \rightarrow G)$, $(F \leftrightarrow G)$ Formeln. Tritt eine Individuenvariable in F oder G frei auf, dann tritt sie auch in ⌐F, $(F \wedge G)$, $(F \vee G)$, $(F \rightarrow G)$ und $(F \leftrightarrow G)$ frei auf.

7. Seien F eine Formel und x eine Individuenvarible, dann sind auch $(\exists x)\,F$ und $(\forall x)\,F$ Formeln.
Wenn x in F frei auftritt, dann heisst das Auftreten von x in $(\exists x)\,F$ bzw. $(\forall x)\,F$ *gebunden.*

8. Die kleinste durch 5. - 7. charakterisierte Menge ist die Menge der *(PL1-)Formeln.*

Teilmengen der PL1-Formeln bezeichnen wir als *Sprachen der PL1.*

Eine Formel, in der mindestens eine Individuenvariable mindestens einmal frei auftritt, nennen wir *offen.* Eine Formel, die nicht offen ist, heisst *geschlossen.*

Bem. 1. Zentrale Bedeutung werden im späteren Verlauf die sogenannten Horn-Formeln besitzen. *Horn-Formeln* sind Formeln der Form $Q\ F \to G$, wobei Q eine Folge von All-Quantoren ist, F aus durch Konjunktionssymbole verbundenen *positiven* (d.h. nicht mit einer Negation versehenen) Atomen besteht und G genau ein positives Atom ist.
F bzw. G bezeichnet man - wie bei allen Formeln mit Implikationssymbol den links bzw. rechts vom Implikationssymbol stehenden Teil - als *Prämisse* bzw. *Konklusion* oder als *Voraussetzung(steil)* bzw. *Folgerung(steil)* der Formel.

2. Mitunter verwenden wir ein spezielles Prädikatensymbol, das *Gleichheitsprädikat* '$\equiv$' (als Prädikatenkonstante!). Dies erweitert die Prädikatenlogik auf die *Prädikatenlogik mit Gleichheit.*

3. Mit den Vereinbarungen, dass '$\daleth$' stärker bindet als '$\land$' und '$\lor$' und diese wiederum stärker als '$\to$' und '$\leftrightarrow$' und dass bei gleicher Bindungsstärke eine Formel von links nach rechts ausgewertet wird, können wir oft Klammern einsparen.

4. Individuenvariable (bzw. Individuenkonstante) werden auch nur als *Variable* (bzw. *Konstante*) bezeichnet, wenn ihre Verwendung im Kontext prädikatenlogischer Formeln klar ist.

5. Eine Variable kann in einer Formel je nach Gültigkeitsbereich des entsprechenden Quantors sowohl frei als auch gebunden auftreten.

Semantik

Um die Semantik von Sprachen der PL1 zu definieren, werden Formeln interpretiert. Auf diese Weise erhält man interpretierte Formeln (eines bestimmten Definitionsbereichs D) und kann diesen einen Wahrheitswert zuordnen. Wir setzen voraus, dass '$(\forall x)$' als "für alle x aus D" und '$(\exists x)$' als "es existiert ein x aus D" interpretiert wird.

Def. (I,D) heisst *Interpretation* einer PL1-Sprache $L : \langle = \rangle$

1. D ist eine nicht-leere Menge (*Definitionsbereich*).

2. I ist eine Abbildung, die jeder Variable und jeder Konstante von L jeweils ein Element aus D, jedem n-stelligen Funktionssymbol von L eine Abbildung von D^n nach D und jedem n-stelligen Prädikatensymbol von L eine Abbildung von D^n nach {true, false} zuordnet.

3. Sind $t_1, ..., t_n$ Terme von L, f ein n-stelliges Funktionssymbol von L und P ein n-stelliges Prädikatensymbol von L, dann definieren wir eine Interpretation (I,D) von Termen und atomaren Formeln durch

$$I(f(t_1, ..., t_n)) = I(f)(I(t_1), ..., I(t_n))$$
$$I(P(t_1, ..., t_n)) = I(P)(I(t_1), ..., I(t_n)).$$

Anhand der für Grundsymbole, Terme und atomare Formeln vereinbarten Interpretationen kann man nun beliebige geschlossene Formeln interpretieren und ihre Gültigkeit bzw. Nicht-Gültigkeit definieren.

Def. Seien (I,D) eine Interpretation und F und G Formeln der PL1.

1. Eine atomare Formel $P(t_1, ..., t_n)$ heisst *gültig* bezüglich (I,D) : $\langle = \rangle$
$I(P)(I(t_1), ..., I(t_n)) =$ true.

2. Eine Formel ⌐F heisst *gültig* bezüglich (I,D) : $\langle = \rangle$
F ist nicht gültig bezüglich (I,D).

3. Eine Formel (F $\wedge$ G) heisst *gültig* bezüglich (I,D) : $\langle = \rangle$
F ist gültig bezüglich (I,D) und G ist gültig bezüglich (I,D).

4. Eine Formel (F $\vee$ G) heisst *gültig* bezüglich (I,D) : $\langle = \rangle$
F ist gültig bezüglich (I,D) oder G ist gültig bezüglich (I,D).

5. Eine Formel (F $\rightarrow$ G) heisst *gültig* bezüglich (I,D) : $\langle = \rangle$
⌐F ist gültig bezüglich (I,D) oder G ist gültig bezüglich (I,D).

6. Eine Formel (F $\leftrightarrow$ G) heisst *gültig* bezüglich (I,D) : $\langle = \rangle$
F $\rightarrow$ G ist gültig bezüglich (I,D) und G $\rightarrow$ F ist gültig bezüglich (I,D).

7. Eine Formel ($\exists$x) F heisst *gültig* bezüglich (I,D) : $\langle = \rangle$
F ist gültig bezüglich mindestens einer Interpretation (I',D),
wobei I und I' höchstens für x verschieden sind.

8. Eine Formel ($\forall$x) F heisst *gültig* bezüglich (I,D) : $\langle = \rangle$
F ist gültig bezüglich aller Interpretationen (I',D),
wobei I und I' höchstens für x verschieden sind.

Bem. 1. Eine Formel F heisst *nicht-gültig* bezüglich einer Interpretation (I,D) genau dann, wenn F bezüglich (I,D) nicht gültig ist. Bezüglich einer Interpretation I gültige Formeln werden auch als *wahr* (bezüglich I), bezüglich einer Interpretation I nicht-gültige Formeln auch als *falsch* (bezüglich I) bezeichnet.

2. Wir erweitern den Begriff der Interpretation nun auf offene Formeln. Eine offene Formel F mit n freien Variablen $x_1, ..., x_n$ ist gültig bezüglich einer Interpretation (I,D) genau dann, wenn die (geschlossene) Formel $(\forall x_1)(\forall x_2) ... (\forall x_n)$ F bezüglich (I,D) gültig ist.

3. Statt (I,D) nennen wir nur I Interpretation, wenn der Definitionsbereich D eindeutig ist.

Wir vereinbaren eine Reihe weiterer Eigenschaften von PL1-Formeln.

Def. 1. Eine Formel heisst *erfüllbar* (bzw. *unerfüllbar*) : $<=>$ es gibt eine (bzw. keine) Interpretation, bezüglich der die Formel gültig ist.

2. Eine Formel heisst *allgemein-gültig* : $<=>$ die Formel ist bezüglich aller Interpretationen gültig.

3. Eine Interpretation (I,D) heisst *Modell* einer Formel F : $<=>$ F ist gültig bezüglich (I,D).

Bem. 1. Die bisher für eine Formel definierten Eigenschaften lassen sich wie folgt auf Mengen von Formeln übertragen: eine Menge von Formeln heisst erfüllbar (unerfüllbar), wenn es eine (keine) Interpretation gibt, bezüglich der alle Formeln gültig sind. Eine Menge von Formeln heisst allgemein-gültig, wenn jede Formel der Menge allgemein-gültig ist. Eine Interpretation heisst Modell einer Menge von Formeln, wenn jede Formel bezüglich der Interpretation gültig ist.

2. Besondere Bedeutung für spätere Überlegungen hat der Begriff des Modells. Man kann einerseits sagen, dass man mit Formeln Modelle differenzieren (aussondern) will, andererseits fragt man nach Interpretationen einer vorgegebenen Formelmenge, die Modelle sind.

3. Um Interpretationsmöglichkeiten von Formeln einzuschränken, kann man häufig den Definitionsbereich in mehrere, evtl. nicht disjunkte Definitionsbereiche (sogenannte *Sorten*) aufteilen. Durch diesen Übergang von der *Ein-Sorten-Logik* zur *Mehr-Sorten-Logik* werden die Definitionsbereiche quantifizierter Variable begrenzt.

Logische Folgerung und Inferenzmechanismus

Def. Eine Formel F_{n+1} heisst *logische Folgerung* der Formeln $F_1, ..., F_n$: $<=>$

F_{n+1} ist wahr bezüglich aller Modelle von $F_1, ..., F_n$.

Wir schreiben dies auch in der Form $\{F_1, ..., F_n\} \models> F_{n+1}$.

Eine zentrale Rolle spielt im folgenden die "Algorithmisierung der logischen Folgerung", d.h. wir werden den *semantischen Implikationsbegriff* der logischen Folgerung durch den *syntaktischen Ableitungsbegriff* des *Inferenzmechanismus'* "mechanisieren" (deshalb auch häufig die Bezeichnung "Mechanisches Beweisen"). Wir bringen nur in knapper, informeller Weise die benötigten Begriffe und verweisen zu einem intensiveren Studium auf [BIBE], [RIC1] oder [BENO].

Def. Der *Prädikatenkalkül* (1. Stufe) besteht aus *logischen Axiomen* (Sprache der PL1) und *Inferenzregeln* (Regeln zum *Ableiten* einer Formel aus einer Formelmenge), wie z.B. 'modus ponens' (aus 'F' und 'F → G' folgt 'G') und 'Spezialisierung' (aus '(∀x) P(x)' folgt 'P(a)').

Man bezeichnet i.a. den um eine Menge nicht-logischer Axiome (Formeln der PL1) erweiterten Prädikatenkalkül als Theorie.

Wir werden aber in der nachfolgenden Definition diesen Theoriebegriff um die Festlegung eines Inferenzmechanismus' erweitern, da dies die angestrebte prädiktenlogische Beschreibung DB-basierter Expertensysteme erleichtern wird.

Def. Eine *Theorie* (1. Stufe) erhält man aus dem Prädikatenkalkül durch Hinzufügen *nicht-logischer* Axiome und (die Festlegung) eines Inferenzmechanismus'. Ein *Inferenzmechanismus* ist ein Algorithmus, der aus den Axiomen Formeln (sog. *Theoreme*) korrekt *ableitet*, wobei *korrekt* heisst, dass jede aus den Axiomen abgeleitete Formel auch logische Folgerung der Axiome ist.

Ein Inferenzmechanismus heisst *vollständig*, wenn jede aus den Axiomen logisch folgerbare Formel mit Hilfe des Inferenzmechanismus' abgeleitet werden kann. Eine Formel F heisst in einer Theorie aus einer Formelmenge F *ableitbar* genau dann, wenn der Inferenzmechanismus der Theorie die Formel F aus der Formelmenge F ableitet.

Bez. Die syntaktische Ableitbarkeit einer Formel F aus einer Formelmenge F mit Hilfe eines Inferenzmechanismus' symbolisieren wir durch '$F \vdash$> F'.

Die Entwicklung von Inferenzmechanismen

Anwendungen von Inferenzmechanismen sind u.a. traditionell das *Beweisen mathematischer Formeln* ([HERM]), die *Programmverifikation* ([POLA]) und die Einbettung von DB in *Frage-Antwort-Systeme* ([GAMI]). Das gemeinsame Problem dieser Anwendungen ist der Nachweis, dass eine Formel logische Folgerung (semantischer Implikationsbegriff) einer Formelmenge ist, was durch einen Inferenzmechanismus syntaktisch verifiziert werden soll.

Das Suchen nach einem "generellen" Inferenzmechanismus, der für jede PL1-Formel entscheidet, ob sie allgemein-gültig bzw. unerfüllbar ist, geht bis auf Leibniz in der 2. Hälfte des 17. Jahrhunderts zurück. Es wurde wieder aufgenommen u.a. von Peano zu Beginn dieses Jahrhunderts und von Hilbert in den 20er Jahren fortgeführt.

Erst Church und Turing gelang Mitte der 30er Jahre unabhängig voneinander der Beweis, dass ein solcher Inferenzmechanismus nicht existiert. Es gibt wohl Algorithmen, die die Allgemein-Gültigkeit verifizieren, aber für den Fall einer nicht allgemein-gültigen Formel terminieren diese Algorithmen nicht immer (*Semi-Entscheidbarkeit* der PL1).

Einen wichtigen Ansatz, der auch heute noch verfolgt wird, wählte Herbrand. Seine Überlegung war die, durch einen Inferenzmechanismus nach einer Interpretation zu suchen, die eine gegebene Formel nicht erfüllt. Da eine Formel allgemein-gültig ist, wenn sie bezüglich aller Interpretationen gültig ist, kann für eine allgemein-gültige Formel der Herbrand-Algorithmus keine Interpretation finden, für die die Formel nicht-gültig ist. Der Algorithmus terminiert nach einer bestimmten Anzahl von Interpretationen mit der Bestätigung der Allgemein-Gültigkeit der vorgelegten Formel.

Die später realisierten sogenannten *Widerlegungs-Beweiser* (refutation prover) basierten auf der Idee, nicht die Allgemein-Gültigkeit einer Formel direkt, sondern die Unerfüllbarkeit einer Formel(-menge) zu beweisen: eine Implikation $F \vdash$> F ist allgemein-gültig genau dann, wenn F' = $F \cup \{\neg F\}$ unerfüllbar ist.

Wenn man also mit einem Widerlegungs-Beweiser die Folgerungseigenschaft einer Formel F aus einer Formelmenge F verifizieren will, geschieht dies, indem man die Negation dieser Formel zu F hinzufügt und dann zeigt, dass F' = $F \cup \{\neg F\}$ widersprüchlich ist.

Bem. 1. Robinson zeigt in [ROB2] die wesentlichen Meilensteine von den ersten Überlegungen zu Mechanischen Beweisverfahren bis zum *logischen Programmieren* mit aktuellen Sprachen wie PROLOG. Einen hervorragenden Überblick über die klassischen Arbeiten im Bereich der Entwicklung von Inferenzmechanismen im Zeitraum von 1957 bis 1970 geben die beiden von Siekmann und Wrightson herausgegebenen Bände ([SIWR]).
Neuere Arbeiten sind z.B. den Tagungsbänden der alle zwei Jahre stattfindenden "Conference on Automated Deduction" (zur 7. und letzten Konferenz 1984 siehe [SHOS]) zu entnehmen.

2. Wir beschränken uns auf die Betrachtung recht einfacher, hinlänglich bekannter Inferenzmechanismen auf der Grundlage des *Resolutionsprinzips* und lassen andere Ansätze, wie etwa die *Konnektionsmethode* von Bibel ([BIBE]), unberücksichtigt.

Klausellogik
Die Unerfüllbarkeit einer Formelmenge zeigt man meist durch Inferenzmechanismen, die auf dem im nächsten Abschnitt vorgestellten Resolutionsprinzip beruhen. Solche Inferenzmechanismen werden als *Resolutionsstrategien* bezeichnet.

Resolutionsstrategien erwarten als Eingabe Formeln in einer normierten Form, der sogenannten *Klauselform*. Man sagt auch, das Resolutionsprinzip sei ein syntaktischer Ableitungsbegriff der *Klausellogik*, die wir nachfolgend einführen.

Def. Ein Atom bzw. die Negation eines Atoms nennen wir *Literal*.
Eine Menge von Literalen heisst *Klausel*.
Eine Klausel mit n Literalen ist eine n-stellige Klausel, im Falle n = 1 auch als *Einzelklausel* bezeichnet.
Falls n = 0, sprechen wir von der *leeren Klausel* (Bezeichnung □), wobei eine leere Klausel unter jeder Interpretation den Wert "false" ergibt, da kein Literal bzw. Atom vorhanden ist, das erfüllt werden könnte.
Klauseln (bzw. Literale), die keine Funktionssymbole in den Termen enthalten, heissen *Basis-Klauseln* (bzw. *Basis-Literale*). Basis-Klauseln (bzw. Basis-Literale), die keine Variablen enthalten, nennen wir *Grund-Klauseln* (bzw. *Grund-Literale*).
Klauseln mit genau einem positiven Literal bezeichnen wir als *Horn-Klauseln*.
Eine Menge von Klauseln heisst *Klauselmenge*.
Enthalten Klauselmengen nur Klauseln mit paarweise disjunkten Variablen, d.h. jede Variable taucht nur in einer Klausel auf, so bezeichnen wir solche Klauselmengen (oder auch ihre Klauseln) als *standardisiert*.

Man kann zeigen (siehe z.B. [CHLE]), dass sich jede (geschlossene) Formel der PL1 in eine äquivalente Klauselmenge überführen lässt. Die dazu notwendige Umformung geschieht in drei Schritten:

1. Die Formel wird in *Pränex-Normalform* (alle Quantoren stehen am Anfang der Formel) gebracht.

2. Der quantoren-freie Teil der Formel wird in eine *konjunktive Normalform* überführt.

3. Die vorhandenen Existenz-Quantoren werden durch Einführung sogenannter *Skolem-Funktionen* eliminiert (*Skolemisierung*).

Das Resolutionsprinzip

Bei der Definition des Prädikatenkalküls haben wir als Beispiele von Inferenzregeln "Modus Ponens" und "Spezialisierung" angeführt, die (in einem geeigneten Inferenzmechanismus) vollständig und korrekt sind. Während diese Inferenzregeln zur Verifikation der Allgemein-Gültigkeit von Formeln benutzt werden, ist das von Robinson Mitte der 60er Jahre forcierte *Resolutionsprinzip* ([ROB1]) eine Inferenzregel, mit der man die Unerfüllbarkeit einer Klauselmenge verifizieren kann.

Das Resolutionsprinzip basiert auf der einfachen Idee, dass man in einer gegebenen Klauselmenge nach zwei sogenannten *Eltern-Klauseln* sucht, die ein *komplementäres Literalpaar* (ein Literal und seine Negation bilden ein komplementäres Paar) enthalten. Diese beiden Literale werden in den Eltern-Klauseln gestrichen und die restlichen disjunkten Literale der zwei Klauseln zu einer neuen Klausel, der sogenannten *Resolvente*, vereinigt.

Bem. 1. Wir stellen das Resolutionsprinzip zunächst an einem Beispiel aussagenlogischer Klauseln dar, um es dann auf prädikatenlogische Klauseln zu übertragen.

2. Obwohl die zu einer Klausel gehörenden Literale immer als disjunktiv verbunden verstanden werden, schreiben wir häufig die Disjunktionssymbole 'V' explizit hin.

Bsp. 1. Klausel: P V Q V R   (R und ¬R in der 1. bzw. 2. Klausel bilden ein komplementäres Paar von Literalen,

2. Klausel: S V T V ¬R   das in der Resolvente gestrichen ist)

Resolvente: P V Q V S V T

Bem. 1. Das Resolutionsprinzip ist *korrekt* und *vollständig* (siehe z.B. [RIC1]).

2. Wenn in zwei Eltern-Klauseln je ein gleiches Literal auftritt, wird in der Resolvente dieses Literal nur einmal aufgeführt (*Redundanz* von Literalen).

3. Wenn zwei Eltern-Klauseln nur noch aus je einem Literal bestehen, die komplementär zueinander sind, heissen die Eltern-Klauseln *widersprüchlich*, die Resolvente ist die leere Klausel (□) und jede Klauselmenge, die die widersprüchlichen Eltern-Klauseln enthält, ist unerfüllbar.

4. Inferenzmechanismen, die auf dem Resolutionsprinzip beruhen und als Widerlegungs-Beweiser realisiert sind, nennt man *Resolutions-Widerlegungs-Beweiser* (RWB).

Vereinheitlichung von Termen

Bei der Resolution prädikatenlogischer Klauseln taucht häufig das Problem der *Vereinheitlichung von Termen* (*unification*) auf, da eine Resolution nur zwischen Eltern-Klauseln mit gleichen Termen erfolgen kann. Wir beschreiben kurz die Ersetzung einer Variablen durch einen beliebigen Term, d.h. eine Konstante, eine andere Variable oder eine Funktion. Wegen ausführlicherer Darstellungen sei wieder auf [CHLE] verwiesen.

Wir bezeichnen jeweils durch ein geordnetes *Ersetzungspaar* (t, v) die Ersetzung einer Variablen v durch einen Term t. Eine Ersetzung muss einheitlich jeweils für einen gesamten Ausdruck erfolgen, wobei wir unter *Ausdrücken* Funktionsterme, Literale, Klauseln und Klauselmengen verstehen wollen. D.h. die Ersetzung muss *konsistent* für alle Variablen v erfolgen, die im Ausdruck auftauchen.

Die Umwandlung eines Ausdrucks in einen *Ersatz-Ausdruck* anhand eines oder mehrerer Ersetzungspaare wird auch als *Umformung* bezeichnet. Dabei unterscheiden wir drei Klassen von Variablenersetzungen durch die Art der erlaubten Terme, die zur Variablenersetzung verwendet werden dürfen: Matching, Variablenvereinheitlichung und Funktionsersetzung.

Matching

Diese Art der Ersetzung erlaubt die Ersetzung von Variablen nur durch Konstante.

Bsp. Sei der gegebene Ausdruck $P(x, y, f(y))$. Dann können wir durch die Menge von Ersetzungspaaren $\{(a, x), (b, y)\}$, wobei a und b Konstante sind, den gegebenen Ausdruck in den Ausdruck $P(a, b, f(b))$ umformen.

Variablenvereinheitlichung

Bei dieser Form der Ersetzung werden Variable durch Variable ersetzt. Wir vereinbaren, dass die Mengen der ersetzenden und der zu ersetzenden Variablen jeweils disjunkt sind.

Bsp. Seien $K_1 = \neg P(x, y)$ und $K_2 = \neg R(u, z) \lor \neg Q(w, z) \lor P(u, w)$ gegebene Klauseln. Wegen der Verschiedenheit der auftretenden Variablen ist eine Resolution mit den Eltern-Klauseln K_1 und K_2 nicht unmittelbar möglich. Durch eine Variablenersetzung anhand der Ersetzungspaare (x, u) und (y, w) können wir aber die Klausel K_2 in die Klausel (Ersatz-Ausdruck) $K_3 = \neg R(x, z) \lor \neg Q(y, z) \lor P(x, y)$ umformen und dadurch eine Resolution mit K_1 ermöglichen.

Funktionsersetzung

Diese weitestgehende Art der Variablenersetzung erlaubt Ersetzungspaare, in denen die 1. Komponente eine Funktion ist. Zur Beschreibung der Umformung eines Ausdrucks A in einen Ersatz-Ausdruck A' mittels einer Menge von Ersetzungspaaren E verwenden wir ab dem nachfolgenden Beispiel die Notation $A = A'(E)$.

Bsp. $P(x, y, f(y)) = P(g(a), b, f(b))$ $(\{(g(a), x), (b, y)\})$.

Hintereinanderausführung von Umformungen

Die *Hintereinanderausführung* von Umformungen ist eine häufig auftretende Operationenfolge, deren effiziente Realisierung eine wichtige Rolle in Resolutionsstrategien spielt. Dieses Problem diskutieren u.a. [MAMO].

Ohne den Beweis der Korrektheit zu führen (siehe dazu etwa [CHLE]), veranschaulichen wir hier das Verfahren zur Zusammenfassung zweier Umformungen an einem Beispiel.

Bsp. Sei $A_0 = P(x, y, z, t)$, $E_1 = \{(g(x), z), (v, y)\}$ und $E_2 = \{(b, x), (a, v), (d, t)\}$.
Daraus folgt, dass

$$A_0 = P(x, y, z, t) = P(x, v, g(x), t) \, (\{(g(x), z), (v, y)\}) = A_1(E_1)$$
$$A_1 = P(x, v, g(x), t) = P(b, a, g(b), d) \, (\{(b, x), (a, v), (d, t)\}) = A_2(E_2)$$

bei Einzelausführung der beiden Umformungen gilt.

Nun kann man E_1 und E_2 zu $E_3 = E_1 \cdot E_2$ zusammenfassen, indem man zunächst jede in E_1 auftauchende Variable der 1. Komponente eines Paares, die 2. Komponente eines Paares in E_2 ist, durch die 1. Komponente dieses Paares in E_2 ersetzt. Damit wird eine spätere Variablenersetzung gleich vorweggenommen. Dann streicht man alle Paare in E_2, die die gleiche 2. Komponente haben wie ein Paar in E_1.

Dies begründen wir damit, dass die durch E_1 ersetzte Variable nicht mehr im Ausdruck vorkommt, wenn sie durch E_2 ersetzt werden soll. Dabei nutzen wir die Konvention aus, dass es keine Ersetzung einer Variable durch dieselbe Variable gibt. Die noch verbliebenen Paare aus E_2 fügt man zu E_1 hinzu und erhält E_3. Diese Menge formt dann A_0 gleich in A_2 um. Wir realisieren dies an unserem Beispiel wie folgt.

$E_1 = \{(g(x), z), (v, y)\}$

    Ersetzung von x durch b, da (b, x) $\in$ E

    $\{(g(b), z), (v, y)\}$

        Ersetzung von v durch a, da (a, v) $\in E_2$

    $\{(g(b), z), (a, y)\}$

        Hinzufügung der noch verbliebenen Paare (b, x), (a, v), (d, t) aus E_2

$E_3 = \{(g(b), z), (a, y), (b, x), (a, v), (d, t)\}$

Wir sehen nun, dass $A_0 = A_2 (E_3)$:

$P(x, y, z, t) = P(b, a, g(b), d) \ (\{(g(b), z), (a, y), (b, x), (a, v), (d, t)\})$

Man kann zeigen, dass Umformungen auch assoziativ sind, während die Kommutativität i.a. nicht gilt ([CHLE]).

Vor allem um Resolutionsstrategien zu beschleunigen, möchte man zu einer Menge von Ausdrücken eine gemeinsame, in diesem Sinne *universelle Umformung* bestimmen können, die zum gleichen Ersatz-Ausdruck führt.

Bez. Eine Menge von Ersetzungspaaren bzw. eine durch sie implizierte Umformung heisst *universell* zu einer gegebenen Menge von Ausdrücken, wenn durch die Umformung zu jedem Ausdruck der gleiche Ersatz-Ausdruck entsteht. Eine Menge von Ausdrücken heisst *universell umformbar*, wenn es zu ihr eine universelle Umformung gibt. Wir nennen eine universelle Umformung bzw. ihre entsprechende Menge von Ersetzungspaaren E zu einer Menge von Ausdrücken A *minimal*, wenn für alle Mengen universeller Ersetzungspaare E' zu A gilt: es existiert eine Ersetzungspaarmenge E'' (nicht notwendig universell), so dass A(E') $= A(E \cdot E'')$.

Bsp. Sei folgende Menge von Ausdrücken gegeben:
    $A = \{P(x, u, y, t), P(x, w, a, t), P(f(t), b, y, c)\}$.

    Folgende Menge von Ersetzungspaaren führt eine universelle Umformung durch:
    $E = \{(f(t), x), (b, u), (b, w), (a, y), (c, t)\}$.

    Denn für alle Q $\in A$ gilt: Q $= P(f(t), b, a, c) (E)$.

Es gibt Algorithmen (siehe [CHLE]), die zu gegebenen Ausdrücken

entscheiden, ob eine universelle Umformung möglich ist, und

eine minimale universelle Umformung bestimmen.

Resolution prädikatenlogischer Klauseln

Bem. Wichtig ist, dass bei der Anwendung einer Resolution die Klauseln standardisiert sein
müssen, was wir im folgenden jeweils unterstellen.

Wir schildern das Resolutionsprinzip prädikatenlogischer Eltern-Klauseln P und Q, die folgende
Form haben mögen:

$$P = P_1(x_{11}, ..., x_{1n_1}) \vee ... \vee P_k(x_{k1}, ..., x_{kn_k})$$
$$Q = Q_1(y_{11}, ..., y_{1m_1}) \vee ... \vee Q_r(y_{r1}, ..., y_{rm_r}).$$

Die Literale in P bzw. Q können sowohl positiv wie auch negativ sein. Wir kürzen sie durch die
Angabe der Prädikatensymbole P_i mit $i \in \{1, ..., k\}$ bzw. Q_j mit $j \in \{1, ..., r\}$ ab. Um eine
Resolution durchführen zu können, muss - evtl. durch geeignete Umformungen vorbereitet -
mindestens ein Literal in P komplementär zu einem Literal in Q sein. Nehmen wir also o.B.d.A.
an, dass es zwei Mengen von Literalen P' in P und Q' in Q gibt, so dass es für alle
komplementären Literale P_i aus P' bzw. Q_j aus Q' eine universelle Umformung U gibt.

Wir bilden die *Resolvente* von P und Q, indem wir P' aus P und Q' aus Q streichen (geschrieben als
P - P' bzw. Q - Q'), darauf U anwenden und schliesslich die (disjunktiven) Klauseln zu einer
Klausel zusammenfassen:
U (P - P') ∪   U (Q - Q').
Dies ist eine mengentheoretische Wiedergabe des Resolutionsprinzips, wobei die Umformung U
als Funktion aufgefasst wird.

Bsp. $P = P_1(x, y, a) \vee P_1(x, w, z) \vee P_2(c, d)$
$\quad\quad Q = \neg P_1(t, p, v) \vee \neg P_2(u, r)$

Fall a): Seien $P'_a = \{P_1(x, y, a)\}$ und $Q'_a = \{P_1(t, p, v)\}$. Dazu existiert eine (universelle)
Umformung anhand der Menge von Ersetzungspaaren
$E_a = \{(t, x), (p, y), (v, a)\}$ mit der Resolvente
$P_1(t, w, z) \vee P_2(c, d) \vee \neg P_2(u, r)$.

Fall b): Seien $P'_b = \{P_1(x, y, a), P_2(c, d)$ und $Q'_b \{\neg P_1(t, p, v), \neg P_2(u, r)\}$.Dazu existiert
eine (universelle) Umformung anhand der Menge von Ersetzungspaaren
$E_b = \{(t, x), (p, y), (v, a), (c, u), (d, r)\}$ mit der Resolvente $P_1(t, w, z)$.

Veranschaulichung von PL1-Formeln

Zur Veranschaulichung von PL1-Formeln - aber, wie wir in Abschnitt 2.2.2. sehen werden, nicht
nur dafür - werden häufig *Semantische Netze* verwendet ([SCHU]). Elemente dieser speziellen
Klasse Semantischer Netze sind beschriftete, gerichtete Graphen, deren Knoten jeweils einen
Term enthalten und deren Kanten Prädikatensymbole repräsentieren und entsprechend
beschriftet sind, wobei mehrstellige Prädikate zu komplexen, unübersichtlichen Indizierungen bei
der Beschriftung führen können.
Um die Semantischen Netze verständlicher zu machen, normiert man deshalb häufig alle
Formeln auf Formeln einer zweistelligen PL1. Schon [LOEW] zeigt, dass der *zweistellige*
Prädikatenkalkül kein schwächeres Ausdrucksmittel als der *n-stellige* Prädikatenkalkül ist.
Knoten mit gleichem Inhalt dürfen "übereinandergelegt" werden, so dass das entstehende
Semantische Netz komprimiert wird.

Logische Verknüpfungen prädikatenlogischer Formeln können durch Hilfslinien, die die entsprechenden Kanten verbinden, und/ oder zusätzliche Beschriftungen der Kanten gekennzeichnet werden. Eine ausführliche Zusammenstellung mit umfangreichem Literaturverzeichnis findet sich in [SCHU].

Bsp. a) $P(a, b) \wedge Q(c, b)$

b) $P(x, y) \wedge Q(y, z) \rightarrow R(x, z)$

c) $(\forall x \in STADT)\ (\exists y \in RATHAUS)\ HAT(x, y)$
Skolemisierung: $HAT(x, f(x))$ mit $f: STADT \rightarrow RATHAUS$

Bem. [KONR] verwendet ausschliesslich zweistellige Prädikatensymbole zur Beschreibung deduktiver Konzepte in relationalen DB-Abfragesprachen. Eine solche Beschreibungsmethode werden wir später mitunter auch verwenden.
Semantische Netze dieses zweistelligen Prädikatenkalküls haben sogenannte Dummy-Knoten, um auch einstellige Prädikate darzustellen. Die im Knoten auftauchenden Variablen sind implizit all-quantifiziert. Durch Skolemisierung mit entsprechender Knotenbeschriftung sind auch existenz-quantifizierte Formeln durch ein Semantisches Netz darstellbar.

2.2.2. Kurzer Überblick über weitere Methoden

Wir stellen in diesem Abschnitt weitere Methoden bzw. Methodenklassen zur Repräsentierung und Manipulation von Wissen vor. Für ausführliche Darstellungen der nachfolgend skizzierten und anderer Methoden sei auf das umfangreiche Lehrbuchmaterial verwiesen, z.B. auf den Band 1 von Feigenbaums "Handbuch der Künstlichen Intelligenz" ([FEI2]) oder die Bücher von Nilsson ([NIL1]) und Rich ([RIC2]).

Häufig werden Methoden der Wissensrepräsentierung in *deklarative* (deskriptive) und *prozedurale* Methoden unterschieden. Je nachdem, ob man die Wissensinhalte mehr als passive Objekte (Daten) oder mehr als aktive Objekte (Prozeduren) beschreibt, wird der deklarative oder prozedurale Charakter betont. Mit dem Begriff *Kontrollwissen* oder auch *Metawissen* (Wissen über Wissen) bezeichnet man Wissen über die Steuerung des Einsatzes deklarativer und prozeduraler Wissensbeschreibungen.

Bem. Wichtig ist, dass es nicht deklaratives oder prozedurales Wissen an sich gibt, sondern das Wissen je nach Eignung und Effizienz mehr deklarativ oder prozedural repräsentiert werden kann. Das Kontrollwissen selbst ist daher auch wieder in verschiedener Repräsentierung darstellbar.
Entscheidend ist vor allem die Erkenntnis, dass unabhängig von der Wahl der Wissensrepräsentierungsmethode das Wissen effizient "im Rechner" gespeichert werden muss, um Akzeptanz eines implementierten Systems zu erreichen. Für diese Zielsetzung bieten viele "anschauliche" Wissenrepräsentierungsmethoden nur sehr bedingt Hilfestellung.

Logik-orientierte Methoden
Eine für die Weiterentwicklung prädikatenlogischer Methoden der Wissensrepräsentierung wichtige Arbeit von McCarthy und Hayes behandelt die *Zustandslogik* ([MCHA]). Die Zustandslogik und darauf aufbauende Ansätze zur Axiomatisierung von *Aktions-Situations-Beziehungen* (z.B. der *STRIPS-Formalismus* von [FINI]) versuchen die mangelnde Differenzierbarkeit prädikatenlogischer Formeln und die fehlende Flexibilität der entsprechenden Inferenzmechnismen zu verbessern. Dadurch soll eine für viele Anwendungen angemessenere Beschreibung "des Wissens und Denkens" (siehe dazu auch die Beispiele von Winograd in [WIN2]) ermöglicht werden. Habel diskutiert in [HABE] die Unzulänglichkeit logik-orientierter Repräsentationsmodelle und einige notwendige Erweiterungen.

Seit Mitte der 70er Jahre wurden *PLANNER*-orientierte Methoden in verschiedenen Bereichen der Künstlichen Intelligenz eingesetzt und haben Auswirkungen auch auf die Realisierung verschiedener Expertensysteme gehabt. PLANNER-artige Sprachen ([SUWI]) sind Erweiterungen von LISP um Inferenzmechanismen (mit einem Pattern-Matcher), die zum *pattern-gesteuerten* Prozeduraufrufen oder zum *Backtracking* eingesetzt werden, und sich sogenannter *assoziativer Tripel* (Objekt-Attribut-Wert-Beziehungen) bedienen. Die Charakteristik dieser Sprachfamilie wird besonders deutlich in Hewitt's grundlegender Arbeit über (Micro-)PLANNER ([HEWI]). Diese Arbeit beschreibt eine Roboteranwendung mit Hilfe des vom PLANNER-Konzepts implementierten Sprachteils (deshalb Micro-).

Eine grosse Attraktivität besitzt z.Zt. die u.a. von Colmerauer und Kowalski ([KOWA]) forcierte Entwicklung von *PROLOG* ([CLO1]), die insbesondere durch das 1982 in Japan gestartete *Fifth Generation Projekt* ([FEI3]) verstärkt wurde. Wir werden PROLOG noch in Kapitel 7 ausführlich behandeln.

Grössere Flexibilität als PROLOG-Systeme, die auf die Verwendung von Horn-Klauseln ohne Möglichkeit der "Bewertung" von Klauseln beschränkt sind, bieten die sogenannten *Regel-basierten Systeme* (*rule based systems*). Regel-basierte Systeme bestehen jeweils aus (evtl. bewerteten) 'wenn-dann-Regeln', einer "dynamischen" und einer - meist externen - "statischen" Datenbasis sowie einer Ableitungsstrategie zur Anwendung der Regeln. Auf der Wissensrepräsentierung in Form von Regeln basieren z.Zt. die meisten Entwicklungen von Expertensystemen bzw. Expertsystem-shells wie z.B. die in Abschnitt 2.1. aufgeführten MYCIN und R1/XCON bzw. EMYCIN und OPSx.

Ersetzungssysteme
Ihren abstraktesten und universellsten Ausdruck finden Methoden zur Wissensrepräsentierung und Wissensbereitstellung in der Form der Ersetzungssysteme. *Ersetzungssysteme*, von Nilsson in [NIL1] sehr ausführlich beschrieben, werden im englischen Sprachgebrauch meist als *production systems* bezeichnet. Häufig wird der Begriff 'production systems' auch synonym zu den zuvor erwähnten 'rule based systems' verwandt, so dass kein Unterschied zwischen Regel-basierten Systemen und Ersetzungssystemen deutlich wird.

In diesem Buch sehen wir Ersetzungssysteme als eine *generelle*, d.h. unabhängig von einer Diskussion ihrer Verwendung in Expertensystemen existierende *Methodenklasse*, die für Expertensysteme in der Form Regel-basierter Systeme als eine Konkretisierung (von Ersetzungssystemen) benutzt wird. Insofern ist der Anspruch von Ersetzungssystemen universeller als der von Regel-basierten Systemen.

Wir gehen von der Vorstellung aus, dass Ersetzungssysteme Tripel sind, die aus Wissensbank, Ersetzungsregeln und Kontrollsystem bestehen. Solche Ersetzungssysteme können sowohl zur Veränderung der Wissensbank, als auch zur Bereitstellung des in der Wissensbank vorhandenen Wissens verwendet werden, wobei wir den Aspekt der Wissensveränderung unberücksichtigt lassen.

Unter einer *Wissensbank* verstehen wir eine Sammlung von Daten, die mit *einer* Wissensrepräsentierungsmethode syntaktisch gleichförmig kodiert sind.

Ersetzungsregeln bilden eine endliche Menge von Paaren (Test 1, Aktion 1), ..., (Test n, Aktion n), wobei die jeweils 1. Komponente eines Paares, die *Testkomponente* (auch als *Voraussetzung* oder *Regelprämisse* bezeichnet), als ein komplexes Prädikat aufgefasst werden kann, das die Wissensbank (und mit Hilfe der Regeln aus ihr erzeugtes Wissen) testet. Für den Fall eines erfolgreichen Tests wird die entsprechende 2. Komponente, die *Aktionskomponente* (auch als *Folgerung* oder *Regelkonklusion* bezeichnet), ausgeführt. Die Ausführung der Aktionskomponente lässt sich als ein Schritt zur Beantwortung einer Abfrage mit Hilfe der Wissensbank interpretieren.

Das *Kontrollsystem* schliesslich realisiert Algorithmen (auch *Strategien* genannt) zur Auswahl einer Ersetzungsregel, zur Kontrolle ihrer Anwendbarkeit anhand der Testkomponente und zur eventuellen Durchführung anhand der Aktionskomponente.

Bem. 1. In der Beschreibung der Ersetzungssysteme haben wir die Ersetzungsregeln in *vorwärts-gerichteter* Form angewendet. 'Vorwärts-gerichtet' hat dabei nach einer Konvention im Bereich der Künstlichen Intelligenz folgende Bedeutung: von der Wissensbank in "Richtung" auf die Abfrage, d.h. aufgrund von Daten der Wissensbank, die schrittweise, evtl. auch rekursiv in die Testkomponente eingesetzt werden, soll *induktiv* Wissen zur Beantwortung einer Abfrage bereitgestellt werden.
Ein Kontrollsystem mit vorwärts-gerichtet verwendeten Ersetzungsregeln wird auch als *forward chaining* oder *data driven strategy* bezeichnet. DENDRAL z.B. verwendet ein solches Kontrollsystem.

2. Häufig werden Ersetzungsregeln aber in "umgekehrter", in *rückwärts-gerichteter* Form angewendet, wobei zuerst die Aktionskomponente Abfragen in Teilabfragen zerlegt und die Testkomponente dann die Beantwortung durch die Wissensbank prüft, d.h. das "gegebene Problem" wird schrittweise, mitunter rekursiv in "Teilprobleme" zerlegt, die von der Wissensbank *deduktiv* zu lösen sind.
Ein Kontrollsystem mit rückwärts-gerichtet verwendeten Ersetzungsregeln wird als *backward chaining* oder *goal driven strategy* bezeichnet. Die in PROLOG-Interpretern verwendete Ableitungsstrategie ist ein bekanntes Beispiel eines rückwärts-gerichteten Ersetzungssystems.

Die sowohl vorwärts- als auch rückwärts-gerichtete Verwendung von Ersetzungsregeln in einem Kontrollsystem wird als *zweiseitig-gerichtete Strategie* bezeichnet.

3. Wir benutzen in diesem Buch Ersetzungssysteme in der Konkretisierung zweier verschiedener Konzepte:
- Resolutionsstrategien (beweistheoretische Konzepte)
- Und-Oder-Graphen (graphentheoretische Konzepte).

Beide Konzepte eignen sich zur Darstellung von Methoden der Wissensbereitstellung DB-basierter Expertensysteme. Wir werden eine Auswahl treffen, indem wir Resolutionsstrategien in erster Linie zur Darstellung der Wissensbereitstellung deduktiver DB in Kapitel 4 verwenden und Algorithmen auf *Und-Oder-Graphen* ([NIL1]) zur Wissensbereitstellung erweiterter DB-basierter Expertensysteme in Kapitel 5 einsetzen.
Dies motivieren wir durch die Unterschiedlichkeit der in deduktiven DB und der in erweiterten DB-basierten Expertensystemen zugelassenen Formelklassen.

4. Die Verwendung von Ersetzungssystemen in heutigen Expertensystemen hat sich von eher universellen beweis- oder graphentheoretischen Konzepten vor allem aus

Effizienzgründen zu mehr muster-orientierten Ableitungssystemen entwickelt, die in starkem Masse anwendungsbezogene Heuristiken verwenden. Diese *muster-orientierten Ableitungssysteme* sind jedoch im Kern immer Ersetzungssysteme, deren Ableitungsstrategien - wenn auch problem-bezogen "trickreiche" - beweis- oder graphentheoretische Konzepte verwenden.
Eine generelle Beschreibung muster-orientierter Ableitungssysteme ist wegen des starken Anwendungsbezugs der eingesetzten Heuristiken kaum möglich. Zum genauen Verständnis ist dazu jeweils ein intensives Studium detaillierter Systembeschreibungen notwendig.

5. Das Verständnis des universellen Charakters von Ersetzungssystemen wird durch die Vorstellung erleichtert, dass Ersetzungsregeln ein nicht-deterministisches Programm bilden, das durch Kontrollsysteme determiniert wird. Zustände eines Ersetzungssystems sind in diesem Sinne dann Zustände eines Programms. Die Fragestellung an ein Ersetzungssystem entspricht dann der Eingabe in dieses Programm. Die Ausgabe wiederum ist dann entweder die Bereitstellung von Wissen (ohne Manipulation der Wissensbank) oder die Veränderung von Wissen in der Wissensbank, je nachdem, ob man das Ersetzungssystem zur Wissensbereitstellung oder zur Wissensveränderung einsetzt.

Semantische Netze

Semantische Netze werden nicht nur zur Veranschaulichung von PL1-Formeln verwendet, sondern haben in generellerer als der in Abschnitt 2.2.1. dargestellten Form eigenständige Bedeutung als Methode zur Wissensrepräsentierung.
Semantische Netze (in der DB-Literatur auch häufig *Semantische Datenmodelle* genannt) sind in allgemeiner Form beschriftete, gerichtete Graphen, deren Knoten "*semantische Einheiten*" des modellierten Weltausschnitts und deren Kanten *Beziehungen* zwischen diesen semantischen Einheiten repräsentieren. Semantische Einheiten können *Entitäten* (Objekte), *Entitätstypen* (Klasssen von Objekten) und - durch *Partitionierung* - auch komplexe *Unterstrukturen* Semantischer Netze selbst sein.

Im Gegensatz zur Prädikatenlogik stammen Semantische Netze damit aus der Palette sogenannter *strukturierter* Wissensrepräsentierungsmethoden. Strukturiert bedeutet dabei, dass nicht nur "flache" Objektstrukturen beschreibbar sind. Vielmehr lässt der Formalismus die Beschreibung "komplexer" Objektstrukturen, wie der obigen semantischen Einheiten, sowie ihrer vielfältigen Beziehungsarten zu.

Bei den Beziehungsarten unterscheidet man häufig zwischen Standard-Beziehungsarten wie 'Ist-ein' (als hierarchische Beziehung zwischen Entitätstypen) oder 'Ist-ein-Beispiel-von' (als Beziehung zwischen einer Entität und einem Entitätstyp, zu dem die Entität gehört) und frei gewählten Beziehungsarten, die der Anwender definiert.

Die *Semantik* Semantischer Netze wird über die Spezifikation von Such-und Inferenzalgorithmen auf diesen Netzen definert. Dabei strebt man eine Beschränkung auf eine geringe Zahl von Beziehungsarten und damit Kantenprimitiven an, um die Komplexität (z.B. transitive Hüllen) der *Inferenzprozesse* zu reduzieren.

Vergleichbar den später vorgestellten Frames erlauben Semantische Netze im Gegensatz zu den logik-orientierten Methoden die *zusammenhängende Darstellung* von Wissen. Zusammenhängend bedeutet, dass das gesamte Wissen über ein Objekt *integriert* und nicht durch evtl. sehr viele Prädikate *isoliert* repräsentiert wird.

SDM (<u>S</u>emantic <u>D</u>ata <u>M</u>odel) ist ein aus dem DB-Bereich stammender Ansatz von Hammer/McLeod, der die beschränkten Möglichkeiten des relationalen Datenmodells duch verschiedene *Abstraktionen* "flacher Objektstrukturen" erweitert ([HAMC]). SDM differenziert Objekte und Objekttypen (entsprechend Entitäten und Entitätstypen) und erlaubt u.a. folgende Abstraktionen, von denen die beiden ersten auf Smith/Smith ([SMSM]) zurückgehen.

Aggregation (eine Beziehung zwischen Objekttypen wird zu einem "höheren" Objekttyp zusammengefasst) wie z.B. die Bildung des Objekttyps 'Schiff' aus den Objekttypen 'Name', 'Kapitän' und 'Baujahr';

Generalisierung (ähnliche Objekttypen werden zu einem "höheren" Objekttyp zusammengefasst) wie z.B. die Bildung des Objekttyps 'Schiff' aus den Objekttypen 'Tanker' und 'Frachter';

Gruppierung (Objekte eines Objekttyps werden zu einem Objekt eines "höheren" Objekttyps zusammengefasst) wie z.B. die Bildung des Objekts 'Konvoi ABC' (vom Objekttyp 'Konvoi') aus den Objekten 'Schiff A', 'Schiff B' und 'Schiff C' (jeweils vom Objekttyp 'Schiff').

Frames

Frame-basierte Methoden gehören zu den anspruchsvollsten und von ihren Konzepten her weitestgehenden Ansätzen zur Wissensrepräsentierung. Der Begriff 'Frame' geht auf Minsky ([MINS]) zurück und bedeutet soviel wie "Rahmen". Frames stellen einen recht generellen Versuch dar, Wissen durch sogenannte *Slot-Instanzen-Repräsentierungen* darzustellen. Die Charakteristik von Frames zeigen die folgenden Basis-Konstrukte, die sich in allen frame-orientierten Methoden identifizieren lassen.

1. *Frame:* "Erwartungsrahmen"/ Kollektion benannter Slots.

2. *Slot:* besteht aus einem oder mehreren Feldern/ Fenstern mit z.B. Typbeschreibungen erlaubter Instanzen, Verweisen auf andere Felder, Bedingungen, Triggern.

3. *Instanz:* Belegung von Feldern mit erlaubten Werten (*Instanziierung* der Slots und damit auch Frames); dies bedeutet eine Spezialisierung/ Konkretisierung des "Erwartungsrahmens"; Standard-Instanzen sind durch default-Werte möglich.

4. *Trigger:* Prozeduren, die abhängig von einer Instanziierung Einträge im gleichen oder anderen Slots durchführen.

5. *Vererbung*(shierarchie): Frames sind i.a. in Hierarchien von Ober- und Unter-Frames eingebunden, wobei sich Instanzen nach unten "vererben".

6. *Vernetzung* von Slots/ Frames: Slots bzw. Frames können gemeinsame Felder bzw. Felder oder Slots besitzen, die durch Transfer-Aktionen (in einfacher Form als Trigger) Instanzen übertragen.

Beispiele und ausführliche Darstellungen enthalten z.B. [RIC2] und [NIL1].
Minskys noch sehr weit und wenig exakte gefasste Vorstellungen wurden durch die *Scripts* in [SCAB] und die *Units* in [STE1] konkretisiert. Z.B. sind die Scripts von Schank/ Abelson frame-basierte Strukturen, die stereotype Folgen von Ereignissen in einem Kontext von Szenen beschreiben. Dazu werden nachfolgende Konstrukte eingesetzt.

1. *Scene:* Abfolge von Ereignissen im betrachteten script.

2. *Entry condition:* Bedingung, die erfüllt sein muss, damit im Script beschriebene Ereignisse eintreten können.

3. *Result:* Bedingung, die gilt, wenn die Ereignisse geschehen sind.

4. *Prop:* Feld/ Slot, das Objekte repräsentiert, die an der scene beteiligt sind.

5. *Role:* Feld/ Slot, das Personen repräsentiert, die an der scene beteiligt sind.

6. *Track:* Hinweis, in welcher Spezialisierung das script betrachtet wird.

In die Palette frame-orientierter Methoden gehören auch Bobrows KRL ([BOWI]) und die FRL von Roberts und Goldstein ([ROGO]).

Ein Beispiel eines frame-basierten Expertensystems ist GUS ([BOBR]), ein mit natürlichsprachlichen Dialogfähigkeiten ausgestattetes Flugauskunftssystem. Obwohl GUS nur eine sehr beschränkte Auswahl der unter dem Begriff 'Frames' angebotenen Konzepte ausnutzt, brachte erst die Beschränkung auf einen Einbenutzerbetrieb und kleine Datenmengen akzeptable Laufzeiten.

Eine formale Beschreibung eines frame-orientierten, sogenannten *Weltwissensmodells* stellen Reimer/ Hahn ([REHA]) vor, das im Projekt TOPIC ([KUHL]) zur Gewinnung von abstracts aus Volltexten eingesetzt wird.

Bewertung von Wissen
Grossen Einfluss auf das Problem einer geeigneten Wissensrepräsentierung hat die Frage der *Bewertung* von Wissen. Anwendungsumgebungen von Expertensystemen verlangen häufig nach Möglichkeiten, die Unbestimmtheit, Unvollständigkeit und Vagheit von Wissen beschreiben und dem Benutzer des Systems verdeutlichen zu können, etwa bei medizinischen Expertensystemen zur Diagnose- und Therapieunterstützung. Eine gute Würdigung dieser Problemstellung findet sich in [SZPA], wo die Systeme PIP ([PAGO]), INTERNIST ([POPL]), CASNET ([WEIS]) und MYCIN ([BUSH]) bezüglich der Behandlung von sicherem und vagem Wissen verglichen werden.

Verschiedene Konzepte *nicht-monotoner Logik* (siehe z.B. [WIN2] und [DEDO]) stellen den Versuch dar, das Problem der Bewertung nicht explizit repräsentierten oder nicht ableitbaren Wissens zu lösen. Eine Möglichkeit ist die Vereinbarung von Metaregeln. Andere Ansätze lassen die Verwaltung von *Hypothesen* zu, die, vereinfacht gesagt, zwar nicht in der Theorie ableitbar sind, deren Negation aber auch nicht ableitbar ist. Dies wirft Probleme auf, die wir in Abschnitt 5.3. noch diskutieren werden.

3. Von Datenbanken zu DB-basierten Expertensystemen

Bei der Beschreibung DB-basierter Expertensysteme sind methodisch zwei Ansätze möglich, die wir in Kapitel 1 als *top down-* bzw. *bottom up-*Ansatz bezeichnet haben:

1. Man analysiert Komponenten und Funktionsbereiche von Expertensystemen und bestimmt ein universelles, abstraktes *Expertensystemmodell*. Dann überprüft man, wie eine DB als Subsystem in ein solches Expertensystemmodell eingebettet und die geforderten Funktionsbereiche von der DB unterstützt werden können (top down).

2. Man geht von konventionellen DB-Systemen aus, interpretiert diese als noch sehr einfache und in ihrer Funktionalität beschränkte Expertensysteme und passt diese in ein universelles, abstraktes, "a priori" *DB-basiertes Expertensystemmodell* ein. Dieses Modell wird dann durch Bildung - evtl. mehrstufiger - *Metasysteme* zu einem Modell ausgebaut, das die von Expertensystemen geforderten Funktionsbereiche erfüllt (bottom up).

Da wir in diesem Buch die integrierte Sichtweise beider Ansätze unterstützen wollen, erleichtern wir dies durch ein einheitliches Expertensystemmodell für top down- und bottom up-Ansatz. Wir wählen dazu die in Abb. 1 in Abschnitt 2.1. vorgestellte Architektur.

In Kapitel 3 verfolgen wir den bottom up-Ansatz. Abschnitt 3.1. beginnt mit einer Zusammenfassung der Entwicklung konventioneller relationaler DB und erarbeitet dann eine prädikatenlogische Beschreibung, die sich an Arbeiten von Gallaire, Minker und Nicolas (z.B. [GAL2]) orientiert.
In Abschnitt 3.2. führen wir deduktive DB als eine erste Erweiterung relationaler DB ein und motivieren dies mit den durch die Relationenalgebra beschränkten Abfragemöglichkeiten konventioneller DB. Abschnitt 3.3. zeigt die Einbettung konventioneller und deduktiver DB in das vereinbarte Expertensystemmodell und die Metasystembildung zu erweiterten DB-basierten Expertensystemen.
Abschnitt 3.4. dient vor allem als Vorbereitung für die beiden nachfolgenden Kapitel und skizziert die Unterschiede zwischen der Wissensbereitstellung deduktiver DB (Kapitel 4) und der Wissensbereitstellung erweiterter DB-basierter Expertensysteme (Kapitel 5).

3.1. Relationale Datenbanken

Entwicklung
Wir setzen grundlegende Kenntnisse des relationalen Datenmodells und der Architektur und Implementierung relationaler DB-Systeme voraus, wie sie in den jeweils einleitenden Darstellungen etwa der Lehrbücher von Date ([DATE]), Härder ([HAER]), Schlageter/ Stucky ([SCST]), Ullman ([ULLM]) und Zehnder ([ZEHN]) vermittelt werden. Bei unserem kurzen Abriss konzentrieren wir uns auf den Aspekt der Wissensbereitstellung in relationalen DB.

Das *relationale Modell* hat sich bei der Diskussion um eine geeignete Datenmodellierung in DB-Systemen zunehmend durchgesetzt. Nach den grundlegenden Arbeiten von Codd (z.B. [COD1], [COD2]) zum relationalen Datenmodell und zu relationalen *Datenmanipulationssprachen* in den Jahren 1970 - 1972 gab es erste, häufig prototypische Implementierungen relationaler DB-Systeme ab etwa 1975. Beispielhaft seien hierfür die Systeme INGRES ([STON]) und SYSTEM R ([AST1], [AST2]) genannt. Inzwischen sind gerade im Bereich kleiner und mittlerer Rechner auf dem relationalen Datenmodell beruhende DB-Systeme zum Standard geworden.

Seit etwa 1977 beobachten wir eine breitere Diskussion der *Theorie relationaler DB*, wobei wiederum Untersuchungen zur Mächtigkeit von *Abfragesprachen* (als Teil der jeweiligen Datenmanipulationssprachen) ein bis zum heutigen Tag aktuelles Teilgebiet dieser Diskussion darstellen. Eine vergleichende Übersicht über elf relationale Abfragesprachen und ihre

Klassifizierung auf prädikatenlogischer Grundlage hat Pirotte vorgenommen ([PIRO]). Neuere Entwicklungen im Bereich "Sprachen für Datenbanken" zeigt der von Schmidt herausgegebene Tagungsband [SCHM].

Eine Herausforderung zur Definition geeigneter Abfragesprachen hatte Codd selbst durch seinen *Vollständigkeitsbegriff* ([COD3]) relationaler Abfragesprachen gegeben, indem er als vollständig nur die Sprachen bezeichnete, die (mindestens) die gleiche Mächtigkeit wie der von ihm vorgeschlagene *Relationenkalkül* bzw. seine *Relationenalgebra* haben.

Vor einer Diskussion, ob eine Sprache in irgendeinem Sinne "vollständig" ist, sollte aber zunächst grundsätzlich die Frage nach der Menge erwünschter Antworten und daraus resultierender Abfragemöglichkeiten geklärt werden. Wenn darüber Konsens besteht, könnte man eine Abfragesprache als vollständig bezeichnen, die diese Abfragemöglichkeiten und damit die Menge erwünschter Antworten bietet. Codd und andere haben jeweils den entgegengesetzten Ansatz gewählt, indem sie z.B. einen Satz von Operationen der Relationenalgebra gebildet und dessen Abschluss als vollständig bezeichnet haben.

Erste Arbeiten in den Jahren 1978 und 1979, die den Vollständigkeitsanspruch der Codd'schen Relationenalgebra in Frage stellten, waren z.B. Aho/ Ullman ([AHUL]), Chamberlain ([CHAM]) und Zloof ([ZLOO]), die alle feststellen, dass gewisse, durchaus wünschenswerte Abfragen durch den Relationenkalkül nicht abgedeckt werden. Als einfaches, aber überzeugendes Beispiel wird etwa der *transitive Abschluss* einer binären Relation angeführt.
Durch die Einbettung des Relationenkalküls oder der Relationenalgebra in eine Programmiersprache mit *transitivem Abschluss, Fixpunkt-Operatoren* oder *Iteration* werden die zuvor von den Autoren als wünschenswert bezeichneten Abfragen mit erfasst und somit ein neuer, gegenüber Codd mächtigerer Vollständigkeitsanspruch unterstrichen.

Die oben schon erwähnte andere Blickrichtung basiert auf der Erkenntnis, dass auch diese neuen, mächtigeren Vollständigkeitsbegriffe immer noch den Nachteil einer gewissen Willkür besitzen. Verstärkt seit etwa 1979 verfolgen Arbeiten wie etwa die von Chandra/ Harel ([CHHA]) oder Bancilhon ([BANC]) das Ziel, zunächst sehr grosse Mengen wünschenswerter relationaler Abfragen zu charakterisieren, und bestimmen dazu vollständige Sprachen in dem Sinne, dass diese Sprachen genau die Formulierung (und Beantwortung) der gewünschten Abfragen ermöglichen.
Dies geschieht etwa bei [CHHA] durch die Definition einer Abfragesprache, die genau alle partiell-rekursiven Abbildungen von der Menge relationaler DB (eines Typs) in die Potenzmenge von Relationen des universellen Domains (bezüglich des zugrundeliegenden Typs) realisiert und gleichzeitig eine *Isomorphie-Eigenschaft* (Unabhängigkeit von der physischen Abspeicherung) der relationalen DB respektiert. Die in diesen Abfragesprachen verwandten Konstrukte sind nicht so einfach wie etwa die Operatoren der Relationenalgebra und haben sicher mit dazu geführt, dass Implementierungsversuche entsprechender DB-Systeme (noch) nicht vorliegen.

Eine prädikatenlogische Beschreibung
Unter verschiedenen Möglichkeiten der Darstellung relationaler DB wählen wir eine *prädikatenlogische* Sichtweise, da wir dadurch die Wissensrepräsentierung und die Wissensbereitstellung relationaler DB in einer einheitlichen Sprache beschreiben können. Diese für einen "DB-Praktiker" eher ungewohnte Sichtweise bereiten wir nun durch eine eher *pragmatische Sichtweise* vor.

Wir gehen von der Vorstellung aus, dass wir eine (relationale) DB zunächst als

- eine Beschreibung einer endlichen *Kollektion von Relationenschemas* (jedes Schema legt Namen und Attribute einer Relation mit Vereinbarung über ihre syntaktischen und semantischen, jeweils endlichen *Wertebereiche* fest) zusammen mit

- einer endlichen Menge intra- und interrelationaler (*semantischer*) *Integritätsbedingungen* (*SB*), die festlegen, welche Extensionen dieser Relationenschemas erlaubt sind, und

- jeweils endlichen *Mengen zeitvarianter Relationen* mit jeweils einer endlichen Menge von Tupeln als aktuelle Werte (*Extension* der Relationenschemas)

auffassen können.

Bem. In der DB-Literatur werden die Begriffe 'DB-Schema' und 'DB' häufig nicht einheitlich verwendet. Die einen bezeichnen die oben durch die beiden ersten Spiegelstriche getroffene Festlegung von Relationenschemas und Integritätsbedingungen als Vereinbarung des DB-Schemas und die zeitvariante Extension (3. Spiegelstrich) dann als DB. Die anderen verzichten auf den Schema-Begriff und nennen Kollektion von Relationenschemas plus Integritätsbedingungen bereits DB und die Extension der Relationenschemas dann *DB-Zustand.*
Bei allen Überlegungen in diesem Buch spielt diese Differenzierung keine Rolle, weil wir das *Updateproblem* durchgängig ausklammern und uns auf das *DB-Retrieval* mit im betrachteten Zeitraum jeweils "konstanten" Extensionen der DB beschränken.

Bez. Jede (zeitvariante) Extension einer DB werden wir im folgenden auch *extensionale Datenbank* (EDB) nennen. Sie besteht anschaulich gesprochen aus der Menge jeweils aktuell in der DB gespeicherter *Basis-Relationen.* Schliesslich sei W die Vereinigung aller syntaktischen Wertebereiche aller Attribute aller Relationen der Relationenschemas. W nennen wir *Weltausschnitt* (domain of discourse) der DB.

Wir können nun folgende ein-eindeutige Zuordnungen zwischen einer DB D (pragmatisch gesehen) und einer PL1-Sprache L_D festlegen, die uns die prädikatenlogische Sichtweise vorbereitet:

jeder Konstanten aus W wird eine Konstante aus einer Menge von (prädikatenlogischen) Individuenkonstanten W' zugeordnet,

jedem Namen einer n-stelligen Relation in EDB oder SB wird ein n-stelliges Prädikatensymbol zugeordnet,

jeder Integritätsbedingung aus SB wird eine funktionssymbol-freie, geschlossene Formel zugeordnet, wobei die Variablen sich auf W bzw. W' beziehen,

jedem Tupel der EDB wird eine positive atomare Formel mit Konstanten als Termen gemäss den unter a) und b) getroffenen Zuordnungen über Konstanten und Prädikatensymbol zugeordnet.

Durch ein kleines Beispiel sollen die eingeführten Begriffe verdeutlicht werden. Wir werden dazu - wie häufig in der Arbeit - ein Verwandtschaftsbeispiel benutzen, das für praktische Anwendungen zwar wenig Relevanz besitzt, aber neben dem Vorteil der leichten Verständlichkeit vor allem die Beschreibung vielfältiger Beziehungen zwischen den Relationen erlaubt.

Eine DB D repräsentiere eine Relation VATER mit Attributen V-Name (Name des Vaters) und K-Name (Name des Kindes) auf dem syntaktischen Wertebereich W = {HANS, JUERGEN, BAERBEL, LINDA, . . . } und habe folgende Extension:

VATER	V-NAME	K-NAME
	HANS	JUERGEN
	HANS	BAERBEL
	JUERGEN	LINDA

SB bestehe nur aus der *funktionalen Abhängigkeit* f : K-NAME → V-NAME, die festlegt, dass jedes Kind nur einen Vater besitzen kann.

Wir legen nun folgende Zuordnungen für die PL1-Sprache L_D fest:

a) Wir ordnen den Konstanten aus W durch HANS → H, JUERGEN → J, BAERBEL → B, LINDA → L, ... Individuenkonstante aus W' zu.

b) Dem Relationennamen VATER entspreche das Prädikatensymbol VAT.

c) Der extensionalen DB ordnen wir aufgrund von a) und b) die Menge der Formeln {VAT(H, J), VAT(H, B), VAT(J, L)} zu.

d) Die Integritätsbedingung können wir durch die Formel (der PL1 mit Gleichheit)
$(\forall x)(\forall y)(\forall z)$ VAT(x, y) $\wedge$ VAT(z, y) → $\equiv$ (x, z) beschreiben.

Wenn wir nun der Einfachheit halber die Bezeichnungen der pragmatischen auf die prädikatenlogische Sichtweise übertragen, können wir eine DB wie folgt prädikatenlogisch beschreiben.

Bez. Eine *(konventionelle relationale) Datenbank* besteht aus folgenden Komponenten:

1. EDB ist eine endliche Axiomenmenge von positiven Grund-Literalen.

2. SB ist eine endliche Axiomenmenge von geschlossenen Formeln.

3. AX ist folgende Menge von nicht-logischen Axiomen

a) *Abgeschlossenheits-Axiom:* Es gibt keine anderen Individuenkonstanten als die, die als Terme in der EDB auftreten.

b) *Eindeutigkeits-Axiom:* Verschieden benannte Individuenkonstante sind auch "im modellierten Weltausschnitt verschieden".

c) *Gleichheits-Axiom:* Das benötigte Gleichheitsprädikat (etwa für a)) ist reflexiv, symmetrisch, transitiv und substitutions-treu, d.h. für die letzte Eigenschaft, dass für alle Prädikatensymbole P gilt:

$$P(x_1, ..., x_n) \wedge \; \equiv (x_1, y_1) \wedge ... \wedge \; \equiv (x_n, y_n) \to P(y_1, ..., y_n).$$

4. AB, die Menge der *Abfragen*, ist eine Menge von offenen, positiven Formeln; die getroffene Festlegung der Formelklasse für AB respektiert die Tatsache, dass *Abfragen* relationaler DB-Abfragesprachen als

- *offen* ("Gib mir Tupel, die ...") und
- *positiv* (es kann nur nach "positiven" Tupeln gefragt werden, da die DB ohnehin keine "negativen" Tupel enthält)

aufgefasst werden.

5. IM ist ein Inferenzmechanismus, der die *Beantwortung* von Abfragen (die Wissensbereitstellung) über den Nachweis der syntaktischen Ableitbarkeit (durch das in Abschnitt 2.1. eingeführte '$\vdash$>' symbolisiert) der Abfrage aus den Axiomen wie folgt realisiert:

Sei $W^* = \{w^1, w^2, ...\} \cup \{\}$ die Menge beliebig-stelliger Tupel des Wertebereichs.

Eine Abbildung $B : AB \rightarrow 2^{W^*}$ heisst *Beantwortung* (oder auch *Retrieval*), wenn gilt:
$(F \in AB$ und F enthält n freie Variable, etwa $x_1, ..., x_n) \Rightarrow$

$B(F) = \{(w_1, ..., w_n) \mid EDB \vdash > F',$

wobei F' aus F vermöge Ersetzen der frei vorkommenden Variablen
$x_1, ..., x_n$ durch $w_1, ..., w_n$ ($w_i \in W$ mit $i \in \{1, ..., n\}$) entsteht$\}$.

6. M ist eine *Metaregel*, die besagt, dass man aufgrund der Nicht-Ableitbarkeit (bezüglich IM) einer Formel $F \in AB$ aus der Axiomenmenge EDB annehmen darf, dass ⌐F gilt.

Bem. 1. [GAL2] zeigen, dass die Vereinigung von EDB, SB und AX als Axiomenmenge zusammen mit dem Inferenzmechanismus IM eine Theorie bilden.

2. In der Literatur (z.B [NIC1], [REI1]) werden das Abgeschlossenheits-Axiom (3.a)) auch als *Domain-Closure-Axiom* und die Metaregel (6.) als *Annahme einer geschlossenen Welt* oder auch *Closed World Assumption* bezeichnet.

3. Natürlich lassen sich nach obiger Vereinbarung bezüglich AB auch Abfrageformeln formulieren, die keine sinnvolle Entsprechung als DB-Abfragen haben. Zu diesem Problem sei auf den Begriff der *sicheren* (safe) Formeln bei Ullman ([ULLM]) verwiesen.

Die Definition des Inferenzmechanismus', konkret der Beantwortungsfunktion B, zeigt, dass DB-Abfragen als sogenannte *offene All-Abfragen* aufgefasst werden, d.h. dass (in pragmatischer Sichtweise) auf Abfragen hin <u>alle</u> qualifizierten Tupel als Antwort bereitgestellt werden.

4. Die konkrete Ausgestaltung der Metaregel muss so erfolgen, dass keine Inkonsistenzen bezüglich der Ableitung positiver und negativer Formeln auftreten (vergleiche zu diesem Problem die Ausführungen von Reiter in [REI1] und Clark in [CLAR]). Ausserdem kommt durch die Metaregel der Aspekt der Bewertung "unvollständiger" Information hinzu, d.h. die subjektive Bewertung von nicht in der DB gespeicherter Information durch einen Benutzer.

5. Als *VIEW* ("Sicht" der EDB) bezeichnen wir entsprechend dem üblichen Verständnis von Views jede Relation, die mit den *Operatoren der Relationenalgebra* (Projektion, Selektion, Join, Vereinigung, Differenz) aus den Basis-Relationen der EDB gebildet werden kann.

3.2. Deduktive Datenbanken

Die Motivation zur Erweiterung (konventioneller) relationaler DB auf sogenannte *deduktive Datenbanken* folgt aus der zu Anfang von Abschnitt 3.1. getroffenen Feststellung, dass Benutzern relationaler DB gewisse Abfragemöglichkeiten nicht zur Verfügung stehen. Die Entwicklung deduktiver DB wird aber nicht nur allein durch erweiterte Abfragemöglichkeiten begründet, · sondern sie unterstützt auch eine effiziente DB-Modellierung und natürlichsprachliche DB-Frontends.

Die erste Übersicht über Konzepte und Realisierungen *deduktiver DB-Systeme* gaben Gallaire und Minker in dem grundlegenden Buch [GAMI], das eine Fülle interessanter Beiträge verschiedener Autoren enthält. Diese Reihe von Tagungsbänden setzen [GAL1] und [GAL4] fort.

Ergänzend sei auf die Übersichtsarbeiten [GAL2], [GAL3] und [LLOY] verwiesen.

Konzepte und prototypische Realisierungen deduktiver DB-Systeme bieten z.B. die in [GAMI] beschriebenen Systeme von Reiter ([REI2]), Chang ([CHA1]) und Minker ([MIN2]), die wir in Kapitel 6 genauer vorstellen werden, sowie von Kellog/ Travis ([KETR]), Warren [WARR], Blaustein ([BLAU]), Dahl ([DAHL]), Fishman/ Naqvi ([FINA]), Furukawa ([FURU]) und Chakravarthy et al. ([CHAK]).
Als eigene Entwicklung werden wir das System DEDUDAB in Kapitel 6 präsentieren.

Um durch deduktive DB-Systeme Abfragemöglichkeiten zu erreichen, die Codd-vollständige Sprachen nicht bieten (wie etwa Abfragen nach dem transitiven Abschluss von Relationen), werden konventionelle DB-Systeme in ein mächtigeres Programmiersystem eingebettet, wobei die Benutzerschnittstelle meist unverändert bleibt. Dieser "Einbettungsvorgang" ist prädikatenlogisch als eine Erweiterung um zusätzliche Prädikate und Formeln (zur Definition dieser Prädikate) beschreibbar.
Diese qualitative Erweiterung wird dadurch erreicht, dass gestellte Abfragen in diesem Programmiersystem "umgeformt und abgeleitet" werden und bei Bedarf das DB-System zur Unterstützung der Beantwortung herangezogen wird.

Die damit verbundenen Laufzeitprobleme bezeichnen Lockemann/ Mayr ([LOMA]) als so gross ("der Zeitbedarf deduktiver Verfahren steigt exponentiell mit der Axiomenanzahl"), dass die "Wirtschaftlichkeit" deduktiver Systeme bei einigen hundert Axiomen erreicht sein dürfte.

In prädikatenlogischer Sicht wird die Erweiterung durch die Art der in diesem Programmiersystem zusätzlich zugelassenen Prädikate und Formeln bestimmt. Die meisten deduktiven DB-Systeme erlauben als zusätzliche Formeln *Horn-Formeln* bzw. Teilklassen davon.

Durch ein Beispiel wollen wir die Möglichkeiten deduktiver DB-Systeme erläutern und gleichzeitig den Begriff 'virtuelle Relation' einführen.

Bsp. Wir greifen das letzte Beispiel mit der VATER-Relation auf.
Prädikatenlogisch bestand die EDB aus den Formeln VAT(H, J), VAT(H, B) und VAT(J, L), die SB aus der Formel $(\forall x)(\forall y)(\forall z)$ VAT(x, y) $\wedge$ VAT(z, y) $\rightarrow$ $\equiv$ (x, z).

Wenn wir eine Abfragemöglichkeit nach einer nicht explizit in der EDB vorhandenen Vorfahr-Beziehung wünschen, können wir dies in einem deduktiven DB-System wie folgt realisieren. Wir formulieren für die Aussage, dass u.a. "der Vater Vorfahr ist" und auch "der Vorfahr des Vaters Vorfahr ist" die Horn-Formeln

(1) $(\forall u)(\forall v)(\forall w)$ VORF(u, v) $\wedge$ VAT(v, w) $\rightarrow$ VORF(u, w) und

(2) $(\forall s)(\forall t)$ VAT(s, t) $\rightarrow$ VORF(s, t).

Dabei ist VORF das Prädikatensymbol des Namens einer *virtuellen Relation* VORFAHR. Wir bezeichnen sie als virtuell, da sie nicht explizit gespeichert ist, aber auch keine VIEW ist. Ein deduktives DB-System sollte nun in der Lage sein, Abfragen nach der virtuellen VORFAHR-Relation zu beantworten, was durch das konventionelle DB-System noch nicht möglich war.

Eine Abfrage VORF(x, L) ("Gib alle Vorfahr-Beziehungen mit Linda als Nachfahre") müsste aufgrund der beiden Horn-Formeln dann mit den Tupeln (JUERGEN, LINDA) und (HANS, LINDA) beantwortet werden. Entsprechende Algorithmen zur Wissensbereitstellung werden wir in Kapitel 4 ausführlich vorstellen.

Bez. Eine *deduktive Datenbank* ist eine um eine Menge IDB, eine endliche Axiomenmenge von Horn-Formeln, erweiterte (konventionelle relationale) Datenbank. Der gegenüber dem Inferenzmechanismus der konventionellen DB modifizierte Inferenzmechanismus nutzt zur Beantwortung von Abfragen nicht nur die Elemente der EBD, sondern auch die der IDB. D.h. für deduktive DB erweitert sich die Beantwortung bzw. Wissensbereitstellung auf Abfrageformeln aus AB, die "bezüglich EDB und IDB ableitbar" sind.

Wir nennen die Menge IDB *intensionale DB*. Ihre Elemente heissen *deduktive Regeln*. Die Konklusionen deduktiver Regeln "definieren" *virtuelle Relationen*, wobei evtl. mehrere deduktive Regeln das gleiche Prädikatensymbol in der Konklusion haben können, so dass eine virtuelle Relation erst durch die Gesamtheit dieser Regeln vollständig definiert ist. Solche virtuellen Relationen können *hybrid* sein, d.h. ein Teil ihrer Tupelmenge ist *explizit* in der EDB gespeichert und ein anderer wird über deduktive Regeln *implizit* bestimmt.

[APP1] zeigt, wie man in konventionellen und deduktiven DB (allerdings durch Modifizierung der Axiomenmenge) aus "praktischen Gründen" Abfragen auf die Standardform positiver Basis-Literale beschränken kann: für jede Operation der Relationenalgebra auf EDB-Relationen kann man eine PL1-Formel (*RA-Formel* genannt) der Form F $\leftrightarrow$ G angeben, wobei G ein positives Basis-Literal und F selbst eine PL1-Formel ist.

Bsp. a) (Equi-)Join zweier EDB-Relationen VATER $\subseteq$ V-NAME x K-NAME und
MUTTER $\subseteq$ M-NAME x K-NAME bezüglich des jeweils 2. Attributs zu einer VIEW
EHE $\subseteq$ V-NAME x M-NAME : dies können wir durch die RA-Formel
VAT(x, y) $\wedge$ MUT(z, y) $\leftrightarrow$ EHE(x, z) ausdrücken.

b) Vereinigung der gleichen EDB-Relationen wie in a) zu einer VIEW
· ELTERN $\subseteq$ VM-NAME x K-NAME : dies kann durch die RA-Formel
VAT(x, y) $\vee$ MUT(x, y) $\leftrightarrow$ ELT(x, y) beschrieben werden.

(Kompliziertere) RA-Formeln R' werden aus (einfacheren) RA-Formeln R gewonnen, indem man die linke Seite von R als eine Relation auffasst, darauf eine Operation der Relationenalgebra anwendet, damit die linke Seite von R' bildet und als rechte Seite von R' ein geeignetes positives Basis-Literal vereinbart.

Bem. 1. Auch wir werden die Standardform für Abfragen verwenden, indem einem Benutzer nur noch "positive" Abfragen nach einer VIEW oder einer EDB-Relation möglich sind, d.h. die Menge der Abfrageformeln AB kann auf die Form positiver Basis-Literale normiert werden. Dies erleichtert uns die spätere Vorstellung von Ableitungsverfahren zur Beantwortung von Abfragen in Kapitel 4.

2. Wir stellen fest, dass IDB-Formeln und RA-Formeln "schief" zueinander liegen. RA-Formeln erlauben keine Definition rekursiver VIEWS und auch keiner VIEWS, die *hybride Relationen* sind.

Rekursive und hybride Relationen werden aber durch deduktive Regeln der IDB ermöglicht, wenn auch hybride Relationen keine echte Erweiterung deduktiver gegenüber konventionellen DB darstellen, da man hybride Relationen durch Definition einer anders benannten VIEW in eine *explizite* Basis-Relation und eine *implizite* VIEW aufspalten kann.

IDB-Formeln hingegen decken wegen ihrer Beschränkung auf Horn-Form Vereinigung und Differenz von Relationen nicht ab, was RA-Formeln wiederum ermöglichen.

3.3. Architektur DB-basierter Expertensysteme

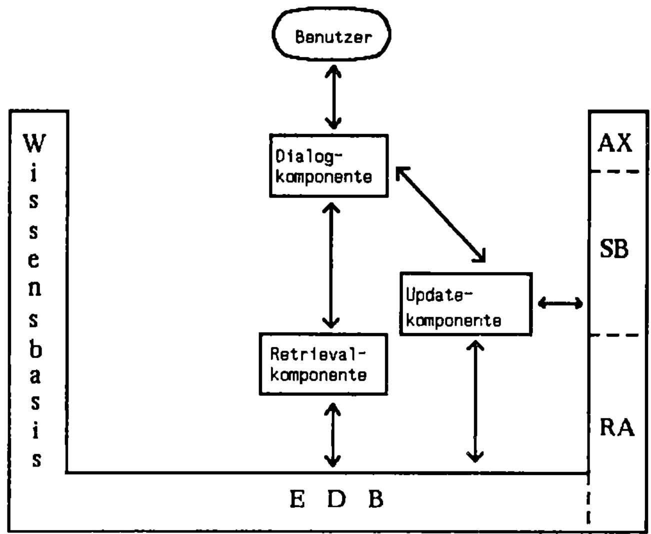

Abb. 3 Konventionelle DB

Die Abbildung 3 zeigt in der bekannten Architektur von Expertensystemen die Komponenten einer konventionellen DB. Die Wissensbasis enthält in prädikatenlogischer Sichtweise extensionale Daten (EDB), Integritätsbedingungen (SB), nicht-logische Axiome (AX) und die (nur für die Abfrage-Normierung notwendigen) RA-Formeln. Die Problemlösungskomponente entspricht der DB-Retrievalkomponente, die Wissensveränderungskomponente der DB-Updatekomponente, während die Erklärungskomponente fehlt.

Beim Übergang zu einer deduktiven DB als einfachem DB-basierten Expertensystem (siehe Abb. 4) kommen in der Wissensbasis die deduktiven Regeln der IDB hinzu. Die Problemlösungskomponente ist nun zweistufig realisiert. Auf die Retrievalkomponente einer konventionellen DB wird eine *deduktive Komponente* aufgesetzt, die den Inferenzmechanismus für Abfragen nach virtuellen Relationen realisiert. In dieser vereinfachten Architektur eines Expertensystems fassen wir eine deduktive DB als eine um eine deduktive Komponente erweiterte konventionelle DB (umrandeter Bereich) auf.

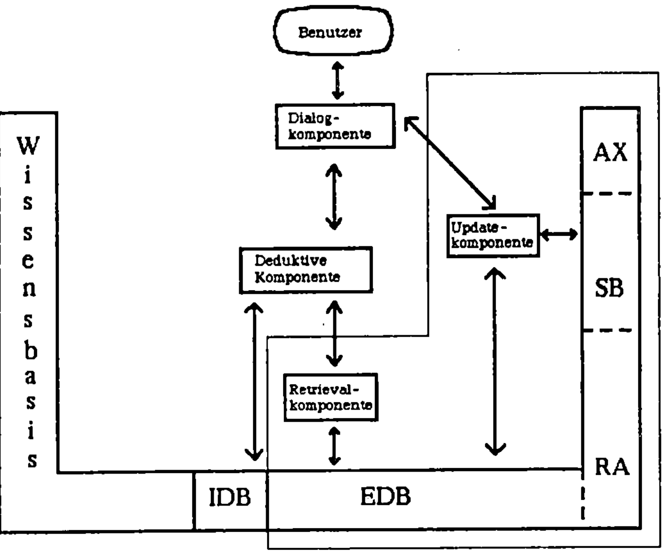

Abb. 4 Deduktive DB/ Einfaches DB-basiertes Expertensystem

Wenn wir konventionelle und deduktive DB mit den Ansprüchen an Expertensysteme (siehe Charakteristika in Abschnitt 2.1.) vergleichen, können wir u.a. folgende Unterschiede feststellen:

1. Die Wissensbasis besteht bei DB aus zwar häufig sehr grossen, aber *homogenen* Datenbeständen. Alle Daten sind formatiert und schliessen jede Art von *Unvollständigkeit* und *Vagheit* aus, was bei Expertensystemen häufig nicht möglich ist.

2. Anzahl und Form (Horn-Form) der *Regeln* sind bei deduktiven DB gegenüber den meisten Expertensystemen deutlich eingeschränkt.

3. Die *Wissensbereitstellung* erstreckt sich nur auf die Beantwortung von Abfragen nach in der EDB gespeicherten Tupeln bzw. Tupeln, die über eine VIEW oder bei deduktiven DB aus einer virtuellen Relation angeboten werden, d.h. es werden keine komplexeren Aufgabenstellungen gelöst.

4. Konventionellen und deduktiven DB fehlt eine - allerdings hier auch überflüssig scheinende - *Erklärungskomponente*, die in vielen Expertensystemen unverzichtbar ist.

5. DB-Systemen fehlt i.a. eine - in fast allen Expertensystemen angestrebte - natürlichsprachliche Dialogkomponente.

6. Die *Wissensveränderung* übernimmt lediglich das Einfügen, Löschen oder Ändern von Tupeln in der EDB, während in Expertensystemen die Wissensakquisition und -veränderung wegen der komplexeren Wissensbasis deutlich anspruchsvoller sein muss. Eine Prüfung von Integritätsbedingungen bei Wissensveränderungen - wie in einzelnen DB-Systemen in beschränkter Form realisiert - bieten Expertensysteme auf dem jetzigen Entwicklungsstand allerdings noch nicht.

Wenn man also ein einfaches DB-basiertes Expertensystem zu einem <u>erweiterten</u> DB-basierten Expertensystem ausbauen will (siehe Abb. 5), sind dazu u.a. folgende Schritte notwendig:

- Erweiterung der Wissensbasis um "explizite" Daten, die nicht in der DB verfügbar sind,
- Erweiterung der Wissensbasis um Regeln, die nicht auf Horn-Form beschränkt sind,
- Erweiterung der Problemlösungskomponente quantitativ (durch Zugriff auf DB-übersteigende Wissensbasis) und qualitativ (komplexere Inferenzmechanismen),
- Einführung einer Erklärungskomponente und einer komfortablen Dialogkomponente,
- Erweiterung der Wissensveränderungskomponente (in diesem Buch nicht behandelt).

Die Abb. 5 zeigt den Erweiterungsschritt in der Architektur eines Expertensystems, indem der umrandete Bereich diesmal die deduktive DB als einfaches DB-basiertes Expertensystem veranschaulicht und ihre Entwicklung zu einem erweiterten DB-basierten Expertensystem durch die ausserhalb dieses Bereiches aufgeführten Komponenten deutlich wird.

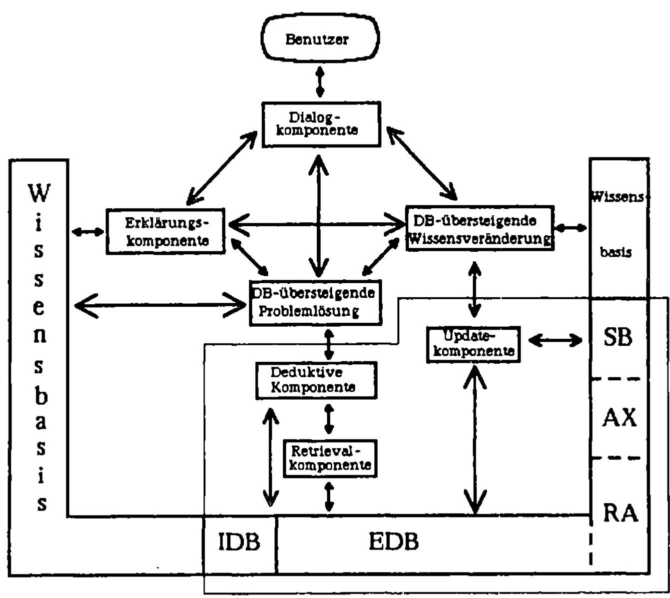

Abb. 5 Erweitertes DB-basiertes Expertensystem

3.4. Wissensbereitstellung DB-basierter Expertensysteme

Die Kapitel 4 und 5 stellen die Wissensbereitstellung DB-basierter Expertensysteme in zwei Schritten dar: in Kapitel 4 beschreiben wir die Wissensbereitstellung deduktiver DB als einfacher DB-basierter Expertensysteme, während wir in Kapitel 5 die Wissensbereitstellung erweiterter DB-basierter Expertensysteme behandeln.

Abb. 6 (als detaillierter Ausschnitt von Abb. 5) zeigt den Zusammmmenhang der Wissensbereitstellung DB-basierter Expertensysteme. Im Bereich I erfolgt die Wissensbereitstellung (das "normale" Retrieval) einer (abfrage-normierten) *konventionellen DB.*

Der mit II bezeichnete Bereich umfasst die Wissensbereitstellung einer (abfrage-normierten) *deduktiven DB*, also eines *einfachen DB-basierten Expertensystems.* Zwischen deduktiver Komponente und Retrievalkomponente existiert eine wohldefinierte Schnittstelle, die konventionelle DB und aufgesetzte Komponente trennt.

Ein deduktives DB-System kann man nun - durch evtl. mehrere hierarchisch geordnete Komponenten - zu einem *erweiterten DB-basierten Expertensystem* ausbauen. Dies haben wir durch eine erste, auf die deduktive DB aufgesetzte Komponente "DB-übersteigende Wissensbereitstellung" veranschaulicht.

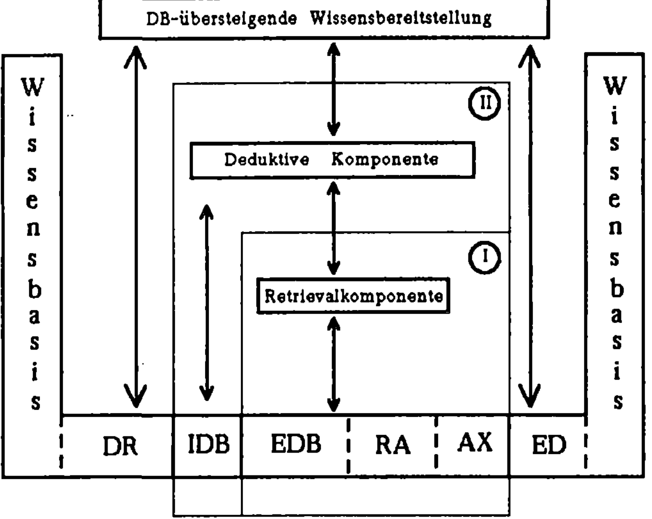

Abb. 6 Wissensbereitstellung erweiterter DB-basierter Expertensysteme

Im Vergleich zur Abb. 5 beinhaltet die *DB-übersteigende Wissensbereitstellung*

- eine DB-übersteigende Problemlösungskomponente,
- eine Erklärungskomponente und
- eine Dialogkomponente.

Die DB-übersteigende Wissensbereitstellung bedient sich in Erweiterung der IDB zusätzlicher *deduktiver Regeln* (DR) - nicht notwendig in Horn-Form wie bei deduktiven DB - und verfügt im Gegensatz zur deduktiven Komponente auch über "eigene" *explizite Daten* (ED), die über die beschränkte Art der EDB einer konventionellen DB hinausgehen.

Kapitel 4 beschreibt die Wissensbereitstellung deduktiver DB mit *beweistheoretischen Konzepten*, indem die deduktive Komponente als RWB realisiert ist. Die DB-übersteigende Wissensbereitstellung, die wir in Abschnitt Kapitel 5 vorstellen, verwendet hingegen *graphentheoretische Konzepte* mit *Und-Oder-Graphen* ([NIL1]). Prinzipiell sind beweis- und graphentheoretische Konzepte gleichwertige Beschreibungsansätze mit Hilfe von Ersetzungssystemen. Es zeigt sich jedoch, dass bei deduktiven Regeln, die keine Horn-Form mehr besitzen müssen (wie dies bei den Regeln in DR möglich ist), *Ableitungsstrategien* auf Und-Oder-Graphen i.a. effizienter sind ([NIL2]).

4. Wissensbereitstellung deduktiver DB

In *pragmatischer* Sichtweise bedeutet die Wissensbereitstellung deduktiver DB die Beantwortung von Abfragen, ohne dass der Benutzer weiss, ob die von ihm erfragte Relation eine Basis-Relation, eine VIEW oder eine - über eine deduktive Regel definierte - virtuelle Relation ist. Die Abfragen haben einen offenen Charakter und erwarten als Antwort jeweils die Menge aller qualifizierten Tupel.

In *prädikatenlogischer* Sichtweise haben wir die Wissensbereitstellung (abfrage-normierter) deduktiver DB als Beantwortung von All-Abfragen in Form offener, positiver Basis-Literale charakterisiert. Zentrale Bedeutung hatte dabei die Vorstellung, dass eine Abfrageformel gültig ist, wenn sie sich mit Hilfe eines Inferenzmechanismus' aus den Axiomen IDB, EDB und RA ableiten lässt.
Durch einen Resolutions-Widerlegungs-Beweiser (RWB) werden wir die Ableitbarkeit einer Abfrageformel AB aus der Formelmenge F = IDB $\cup$ EDB $\cup$ RA durch den Nachweis der Unerfüllbarkeit der entsprechenden Klauselmenge F' = {¬AB} $\cup$ IDB $\cup$ EDB $\cup$ RA verifizieren.

4.1. Differenzierung der Klauselmengen

Wir übertragen das aus der Literatur (z.B. [CHLE]) bekannte Konzept der *semantischen Resolution* auf die Wissensbereitstellung deduktiver DB. Bei der Vorstellung von auf dem Resolutionsprinzip beruhenden Inferenzmechanismen in Abschnitt 2.2.1. war die Klauselmenge immer eine homogene Menge von Klauseln, die alle gleichberechtigt Eltern-Klauseln von Resolutionen sein konnten. Die angestrebte Anwendung eines RWB für die Wissensbereitstellung deduktiver DB erlaubt aber eine Differenzierung in Klauselmengen, mit der wir Resolutionen innerhalb bestimmter Klauselmengen ausschliessen können.

Als Architekturkonzept für ein deduktives DB-System gehen wir von einer *Frontend*-Lösung aus, d.h. auf ein konventionelles DB-System wird eine *deduktive Komponente* aufgesetzt, wie es in Abschnitt 3.3. bereits beschrieben wurde.

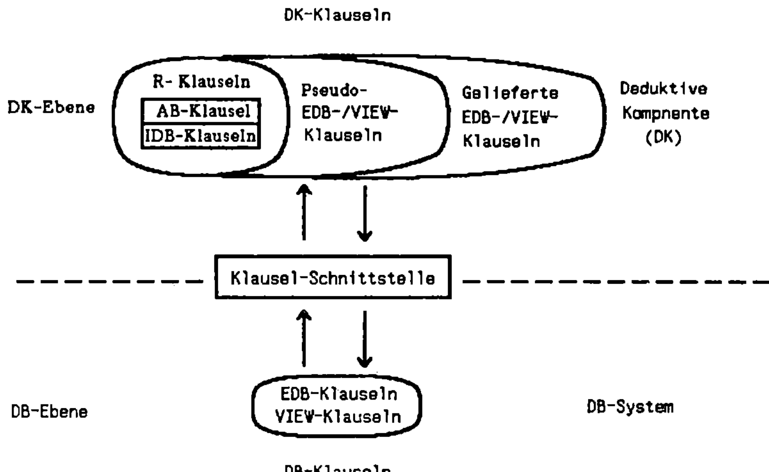

Abb. 7 Trennung der Klauselmengen

Die Abb. 7 bereitet die weiteren Überlegungen vor. Sie zeigt die deduktive Komponente (DK) und das basierende DB-System jeweils mit ihren zugeordneten Klauselmengen, die über eine *Klausel-Schnittstelle* kommunizieren können:

- *EDB-Klauseln:* Die einstelligen EDB-Klauseln repräsentieren die EDB-Formeln bzw. die Tupelmengen der Basis-Relationen. Sie sind vereinbarungsgemäss positive Grund-Literale.

- *VIEW-Klauseln:* VIEW-Klauseln entsprechen den in Klauseln umgeformten RA-Formeln, die wir zur Abfrage-Normierung in Abschnitt 3.2. eingeführt haben, und bilden zusammen mit den EDB-Klauseln die Menge der *DB-Klauseln.*

- *Pseudo-EDB-Klauseln:* Die Menge der Pseudo-EDB-Klauseln enthält für jede n-stellige Relation P_i der EDB, d.h. für jedes in EDB-Formeln auftretende n-stellige Prädikatensysmbol P_i, ein positives Basis-Literal P_i (x_{11}, ..., x_{1n_i}), wobei alle x_{ij} Variable sind. Wenn wir also k verschiedene Basis-Relationen in der EDB haben, besteht die Menge der Pseudo-EDB-Klauseln aus k entsprechenden Basis-Literalen.

- *Pseudo-VIEW-Klauseln:* Die Menge der Pseudo-VIEW-Klauseln enthält für jede rechte Seite einer RA-Formel, also für jede n-stellige VIEW Q_i, ein positives Basis-Literal Q_1 (y_{11}, ..., y_{1n_i}) wobei alle y_{ij} Variablen sind. Bei m verschiedenen VIEWS einer DB existieren auch m Pseudo-VIEW-Klauseln.

- *Gelieferte EDB-Klauseln:* Die Menge der gelieferten EDB-Klauseln ist eine in Abhängigkeit vom Ableitungsprozess zeitvariante Teilmenge der EDB-Klauseln.

- *Gelieferte VIEW-Klauseln:* Die Menge der gelieferten VIEW-Klauseln ist eine ebenso zeitvariante Teilmenge der Klauseln, die die VIEWS repräsentieren.

- *AB-Klausel:* Die AB-Klausel, die sogenannte *Abfrage-Klausel,* stellt die Abfrage an die deduktive DB dar. Dabei ist die AB-Klausel bezüglich der eigentlichen Abfrage an die DB bereits negiert, d.h. wenn wir im weiteren von der AB-Klausel sprechen, ist damit jeweils die für Eingabe in einen RWB notwendige Negation bereits erfolgt.

- *IDB-Klauseln:* Die IDB-Klauseln entsprechen den in Klauseln umgeformten IDB-Formeln bzw. deduktiven Regeln und bilden zusammen mit der AB-Klausel die Menge der *Start-Klauseln.* IDB-Klauseln sind vereinbarungsgemäss funktionssymbol-freie Horn-Klauseln. Die Menge der Start-Klauseln ist während der Beantwortung einer Abfrage jeweils konstant.

- *R-Klauseln:* IDB-, AB- und alle aus ihnen resolvierten Klauseln bilden die zeitvarianten Mengen *der R-Klauseln* (Start-Klauseln und Resolventen). Die R-Klauseln bilden zusammen mit den Pseudo- und gelieferten EDB-/VIEW-Klauseln zeitvariante Mengen von *DK-Klauseln,* die Klauseln der deduktiven Komponente.

Bem. Wir betrachten keine hybriden Relationen und verwenden deduktive Regeln (und damit entsprechende IDB-Klauseln), die auf der rechten Seite, d.h. bei der "Definition" virtueller Relationen, nur Variable in der Termliste zulassen. Ausserdem vereinbaren wir, dass alle Klauselmengen standardisiert sind.

4.2. Der Basis-Algorithmus der deduktiven Komponente

Wir stellen zunächst die Realisierung der DK durch einen noch sehr einfachen RWB mit rückwärts-gerichteter Strategie auf getrennten Klauselmengen vor.

Seien K_0 die Menge der Start-Klauseln (AB-Klausel und IDB-Klauseln) und

P die Menge der Pseudo-Klauseln (Pseudo-EDB- und -VIEW-Klauseln).

procedure BASIS (K_0, P);

    $i := 0$;
    $K'_0 := \{\}$;
    while K_i nicht die leere Klausel enthält **do**
        begin (**if** true **then**
            (resolviere zwei R-Klauseln k_1 und k_2 aus K_i zur Resolvente k_3;

$$K_{i+1} := K_i \cup \{k_3\})$$

       | true **then**
            (wähle eine potientelle Eltern-Klausel k_1 aus K_i aus; suche durch

            einen entsprechenden Aufruf an P über die Klausel-Schnittstelle
           · nach einer EDB- oder VIEW-Klausel k_2;

            if Suche erfolgreich **then**
            (resolviere k_1 und k_2 zu k_3; $K_{i+1} := K_i \cup \{k_3\}$;

               if true **then**
$$K'_{i+1} := K'_i \cup \{k_2\}$$

              | true **then**
$$K'_{i+1} := K'_i)));$$

        $i := i+1$
      end
end BASIS;

Bem. 1. Die Prozedur BASIS stellt einen *Basis-Algorithmus* dar, den wir im weiteren schrittweise konkretisieren.

    2. In jedem Durchlauf der while-Schleife erfolgt ein *Ableitungsschritt*, der entweder eine Resolution in der Menge der R-Klauseln (*DK-Ableitungsschritt*) ausführt oder zu einer R-Klausel eine EDB- bzw. VIEW-Klausel sucht, mit der ggf. eine Resolution durchgeführt werden kann (*DB-Ableitungsschritt*). Dabei bedeuten die beiden Kontrollstrukturen 'if ... then ... | ... then ...' jeweils bewachte nicht- deterministische Fallunterscheidungen, wobei die Wächter im folgenden noch spezifiziert werden.
Die K_i beinhalten jeweils die zeitvarianten Mengen der R-Klauseln.

    3. Die Bestimmung der Mengen K'_i (jeweils gelieferte EDB-/VIEW-Klauseln) behandeln wir noch eingehend im Abschnitt 4.4. ("Redundante Speicherung von Klauseln auf der DK-Ebene").

    4. Die (deterministische) Strategie, in welcher Reihenfolge welche Literale welcher Klauseln zu Ableitungsschritten verwendet werden, bezeichnet man als *Ableitungsstrategie*.

Das folgende Beispiel verdeutlicht einen DB-Ableitungsschritt.

Bsp. Eine Eltern-Klausel aus z.B. K_i sei $\neg R_1(a, b, x) \lor R_4(x, y, c)$. Ferner enthalte P eine Pseudo-Klausel $R_1(x_{11}, x_{12}, x_{13})$, die nach entsprechenden Umformung anhand der Menge von Ersetzungspaaren $\{(a, x_{11}), (b, x_{12}), (x, x_{13})\}$ als Eltern-Klausel für eine Resolution in Frage käme.

Nun wird aber **keine** Resolution

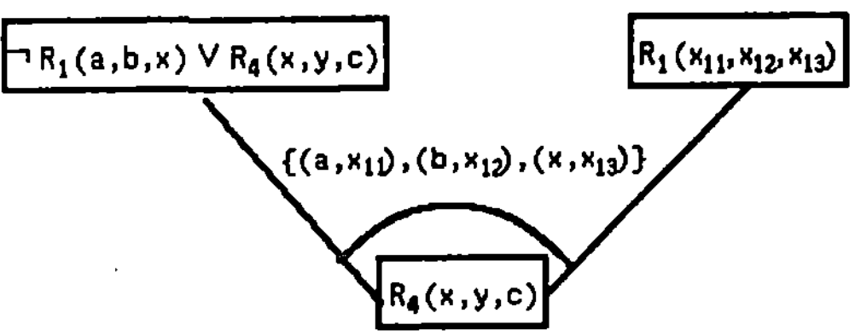

durchgeführt, sondern durch Aufruf der Klausel-Schnittstelle mit dem Argument $R_1(a, b, x)$ erst nach einer EDB- bzw. VIEW-Klausel gesucht, die das Argument "erfüllt". Der Aufruf liefert dann entweder eine Klausel, die bzgl. einer Variablenersetzung für x einen Ersatz-Ausdruck für $R_1(a, b, x)$ darstellt, oder es wird keine Klausel geliefert. Die angestrebte Resolution wird im ersten Fall mit der gelieferten Klausel durchgeführt und die Resolvente in K_{i+1} aufgenommen, während für den zweiten Fall nichts zu tun ist. Über die Klausel-Schnittstelle gelieferte Eltern-Klauseln für die Resolution kann man entweder "vergessen" oder in die Menge K'_{i+1} der gelieferten EDB-/ VIEW -Klauseln aufnehmen und für weitere Ableitungsschritte verfügbar halten, um für ihre Lieferung keinen neuen Schnittstellen-Aufruf durchführen zu müssen.

Wir wollen einen DB-Ableitungsschritt noch einmal durch eine andere Sicht veranschaulichen. Dazu stellen wir uns die Pseudo-Klauseln als sogenannte *Trichter* vor, in die alle Literale von R-Klauseln (mit gleichem Prädikatensymbol wie die Pseudo-Klausel) von der DK-Ebene einfliessen können, für die eine Resolution angestrebt wird. Je nach notwendiger Umformung anhand von Ersetzungspaaren verlässt ein besonderer *Suchauftrag* (im obigen Beispiel $R_1(a, b, x)$) den Trichter über die Schnittstelle in das DB-System. Der durch den Suchauftrag gebildete *Filter* (in unserem Beispiel (a, b, x)) lässt nun die zuerst gefundene passende Klausel vom DB-System kommend im Trichter aufsteigen und stellt diese als gelieferte EDB- bzw. VIEW-Klausel der DK zur Verfügung.

4.3. Präzisierung des Basis-Algorithmus'

Der nachfolgende Katalog zählt funktionale Schwächen und offene Fragen des Basis-Algorithmus' auf.

a) *Terminierung:* Der Basis-Algorithmus terminiert i.a. nur, wenn die vorgelegte Klauselmenge unerfüllbar ist, d.h. er terminiert nicht, wenn die Menge der Start-Klauseln erfüllbar und damit die ursprüngliche Abfrage nicht ableitbar ist. Wir müssen für diesen Fall zusätzliche Terminierungsbedingungen oder "physikalische" Abbruchkriterien vereinbaren, was wir in Abschnitt 4.7. diskutieren werden.

b) *Abfragemöglichkeiten:* Wir hatten bei der prädikatenlogischen DB-Beschreibung in Abschnitt 3.1. festgestellt, dass Abfragen offen sind und als All-Abfragen behandelt werden. Ein RWB behandelt eine AB-Klausel hingegen 1. als eine geschlossene und 2. als eine Existenz-Abfrage, da 1. keine "Ausgabe" einer Antwort geschieht (ein RWB "antwortet" durch Terminierung des Algorithmus' bei unerfüllbarer Klauselmenge) und 2. die Terminierung beim ersten Nachweis der Unerfüllbarkeit erfolgt (und nicht erst nach Prüfung aller Möglichkeiten zum Nachweis der Unerfüllbarkeit).
Diesen Spezialfall der "Abfragesemantik",
- statt offener All-Abfragen (wie bei deduktiven DB gewünscht)
- geschlossene Existenz-Abfragen (wie bei einem RWB üblich),
werden wir in Abschnitt 4.8. durch Einbettung des RWB in einen erweiterten Ableitungsalgorithmus aufheben können.

c) *Zusammenfassung* von R-Klauseln: Bei der Realisierung von DK-Ableitungsschritten taucht folgende zentrale Frage auf, deren Beantwortung weitreichende Folgen für die Effizienz einer gesamten Ableitungsstrategie hat: soll jeweils nur für <u>eine</u> R-Klausel ein DB-Ableitungsschritt erfolgen oder sollen erst "geeignete" <u>Mengen</u> von R-Klauseln zusammengefasst werden, für die ein solcher Ableitungsschritt angestrebt wird? Es ist klar, dass der zweite Weg durch die Aussicht auf seltenere Schnittstellen-Aufrufe motiviert ist. Eine besondere Rolle spielen Zusammenfassungen von IDB-Klauseln, die man einmal "vorab" unabhängig von jeder Abfrage bildet. Diese Idee greifen wir später unter dem Begriff "Übersetzungsansatz" in Abschnitt 4.6. auf.

d) *Aufruf der Klausel-Schnittstelle:* Der prädikatenlogischen Klausel-Schnittstelle entspricht die Schnittstelle zwischen zugrundeliegendem DB-System und DK. Während im vorgestellten Basis-Algorithmus nach jeweils nur <u>einer</u> qualifizierten Klausel gesucht wird, liefert ein DB-System auf eine Abfrage <u>alle</u> qualifizierten Tupel. Da wir sowohl diesen DB-Aspekt berücksichtigen als auch das Prinzip einer Klausel-Schnittstelle für das Suchen nach nur einer Klausel verwenden wollen, werden wir zwei entsprechende Aufrufarten für einen DB-Ableitungsschritt vorsehen.

e) *Auswahl von R-Klauseln* aufgrund gelieferter EDB- bzw. VIEW-Klauseln: Dieses Problem gewinnt besondere Bedeutung bei der Berücksichtigung vorwärts- oder zweiseitig-gerichteter Ableitungsstrategien (vergleichbar den entsprechenden Strategien von Kontrollsystemen in Ersetzungssystemen). Es stellt sich insbesondere dann die Frage, ob man mit einer aus der DB-Ebene "aufsteigenden" Klausel nur eine oder eine Menge geeigneter R-Klauseln resolviert. Die gleiche Frage werden wir aber im Zusammenhang mit der unter c) besprochenen Alternative bei rückwärts-gerichteten Strategien diskutieren.

Zur Beantwortung der Fragen c) - e) werden in der nachfolgenden Aufzählung jeweils zwei mögliche Antworten auf die drei gestellten Fragen kombiniert und dadurch acht Fälle unterschieden, wie der vorgestellte Basis-Algorithmus konkretisiert werden kann:

A: Resolution wird nur für <u>eine</u> R-Klausel k angestrebt

    A.1: über die Schnittstelle wird nur nach <u>einer</u> EDB-/VIEW-Klausel k' gesucht, die eine Resolution mit k ermöglicht

        A.1.1: die Resolution wird mit k und k' durchgeführt

        A.1.2: es wird nach einer geeigneten Menge von R-Klauseln gesucht, die zusammen mit k und k' resolviert werden kann

    A.2: über die Schnittstelle wird nach <u>allen</u> EDB/VIEW-Klauseln $k'_1, ..., k'_n$ gesucht, die eine Resolution mit k ermöglichen

        A.2.1: Resolutionen werden mit k und jedem k'_i, $i \in \{1, ..., n\}$ durchgeführt

A.2.2: es wird für jedes k'_1 nach geeigneten Mengen von R-Klauseln gesucht, für die zusammen mit k und k'_1 eine Resolution durchgeführt werden könnte; für jedes k'_1 wählt man schliesslich eine Resolution aus und führt sie durch

B: Resolution wird für eine geeignete <u>Menge</u> von
R-Klauseln $k_1, ..., k_m$ angestrebt

B.1: über die Schnittstelle wird nur nach <u>einer</u> EDB-/VIEW-Klausel k' gesucht, die eine Resolution mit $k_1, ..., k_m$ ermöglicht

B.1.1: die Resolution wird mit k', $k_1, ..., k_m$ durchgeführt

B.1.2: es wird nach einer geeigneten Menge von R-Klauseln gesucht, die zusammen mit k', $k_1, ..., k_m$ resolviert werden kann

B.2: über die Schnittstelle wird nach <u>allen</u> EDB/VIEW-Klauseln $k'_1, ..., k'_n$ gesucht, die jede für sich eine Resolution mit $k_1, ..., \overline{k_m}$ ermöglichen

B.2.1: die Resolution wird mit $k_1, ..., k_m$ für jedes k'_1, i ∈ {1, ..., n} durchgeführt

B.2.2: es wird für jedes k'_1 nach geeigneten Mengen von R-Klauseln gesucht, für die zusammen mit k'_1 und $k_1, ..., k_m$ eine Resolution durchgeführt werden könnte; eine dieser Mengen wählt man schliesslich aus und führt für diese die Resolution durch.

Abb. 8 verdeutlicht zusätzlich in graphischer Form die vorgestellten Möglichkeiten zur Durchführung von Ableitungsschritten: ob nur für <u>eine</u> R-Klausel (Fälle unter A.1 und A.2) oder eine <u>Menge</u> von R-Klauseln (Fälle unter B.1 und B.2) ein Suchauftrag erfolgt, und ob dieser Suchauftrag nach nur <u>einer</u> EDB-/VIEW-Klausel (Fälle A.1 und B.1) oder nach <u>allen</u> EDB-/VIEW-Klauseln (Fälle unter A.2 und B.2) ergeht.

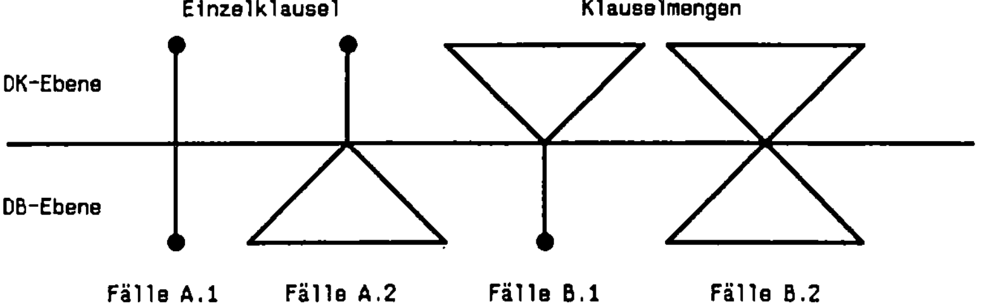

Abb. 8 Symbolisierung der Entscheidungen 1 und 2

Abb. 9 symbolisiert zusätzlich, ob die Resolution schliesslich mit der einen oder der Menge ursprünglicher R-Klauseln durchgeführt (Fälle A.1.1, A.2.1, B.1.1, B.2.1) oder erst nach evtl. besser für eine Resolution geeigneten Klauselmengen gesucht werden soll (Fälle A.1.2, A.2.2, B.1.2, B.2.2).

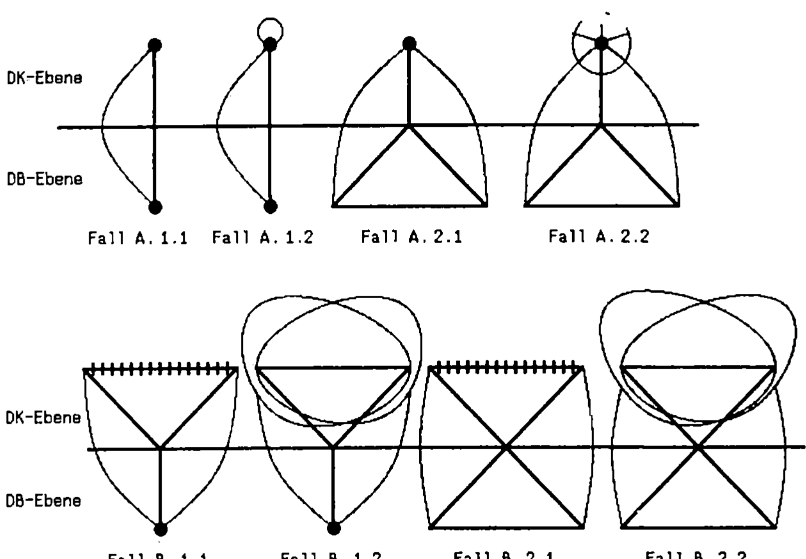

Abb. 9 Symbolisierung der Entscheidungen 1, 2 und 3

4.4. Redundante Speicherung von Klauseln

Bei der Verwaltung der DK-Klauseln, der Klauseln der deduktiven Komponente, stellen sich zwei Fragen, die sich beide unter dem Begriff "redundante Speicherung von Klauseln auf der DK-Ebene" zusammenfassen lassen:

1. Was geschieht mit gelieferten EDB-/VIEW-Klauseln (siehe Unterabschnitt 4.4.1.)?
2. Was geschieht mit den aus den Start-Klauseln (AB- und IDB-Klauseln) abgeleiteten Klauseln, die Tupeln virtueller Relationen entsprechen (siehe Unterabschnitt 4.4.2.)?

4.4.1. Speicherung von EDB-/VIEW-Klauseln auf der DK-Ebene
Wir greifen also zunächst das Problem auf, was mit den auf einen Suchauftrag hin gelieferten EDB-/VIEW-Klauseln geschieht, nachdem sie für einen Ableitungsschritt genutzt wurden. Folgende grundsätzliche Verfahren sind denkbar:

a) Die gelieferten EDB-/VIEW-Klauseln werden in ihrer Gesamtheit als R-Klauseln auf der DK-Ebene gespeichert und somit untereinander bzw. gegenüber bereits vorher gelieferten Klauseln gleichberechtigt potentielle Eltern-Klauseln für spätere DK-Ableitungsschritte.

b) Es erfolgt keine Speicherung auf der DK-Ebene, d.h. die gelieferten EDB-/VIEW-Klauseln werden komplett gelöscht.

Die Vorteile beider Möglichkeiten werden durch das nachfolgend beschriebene Verfahren kombiniert. Man fasst die Mengen gelieferter EDB-/VIEW-Klauseln in von den Mengen der R-Klauseln (K_i im Basis-Algorithmus in Abschnitt 4.2.) getrennten Klauselmengen K'_i zusammen, damit Klauseln aus K'_i

1. nicht automatisch für DK-Ableitungsschritte genutzt werden, aber
2. durch eine Kopplung an die in Abschnitt 4.1. eingeführten Pseudo-Klauseln für

DB-Ableitungsschritte ohne Aufruf der Schnittstelle verwendbar sind, wenn sie sich für die Beantwortung eines Suchauftrags ganz oder teilweise eignen.

Bsp. Die Kopplungsmöglichkeit von EDB-/VIEW-Klauseln an Pseudo-Klauseln verdeutlichen wir durch das in Abb. 10 gewählte Beispiel.

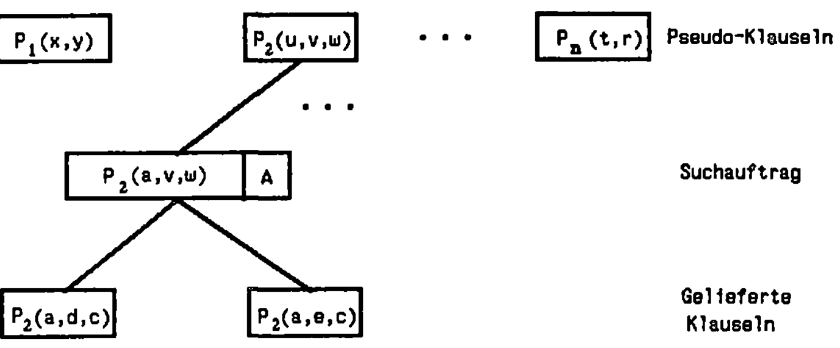

Abb. 10 Kopplung gelieferter Klauseln an Pseudo-Klauseln

Wir sehen in der 1. Zeile eine Menge von Pseudo-Klauseln. Wenn $P_2(a, v, w)$ in der 2. Zeile ein Suchauftrag war, für den $P_2(a, d, c)$ und $P_2(a, e, c)$ in der 3. Zeile die Menge gelieferter Klauseln bilden, hängen wir Suchauftrag und gelieferte Klauseln in der in Abb. 10 gezeigten Form an die Pseudo-Klausel $P_2(u, v, w)$ an.

Dabei deutet die Zusatzinformation "A" im Suchauftragsknoten darauf hin, dass nach allen Klauseln für diesen Filter gesucht wurde. Damit unterscheiden wir, ob nur eine Klausel gesucht wurde (Zusatzinformation "E") oder nicht mehr qualifizierte Klauseln existieren. Man kann nun über diesen Knoten einer Pseudo-Klausel und den nachfolgenden Suchauftragsknoten bestimmte Suchaufträge ohne Aufruf der Schnittstelle befriedigen, denn für alle Suchaufträge mit "feinerem" Filter reichen die anhängenden gelieferten Klauseln aus.

Bez. Ein Filter F_2 heisst *feiner* als ein Filter F_1, wenn

1. F_1 den Zusatz "A" hat oder F_1 und F_2 den Zusatz "E" haben und

2. die Spezifizierung der Terme (Attribute) in F_1 nicht genauer ist als in F_2, d.h. für alle Variablen von F_2 existiert an der gleichen Stelle in F_1 auch eine Variable und für alle Konstanten in F_2 existiert an der gleichen Stelle in F_1 eine Variable oder die gleiche Konstante.

Man kann auch sagen, der Suchauftrag anhand eines Filters kann durch eine Umformung anhand einer Menge von Ersetzungspaaren in den Suchauftrag mit feinerem Filter umgewandelt werden. Ein Filter F_2 heisst *gröber* als ein Filter F_1, wenn F_1 feiner als F_2 ist.

Für Suchaufträge mit feinerem Filter stellt man nun eine oder alle gelieferten Klauseln als Antwort ohne Aufruf der Schnittstelle zur Verfügung. Wenn nur die 2. Bedingung gilt, kann man für den Fall, dass der schon gekoppelte Suchauftragsknoten (mit dem Filter F_1) den Zusatz "E" hat, nur Suchaufträge mit einem Filter F_2 durchführen, der ebenfalls den Zusatz "E" hat (und die 2. Bedingung erfüllt).

Trotzdem kann bei Suchaufträgen mit grobem Filter F_2 und Zusatz "E" eine Klausel ohne Aufruf der Schnittstelle geliefert werden (siehe Fall c) in nachfolgendem Beispiel).

Bsp. Bereits gekoppelte Suchauftragsknoten: $\lceil P_2(a, v, w) \rceil A \rceil$

Filter (F_1): (a, v, w); Zusatzinformation: A

a) Verglichener Suchauftragsknoten: $\lceil P_2(a, b, w) \rceil A \rceil$

Filter (F_2): (a, b, w); Zusatzinformation: A
F_2 ist feiner als F_1, da

      1. F_2 den Zusatz "A" hat und

      2. die Term-Spezifizierung von F_2 genauer ist als von F_1.

Schnittstellen-Aufruf unnötig; an $P_2(a, v, w)$ hängende Klauseln "passen" aber nicht.

b) Verglichener Suchauftragsknoten: $\lceil P_2(u, v, c) \rceil A \rceil$

Filter (F_2): (u, v, c); Zusatzinformation: A
F_2 ist gröber als F_1; deshalb Aufruf der Schnittstelle notwendig.

c) Verglichener Suchauftragsknoten: $\lceil P_2(u, v, w) \rceil E \rceil$

Filter (F_2): (u, v, w); Zusatzinformation: E
F_2 ist gröber als F_1, da die Term-Spezifizierung von F_2 nicht genauer ist als von F_1. (Trotzdem) gelieferte Antwort-Klauseln: $P_2(a, d, c)$ oder $P_2(a, e\ c)$, weil der neue Suchauftrag ja nur eine (und nicht alle) qualifizierte Klausel haben möchte, die auch durch Suchaufträge mit feinerem Filter geliefert werden kann.

Bem. 1. Das "Heraufziehen" von Klauseln führt zu einer Datenredundanz zwischen DB- und DK-Ebene. Der "trade-off" von schnellerem Zugriff auf Daten in DK und redundanter Speicherung auf zwei Systemebenen ist umso lohnender, je ähnlicher die Suchaufträge der DK-Ebene während der Sitzung eines Benutzers sind. Für eine Entscheidung, ob und in welchem Ausmass das Konzept der Kopplung von Pseudo- und gelieferten EDB-/VIEW-Klauseln verwendet wird, sind aber vor allem Parameter des konkreten DB-Systems ausschlaggebend.

    2. Beim DB-Update taucht das Problem auf, Änderungen in der DB auch in der Menge gelieferter EDB-/VIEW-Klauseln durchzuführen, damit Inkonsistenzen zwischen beiden Systemebenen verhindert werden.

4.4.2. Speicherung von VIRT-Klauseln auf der DK-Ebene

Das Konzept "redundanter" Speicherung in der deduktiven Komponente ist für virtuelle Relationen sicher attraktiver als für die in Abschnitt 4.4.1. diskutierte Redundanz von VIEWS oder gar Basis-Relationen auf der DK-Ebene, da die Erzeugung virtueller Relationen eine vergleichsweise aufwendige Ableitung erfordert. Der Begriff 'Redundanz' ist hier in einem anderen Sinne als bei der Diskussion im letzten Abschnitt benutzt, denn bei virtuellen Relationen kann man nur von Redundanz zwischen "impliziter" Speicherung in DB und "expliziter" Speicherung in DK sprechen.

Die in 4.4.1. vorgestellten Begriffe (z.B. der des Filters) und algorithmischen Ideen lassen sich gut auf virtuelle Relationen übertragen, wenn man die folgenden zwei Klauselmengen einführt:

Pseudo-VIRT-Klauseln repräsentieren die "rechten Seiten" deduktiver Regeln, also virtuelle Relationen, und zwar existiert pro Relation eine Klausel;

Temporäre VIRT-Klauseln sind Basis-Literale, die Tupel virtueller Relationen repräsentieren.

Den Pseudo-EDB- bzw. -VIEW-Klauseln entsprechen die Pseudo-VIRT-Klauseln, den gelieferten EDB- bzw. VIEW-Klauseln die temporären VIRT-Klauseln. Abb. 11 zeigt diese zwei Klauselmengen in Ergänzung eines Ausschnitts der Abb. 7.

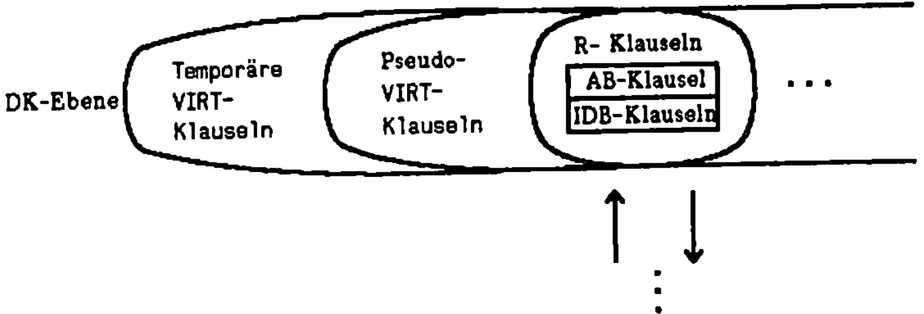

Abb. 11 Einführung von VIRT-Klauseln

In der Literatur werden verschiedene Varianten der Speicherung von abgeleiteten virtuellen Relationen als *Generierungsansatz* (*generation approach*), der Verzicht darauf als *Ableitungsansatz* (*derivation approach*) bezeichnet. Entsprechend heissen die deduktiven Regeln beim 1. Ansatz *Generierungsregeln* (*generation rules*) und beim 2. Ansatz *Ableitungsregeln* (*derivation rules*). Der Ableitungsansatz hält virtuelle Relationen strikt "implizit" (in der DB), der Generierungsansatz macht sie hingegen "explizit" (ausserhalb der DB).
Beim Ableitungsansatz werden die zur Beantwortung einer Abfrage notwendigen Daten aus der DB abgeleitet, beim Generierungsansatz können "relevante Tupel" (vergl. Konzept der Filter mit Zusatzinformation in 4.4.1.) ohne einen Ableitungsalgorithmus "direkt" ausserhalb der DB zugreifbar sein.
Die Vorstellung eines deduktiven DB-Systems nach dem Generierungsansatz findet sich in [BLAU]. Vertreter aus der weitaus gröseren Klasse von Systemen nach dem Ableitungsansatz sind u.a. die deduktiven DB-Systeme von Chang ([CHA2]), Minker ([MIN2]) und Reiter ([REI2]).
Nicolas differenziert Ableitungs- und Generierungsansatz noch in einem anderen Kontext. Er betrachtet die beiden Ansätze nicht - wie wir es bisher getan haben - nur bezüglich der *Wissensbereitstellung* (zur Wissensbereitstellung abgeleitete Tupel virtueller Relationen werden gespeichert), sondern auch im Hinblick auf die *Wissensveränderung.*
In [NIC1] wird die a-priori, d.h. abfrage-unabhängige Speicherung virtueller Relationen als

Generierungsansatz (bezüglich der Wissensveränderung), der vollständige - auch nach Ableitungen zur Wissensbereitstellung - Verzicht auf die Speicherung virtueller Relationen als *Ableitungsansatz* bezeichnet. Der Generierungsansatz bezüglich der Wissensveränderung bedeutet also, dass bei einem Update (z.B. dem Einfügen eines Tupels in die DB) automatisch alle ableitbaren Tupel virtueller Relationen unabhängig von einer Abfrage gespeichert werden.
Die prototypische Implementierung eines Systems - BDGEN genannt -, das den Generierungsansatz der Wissensveränderung verfolgt, beschreiben Nicolas und Yazdanian in [NIC3].

Das im Kapitel 6 vorgestellte System DEDUDAB enthält eine Kombination beider Ansätze bezüglich der Wissensbereitstellung. Während der Sitzung eines Benutzers wird jedes abgeleitete Tupel einer virtuellen Relation in einer temporären Relation in DK vorgehalten (Generierungsanstz), aber zu Beginn einer Sitzung und nach jedem Update sind nur die Basis-Relationen der DB gespeichert (Ableitungsansatz), da Updates schwer identifizierbare Auswirkungen auf die temporären Relationen haben können.

4.5. Ableitungsstrategien

Nachdem wir den Basis-Algorithmus und verschiedene Möglichkeiten zur Durchführung einzelner Ableitungsschritte vorgestellt haben, wenden wir uns nun der Beschreibung von Ableitungsstrategien zu.

· Bem. 1. Aus methodischen Gründen stellen wir die Ableitungsstrategien so vor, dass sie neben DK-Ableitungsschritten nur DB-Ableitungsschritte der Art A.2.1 (vergl. Fallunterscheidung in Abschnitt 4.3.) verwenden.

   Die sieben übrigen vorgestellten Möglichkeiten von DB-Ableitungsschritten sind entweder ein Spezialfall (A.1.1) des DB-Ableitungsschrittes der Art A.2.1 oder kontrollierte Folgen von DK-Ableitungsschritten und/oder DB-Ableitungsschritten der Art A.2.1. Daher ist die obige Festlegung keine prinzipielle Beschränkung, sondern soll die Ableitungsstrategien verständlicher und die Beispiele überschaubarer machen.

   2. Bei der Aufzählung der Ableitungsstrategien stehen die Gesichtspunkte *Vollständigkeit* und *Effizienz* der Verfahren im Vordergrund.

4.5.1. Vollständiger Breitendurchlauf

Die Ableitungsstrategie 'Vollständiger Breitendurchlauf' (*VB*) ist eine vollständige, aber sehr ineffiziente Strategie. Beim VB werden vereinfacht gesagt stufenweise alle Resolutionen "alter" R-Klauseln durchgeführt, ehe man neu erzeugte Klauseln zu Resolutionen heranzieht. Wir wollen anhand der Abb. 12 den VB vorstellen und einige generelle Bemerkungen zu Umformungen durch Variablenersetzungen und zur Schnittstelle machen.
Die Darstellung des VB nimmt mehr Raum ein, als seiner Bedeutung gerade für deduktive DB-Systeme gebührt. Wir wollen hier aber einige grundlegende Erkenntnisse sammeln, auf die wir bei den folgenden Strategien dann nur noch verweisen müssen.

Die Abb. 12 zeigt ein Beispiel, bei dem zwei deduktive Regeln besagen, dass "ein Chef auch ein Vorgesetzter ist" und "der Vorgesetzte des Chefs auch ein Vorgesetzter ist".
Wir beschreiben dies durch die beiden (implizit all-quantifizierten) deduktiven Regeln

$$CHEF\,(x, y) \rightarrow VORG\,(x, y) \text{ und}$$
$$CHEF\,(x, y) \land VORG\,(z, x) \rightarrow VORG\,(z, y).$$

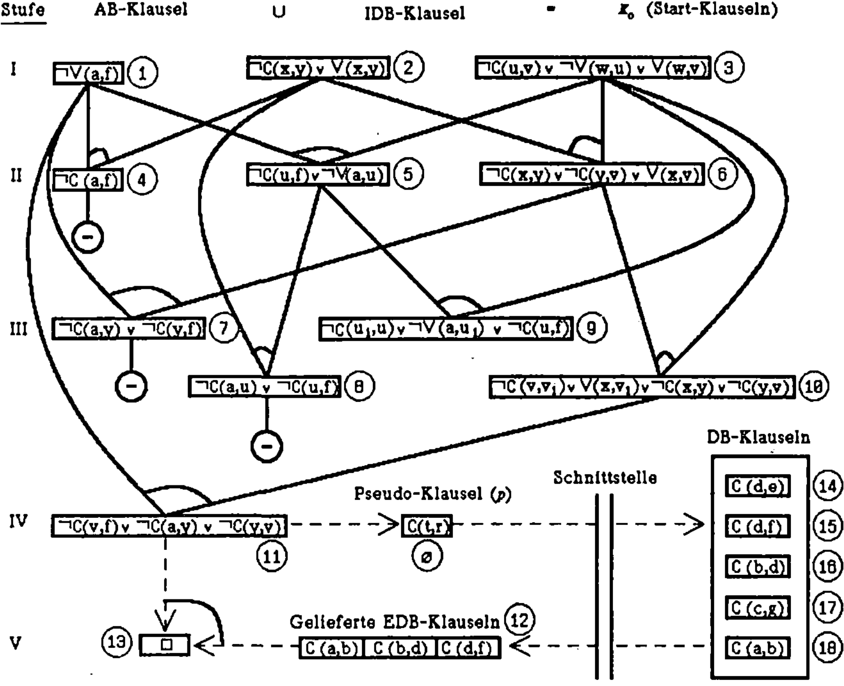

Abb. 12 Beispiel eines Vollständigen Breitendurchlaufs

Diesen beiden Regeln entsprechen die (standardisierten) IDB-Klauseln

$$¬C(x, y) ∨ V(x, y) \qquad (2) \text{ und}$$
$$¬C(u, v) ∨ ¬V(w, u) ∨ V(w, v) \qquad (3)$$

wobei wir mit 'C' und 'V' Abkürzungen für die Prädikatnamen CHEF und VORG gewählt haben und durch '(i)' den Bezug zur Darstellung der Klauselnummern in der Abb. 12 herstellen.

Neben den beiden IDB-Klauseln nehmen wir in K_0 (Menge der Start-Klauseln) als AB-Klausel

$$¬V(a, f) \qquad (1)$$

auf, was der Abfrage "Ist a Vorgesetzter von f ?" entspricht.

Als Basis-Relation bzw. VIEW existiert lediglich die Chef-Relation, so dass nur die Pseudo-Klausel

$$C(t, r) \qquad (∅)$$

auftritt.

Die Menge der DB-Klauseln bestehe aus den Klauseln (14) bis (18), die Aussagen über konkrete Chef-Beziehungen (Konstante in den Termen) darstellen.

Die Ableitungsstrategie VB versucht DK-Ableitungsschritte durch Resolutionen von R-Klauseln in der Reihenfolge "erst von links nach rechts, dann von oben nach unten", so dass erst (1) und (2), dann (1) und (3) und schliesslich (2) und (3) zu den R-Klauseln (4), (5) und (6) resolviert werden. Danach prüft man, ob Resolutionen von (1) und (4), (1) und (5), ..., (3) und (5), (3) und (6) möglich sind. Im Beispiel führt der Vorrang von R-Klauseln niedriger Stufen dazu, dass immer R-Klauseln der Stufe I (Start-Klauseln) beteiligt sind und noch keine R-Klauseln etwa der Stufen II und III zu einer Resolvente auf Stufe IV führen.

Zum Problem der *Umformung* für die R-Klauseln bis einschliesslich (8) sind keine Bemerkungen zu machen, da die Variablenmengen jeweils disjunkt sind. Erstmals bei der Resolution von (3) und (5) zur Klausel (9) sehen wir das Problem der Variablenersetzung bei gleichen Variablen in den Eltern-Klauseln. Wir verdeutlichen in der Abb. 13 die Resolution anhand eines Graphen mit einer *korrekten* und einer *inkorrekten Variablenersetzung.*

Im oberen linken Teil der Abb. 13 sehen wir die beiden Klauseln (3) und (5), die resolviert werden sollen. Die Klauseln sind in Anlehnung an die Darstellung Semantischer Netze in Abschnitt 2.2.2. veranschaulicht, d.h. $\underline{V}$ repräsentiert das Literal der Kausel (3), das mit dem durch V in Klausel (5) repräsentierten Literal zur Resolution genutzt werden könnte. Nach rechts ist die inkorrekte, nach unten die korrekte Variablenersetzung von w und v in Abb. 13 dargestellt..

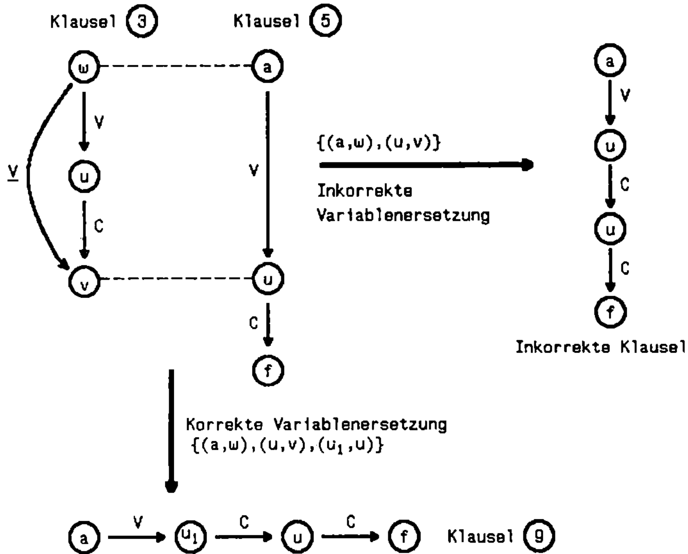

Abb. 13 Beispiel einer inkorrekten und einer korrekten Variablenersetzung

Wir sehen, dass bei der Ersetzung der Folgerungskante $\underline{V}$ der Klausel (3) durch die Kante V der Klausel (5) die Variablenersetzung durch die Menge der Ersetzungspaare {(a, w), (u, v)} keine korrekte Klausel liefert, da die Variable u bereits in der Klausel (3) existiert.
Dieses Problem der konsistenten Variablenersetzung im gesamten Ausdruck haben wir bereits in Abschnitt 2.1. erwähnt. Im Beispiel der Abb. 13 können wir durch das zusätzliche Ersetzungspaar (u_1, u) wieder eine korrekte Klausel (9) erhalten. Analog ist das Verfahren für die Klausel (10) zu sehen.

In der Tab. 14 haben wir die Umformungen durch Matching und Variablenersetzung anhand von Ersetzungspaaren für das Beispiel aus Abb. 12 zusammengestellt. Die dort aufgeführten Umformungen erhalten die Standardisierung von Klauseln; solche Umformungen nennen wir *korrekte Umformungen*. Diese Umformungen stellen gerade bei grossen Klauselmengen und langen Klauseln eine aufwendige algorithmische Komponente in Ableitungsstrategien dar (siehe dazu etwa [BENO] und [BIBE]).

Eltern-Klauseln		Koplementäres Literal-Paar	Menge von Ersetzungspaaren	Resolvente
(1)	(2)	$\neg V(a, f)$, $V(x, y)$	$\{(a, x), (f, y)\}$	(4)
(1)	(3)	$\neg V(a, f)$, $V(w, v)$	$\{(a, w), (f, v)\}$	(5)
(2)	(3)	$V(x, y)$, $\neg V(w, u)$	$\{(x, w), (y, u)\}$	(6)
(1)	(6)	$\neg V(a, f)$, $V(x, v)$	$\{(a, x), (f, v)\}$	(7)
(2)	(5)	$V(x, y)$, $\neg V(a, u)$	$\{(a, x), (u, y)\}$	(8)
(3)	(5)	$V(w, v)$, $\neg V(a, u)$	$\{(a, w), (u, v), (u_1, u)\}$	(9)
(3)	(6)	$\neg V(w, u)$, $V(x, v)$	$\{(x, w), (v, u), (u_1, v)\}$	(10)
(1)	(10)	$\neg V(a, f)$, $V(x, v_1)$	$\{(a, x), (f, v_1)\}$	(11)

Tab. 14 Durchgeführte Umformungen

Nach dem Problem der Umformung wollen wir eine zweite zentrale Frage der Ableitungsstrategien am Beispiel des VB diskutieren: mit welchen R-Klauseln wird wann ein *DB-Ableitungsschritt* durchgeführt?

Zunächst zum 1. Teil der Frage. *Kandidaten* für einen Aufruf der Schnittstelle sind R-Klauseln prinzipiell dann, wenn sie mindestens ein Literal enthalten, das einer Pseudo-Klausel entspricht. Wir haben im Beispiel die Kandidatenmenge durch die Heuristik eingeschränkt, R-Klauseln nur dann zu Schnittstellen-Aufrufen zu nutzen, wenn

a) entweder alle Literale Pseudo-Klauseln entsprechen oder

b) mindestens ein Literal, das einer Pseudo-Klausel entspricht, in seiner Termliste nur noch Konstante enthält.

Das Kriterium a) ist sinnvoll, da Resolutionen mit anderen R-Klauseln wegen des Ausschlusses hybrider Relationen nicht mehr möglich sind. Kriterium b) stützt sich auf die Idee, weitere Ableitungsschritte mit einer "nutzlosen" R-Klausel so früh wie möglich auszuschliessen. Wenn nämlich zu einem Literal einer R-Klausel mit lauter Konstanten kein komplementäres Literal als EDB-/VIEW-Klausel existiert, kann die weitere Ableitung dieser R-Klausel nicht mehr zu einem Widerspruch führen.
Im Beispiel erfolgen wegen dieser beiden Kriterien nur Schnittstellen-Aufrufe von den R-Klauseln (4), (7), (8) und (11), während sie bei den R-Klauseln (2), (3), (5), (6), (9) und (10) zwar prinzipiell möglich sind, aber jeweils wegen unerfüllter Kriterien unterbleiben.
Die Nicht-Lieferung von EDB-/VIEW-Klauseln ist in Abb. 12 durch ein eingekreistes Minuszeichen symbolisiert. Auch die Resolution mit der R-Klausel (11) ist in Abb. 12 vereinfacht dargestellt. Mit (12) haben wir die Menge gelieferter Klauseln gekennzeichnet und alle notwendigen Resolutionen mit der R-Klausel (11) in einem Schritt zur Resolvente (13) zusammengefasst, obwohl dazu Resolutionen mit "Zwischenresolutionen" notwendig sind.

Nun zum zweiten Teil der Frage, nämlich wann für die aufgrund der Kriterien a) und b) qualifizierten R-Klauseln die Schnittstellen-Aufrufe erfolgen. Im Beispiel haben wir zwar die möglichen DB-Ableitungsschritte immer sofort ausgeführt, aber es ist durchaus möglich, dies nicht unbedingt "ad hoc" zu tun.

Das Sammeln von Suchaufträgen ist vor allem sinnvoll, wenn die Schnittstelle selbst der "Flaschenhals" des deduktiven DB-Systems ist. Die Entscheidung zwischen weiterem Ableiten auf der DK-Ebene und Suchen in der DB werden wir bei der Vorstellung des Systems DEDUDAB diskutieren.

4.5.2. Abfrage-orientierte Ableitungsstrategie

Eine in der Regel effizientere, aber dennoch vollständige ([CHLE]) Ableitungsstrategie ist die sogenannte abfrage-orientierte Ableitungsstrategie (*ABS*), die verschiedene Varianten erlaubt, die man auch als Ergebnis der Kombination mit anderen Strategien interpretieren kann (etwa ABS mit VB).

Die Grundidee der ABS ist die, dass man bei jeder Resolution die AB-Klausel oder eine unter ihrer Beteiligung als Eltern-Klausel entstandene Resolvente als Eltern-Klausel nutzen muss, d.h. dass mindestens eine Eltern-Klausel bei DK- und DB-Ableitungsschritten die AB-Klausel oder eine aus ihr abgeleitete R-Klausel sein muss. Diese Beschränkung der potientiellen Eltern-Klauseln führt i.a. zu einer beschleunigten Antwort. Obwohl diese evtl. erst auf einer höheren Stufe als beim VB erreicht wird, ist die bis dahin abgeleitete Klauselmenge meist deutlich kleiner.

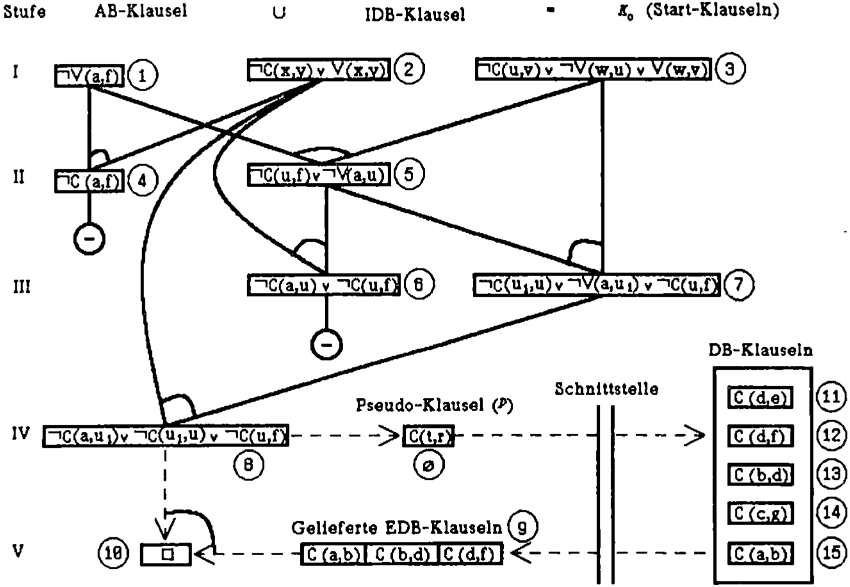

Abb. 15 Beispiel einer abfrage-orientierten Ableitungsstrategie

Wir wollen am gleichen Beispiel wie dem beim VB gewählten die ABS veranschaulichen. Aus der Abb. 15 entnehmen wir, dass weniger R-Klauseln abgeleitet wurden als beim VB. Die Bemerkungen zu Umformungen durch Variablenersetzungen und zum Problem der Schittstellen-Aufrufe gelten hier analog zum VB.

Im Beispiel der Abb. 15 kommt nicht zum Ausdruck, welche der folgenden Modifikationen einer ABS gewählt wurde:

a) ABS mit vollständigem Breitendurchlauf,
b) ABS mit Bevorzugung kürzerer Klauseln
   (die Länge einer Klausel entspricht der Anzahl ihrer Literale),
c) ABS mit Bevorzugung von Klauseln mit höherem Anteil an Pseudo-Klauseln,
d) ABS mit Bevorzugung von Klauseln mit niedriegerem Anteil an Konstanten.

Die Variante a) sichert die Vollständigkeit für beliebige Klauseln, bei den Varianten b) - d) ist die Vollständigkeit nur bei Horn-Klauseln gewährleistet.

Die *Variante a)* hat zwar den Vorteil der Vollständigkeit für beliebige Klauseln, impliziert aber viele redundante Ableitungswege. Bei diesem Verfahren müssen jeweils erst alle nach ABS erzeugten R-Klauseln einer Stufe vorliegen, bevor Klauseln einer neuen Stufe erzeugt werden.

Variante b) geht von der Heuritik aus, die abgeleiteten Klauseln möglichst kurz zu halten. So beteiligt man R-Klauseln mit wenig Literalen möglichst früh an Resolutionen. Verfeinerungen der Variante unterscheiden, ob man die Summe der Längen beider Eltern-Klauseln nimmt oder nicht.

Die *Variante c)* basiert auf der Idee, dass man nur über gelieferte EDB-/VIEW-Klauseln zu einer Antwort kommen kann. Deshalb sollte man R-Klauseln bevorzugen, deren Literale einen relativ hohen Anteil an Pseudo-Klauseln haben. Auch hier wollen wir mögliche Verfeinerungen nicht weiter verfolgen, um die Grundidee dieser Variante herauszustellen.

Variante d) beinhaltet die Heuristik, dass man R-Klauseln mit relativ wenig Konstanten bevorzugen soll, da gerade im Hinblick auf angestrebte DB-Ableitungsschritte die Wahrscheinlichkeit der Lieferung einer EDB-/VIEW-Klausel wächst, je gröber der Filter des entsprechenden Suchauftrags ist, d.h. je weniger Konstante in der Termliste spezifiziert sind.

Gerade die Varianten b) - d) lassen sich in verschiedener Weise zu Heuristiken einer Gesamtstrategie kombinieren und sind bei geschickter Wahl meist deutlich effizienter als VB und ABS nach Variante a).

4.5.3. Weitere Ableitungsstrategien

Zwei weitere Ableitungsstrategien führen wir nun in kürzerer Form ohne Beispiele an.

Eine immer noch vollständige Strategie (allerdings nur für Klauseln in Horn-Form) ist die sogenannte *startklausel-orientierte Ableitungsstrategie* (SKS). Diese Ableitungsstrategie erlaubt nur DK-Ableitungsschritte, die bei der Resolution mindesten eine Eltern-Klausel aus der Menge der Start-Klauseln (K_o) einbeziehen. Die SKS reduziert den Ableitungsaufwand im Verhältnis zu anderen Ableitungsstrategien meist beträchtlich.

Eine vom Ansatz her grundsätzlich andere Ableitungsstrategie geht von der Heuristik aus, dass eine *Bewertungsfunktion* unter verschiedenen R-Klauseln die jeweils erfolgversprechendste auswählt. Dieser Ansatz nimmt also nicht Bezug auf Art (z.B Start-Klausel bei SKS) oder Herkunft (z.B. AB-Klausel oder aus ihr abgeleitete R-Klauseln wie bei der ABS) der Klauseln, sondern bewertet am ehesten noch vergleichbar den Varianten b), c) und d) der ABS die "Qualität" der Klauseln.

Diese sogenannte *bewertungs-orientierte Ableitungsstrategie* (*BS*) realisiert die Heuristik, dass die Ableitung von R-Klauseln, die

- kurz sind,
- relativ viele Literale haben, die Pseudo-Klauseln entsprechen, und
- deren Pseudo-Klauseln entsprechende Literale abfrage-relevante Terme besitzen

schneller zum Ziel führt.

Während die ersten beiden Spiegelstriche den Varianten b) und c) der ABS vergleichbar sind, stellt der letzte Punkt eine Erweiterung der Variante d) dar. Mit dem Begriff 'abfrage-relevante Terme' stellen wir einen Zusammenhang zwischen den Termen der AB-Klauseln (nur Konstante z.B. P(a, b), nur Variable z.B. P (x, y) oder bewertete Mischung aus beiden z.B. Q (a, x, d) mit 2/3 Konstanten und 1/3 Variable) und den Literalen von R-Klauseln her, die für einen Ableitungsschritt in Frage kommen.

Wenn die AB-Klausel nur Variable enthält, bleiben wir vergleichbar der Variante d) der ABS bei der Heuristik, Klauseln mit möglichst wenig Konstanten zu bevorzugen, um die Wahrscheinlichkeit einer gelieferten EDB-/VIEW-Klausel zu erhöhen, die dann auf jeden Fall "passt".
Wenn die Terme der AB-Klauseln nur Konstante sind, sinkt die Wahrscheinlichkeit, dass ein entsprechendes Literal mit wenig Konstanten zufällig eine "passende" EDB-/VIEW-Klausel liefern wird, wenn es zu einem Schnittstellen-Aufruf mit grobem Filter kommt.
Schliesslich werden Literale mit einer Mischung aus Variablen und Konstanten ebenfalls an ihrer Ähnlichkeit zur Termgestaltung der AB-Klauseln gemessen, wobei die Bewertungsfunktion verfeinerte Heuristiken zur Relevanz der R-Klauseln enthält.

Auch die BS ist nur für Horn-Klauseln vollständig. Die Effizienz ist natürlich von der Güte der gewählten Bewertungsfunktion abhängig. Man kann die BS noch verfeinern, indem man Ideen des vorwärts-, rückwärts- und zweiseitig-gerichteten Ableitens verwendet.

4.6. Vom Interpretierungs- zum Übersetzungsansatz

Der Ableitungsansatz zur Wissensbereitstellung deduktiver DB - wie in Abschnitt 4.4. vorgestellt - erlaubt eine Unterteilung in zwei Ansätze, die mit *Übersetzungsansatz* (*compiled approach*) und *Interpretierungsansatz* (*interpretative* oder *transformational approach*) bezeichnet werden. Deduktive DB nach dem Übersetzungsansatz beschreiben z.B. Chang ([CHA2]), Reiter ([REI2]), Kellog/ Travis ([KETR]), und Fishman/ Naqvi ([FINA]), während etwa Warren ([WARR]), Minker ([MIN2]) und Chakravarthy et. al. ([CHAK]) den Interpretierungsansatz wählen.

Systeme nach dem Interpretierungsansatz verwenden Ableitungsstrategien, die wir in einer Auswahl in Abschnitt 4.5. bereits vorgestellt haben, und wechseln zwischen DK- und DB-Ableitungsschritten. Nach dem Übersetzungsansatz arbeitende Systeme trennen (meist streng) zwischen einer oft abfrage-unabhängigen Ableitungsphase der DK (Erzeugung geeigneter IDB-Resolventen) und einer seperaten, abfrage-abhängigen Suchphase in der DB, die nicht von DK-Ableitungsschritten unterbrochen wird.

Wir stellen den Übersetzungsansatz an einem Beispiel vor.

Bsp. Gegeben sei folgende Liste deduktiver Regeln, die wir gleich in IDB-Klauseln umgewandelt haben, wobei die Prädikatensymbole E_i, $i \in \{1, ..., 10\}$ für Basis-Relationen der EDB und P, R, S und T für virtuelle Relationen stehen.

(1) $\neg E_1(x_1, y_1, z_1) \lor \neg E_2(x_1, y_1, z_1) \lor P(z_1, x_1, y_1)$

(2) $\neg R(x_2, y_2) \lor \neg E_3(x_2, z_2, y_2) \lor P(y_2, x_2, z_2)$

(3) $\neg S(x_3, y_3, z_3) \lor \neg T(y_3, x_3, z_3) \lor P(x_3, y_3, z_3)$

(4) $\neg T(x_4, z_4, u_4) \lor \neg E_4(u_4, y_4) \lor R(x_4, y_4)$

(5) $\neg S(z_5, x_5, u_5) \lor \neg E_5(y_5, u_5) \lor R(x_5, y_5)$

(6) $\neg E_6(x_6, y_6) \lor \neg E_7(y_6, z_6) \lor S(x_6, y_6, z_6)$

(7) $\neg E_8(x_7, v_7) \lor \neg E_9(v_7, y_7) \lor \neg E_{10}(y_7, z_7) \lor T(x_7, y_7, z_7)$

Dann können wir zunächst bezogen auf die IDB-Klauseln (1) - (3) folgende vier IDB-Klauseln (1'), (2'), (2"), und (3') "übersetzen", d.h. durch den Übersetzungsansatz abfrage-unabhängig erzeugen (vergl. Abb. 16):

(1') wie (1)

(2') $\neg E_8(x_2, v_7) \lor \neg E_9(v_7, z_4) \lor \neg E_{10}(z_4, u_4) \quad \lor \neg E_4(u_4, y_2) \lor \neg E_3(x_2, y_2, z_2)$
$\lor P(y_2, x_2, z_2)$

(2") $\neg E_6(z_5, x_2) \lor \neg E_7(x_2, u_5) \lor \neg E_5(y_2, u_5) \quad \lor \neg E_3(x_2, z_2, y_2)$
$\lor P(y_2, x_2, z_2)$

(3') $\neg E_6(x_3, y_3) \lor \neg E_7(y_3, z_3) \lor \neg E_8(y_3, y_7) \lor \neg E_9(v_7, x_3) \lor \neg E_{10}(x_3, z_3)$
$\lor P(x_3, y_3, z_3)$

Die übersetzten IDB-Klauseln sind durch DK-Ableitungsschritte entstanden, was beispielhaft für die Klausel (2') in der Abb. 16 veranschaulicht ist. Bei einer Abfrage nach der Relation P erfolgen nur vier einzelne Schnittstellen-Aufrufe oder ein Schnittstellen-Aufruf mit vier verschiedenen Suchaufträgen an das DB-System, ohne dass ein Ableitungsschritt in der deduktiven Komponente notwendig ist. Die Übersetzung der übrigen IDB-Klauseln geschieht analog.

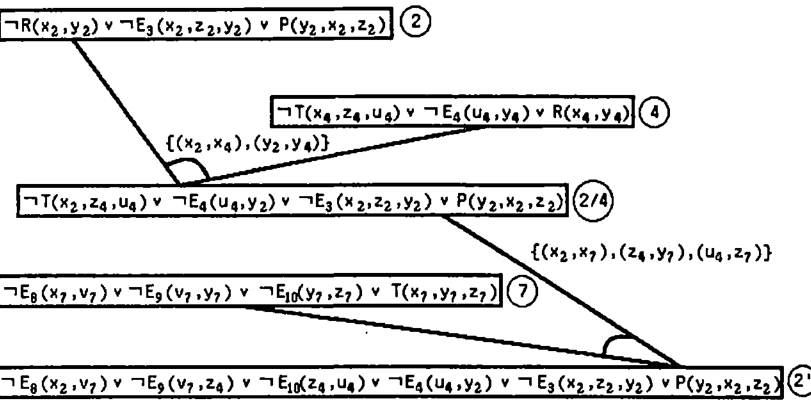

Abb. 16 Übersetzung einer Klausel

Bem. 1. In diesem Beispiel tauchen keine *rekursiven* deduktiven Regeln auf. Bei rekursiven Regeln enthalten die übersetzten IDB-Klauseln einen Verweis auf das (oder die) rekursiv zu verwendende(n) Literal(e). Wenn im 1. Rekursionsschritt - dies entspricht der 1. Verwendung der übersetzten IDB-Klauseln - die Abfrage nicht beantwortet werden konnte, schliesst sich der 2. Rekursionsschritt mit den im 1. Rekursionsschritt gefundenen EDB-/VIEW-Klauseln als AB-Klauseln an, usw. bis die Antwort gefunden ist oder der Algorithmus ohne eine gefundene Antwort terminiert.

2. Eine konkrete Implementierung des Übersetzungsansatzes mit rekursiven deduktiven Regeln stellen wir mit dem System DEDUDAB in Kapitel 6 vor.

3. Ableitungsstrategien des Interpretierungsansatzes, die zunächst die IDB-Klauseln geeignet resolvieren, und dann Ableitungsschritte mit diesen IDB-Resolventen und gelieferten EDB-/VIEW-Klauseln durchführen, sind methodisch dem Übersetzungsansatz vergleichbar. Deshalb wollen wir unter Ableitungsverfahren nach dem Interpretierungsansatz solche verstehen, die <u>keine</u> (vor-) übersetzten *IDB-Resolventen* ausnutzen, sondern die IDB-Klauseln der Start-Klauselmenge verwenden.

4. Das nachfolgend diskutierte *Terminierungsproblem* stellt sich in gleicher Form für den Übersetzungs- und den Interpretierungsansatz.

4.7. Das Terminierungsproblem

Im Bewertungskatalog des Basis-Algorithmus in Abschnitt 4.3. haben wir unter dem Punkt a) bereits das *Terminierungsproblem* für nicht-ableitbare Abfrageformeln angeführt.

Die Zulassung rekursiver deduktiver Regeln ermöglicht potentiell unendliche Ableitungswege, so dass erst physikalische "Notbremsen" wie Speicherplatz- oder Rechenzeitbeschränkung den Ableitungsprozess implementierter Systeme abbrechen. Bei deduktiven DB ist aber das Terminierungsproblem prinzipiell durch Ausnutzung der folgenden Punkte lösbar:

- die deduktiven Regeln enthalten keine Funktionssymbole,
- die deduktiven Regeln haben Horn-Form und
- die Menge der DB-Tupel (und damit die Menge der Konstanten) ist endlich.

Lösungsvorschläge, von denen einige nur partiell sind, machen Minker/ Nicolas ([MINI]), Henschen/ Naqvi ([HENA], [NAQ1], [NAQ2]), Chang ([CHA2]) und Shapiro/ Mckay ([SHMC]).

Bez. Eine Ableitungsstrategie heisst *präzise*, wenn sie vollständig ist und die Nicht-Ableitbarkeit von Abfragen verifiziert.

Präzise Ableitungsstrategien verifizieren also sowohl die Unerfüllbarkeit (Antwort "Ja") als auch die Erfüllbarkeit ("Nein") einer Klauselmenge. Die allgemeinen Terminierungsbedingungen präziser Ableitungsstrategien führen bei grösseren DB und hinreichend komplexen deduktiven Regeln zu nicht akzeptablen Zeit- und Speicherungsanforderungen, so dass man häufig zu anwendungsbezogenen, d.h. nicht allgemein gültigen Terminierungsbedingungen greift. Solche *semantischen Terminierungsbedingungen* nutzen vorgegebene Angaben z.B. über maximale *Ableitungstiefen* bzw. maximale Verwendung rekursiver Regel(folge)n, garantieren aber trotzdem einen präzisen Algorithmus.

Start-Klauseln haben dabei die Ableitungstiefe 0, während eine abgeleitete Klausel die Ableitungstiefe i besitzt, wenn die grösste Tiefe einer der zu ihrer Ableitung führenden Klauseln (i-1) ist.

Bsp. Wenn man im Vorgesetzten-Beispiel weiss, dass zu jedem Mitarbeiter maximal n Vorgesetztenebenen existieren, kann man die Verwendung der deduktiven Regel

$$CHEF\,(x, y) \wedge VORG\,(z, x) \rightarrow VORG\,(z, y)$$

so beschränken, dass auf jedem Ableitungsweg maximal (n-1) Anwendungen dieser deduktiven Regeln erlaubt sind.

Bem. 1. Harel kritisiert in [HARL] zu Recht die Festlegung "a priori" vorgegebener Rekursionsschranken, was einem Verbot der Rekursion äquivalent sei. Er vergleicht dies mit der Einschränkung, nur "die Verifikation von Programmen durchzuführen, die keine Schleifen enthalten".

2. Semantische Terminierungsbedingungen unterlaufen die Zulassung rekursiver Regeln, da man durch entsprechend komplexe Ausdrücke der *Relationenalgebra* den gleichen Effekt erzielen kann, also im Prinzip mit konventionellen DB auskommt.

3. Sowohl (nur) vollständige als auch präzise Ableitungsstrategien führen trotz semantischer Terminierungsbedingungen bei

- grösseren Ableitungstiefen,
- Parallelität von Rekursionen in deduktiven Regeln und/oder
- grossen DB

zu nicht akzeptablen Laufzeiten.
Zur Reduzierung der Komplexität kann man im wesentlichen zwei Wege getrennt oder kombiniert beschreiten:

a) Aufgabe der Vollständigkeit und Präzisheit der Ableitungsstrategien
b) Beschränkung der deduktiven Regeln auf eine Teilklasse der Horn-Formeln.

Der Weg a) ist charakterisiert durch Terminierungsbedingungen, die meist aufgrund von *Laufzeittests* implementierter Systeme Zeitschranken für den Ableitungsprozess vorgeben, bei deren Erreichen die Ableitung auf jeden Fall abgebrochen wird. Eine Antwortzeit von bis zu 24 Stunden (!) wird nach [STE3] bei Expertensystemen als noch akzeptable Grössenordnung bezeichnet.

Weg b) beschreitet z.B. [CHA2], indem er nur deduktive Regeln erlaubt, bei denen maximal eine Relation auf der linken Seite der Regel an Rekursionen beteiligt sein darf. Diese Einschränkung liegt auch der Implementierung von DEDUDAB zugrunde. [KUNT] beschreibt in graphentheoretischer und grammatikalischer (reguläre Ausdrücke) Weise eine Erweiterung dieser Regelklasse, ohne gleich wieder alle Horn-Formeln zuzulassen.

4.8. Erweiterung der Abfragemöglichkeiten

Bei der Aufzählung funktionaler Schwächen des Basis-Algorithmus' in Abschnitt 4.3. haben wir unter Punkt b) auch das Problem der *beschränkten Abfragemöglichkeiten* aufgeführt. Der Basis-Algorithmus und die darauf aufbauenden Ableitungsstrategien liessen nur die Beantwortung geschlossener Existenz-Abfragen ("Gilt für ein Tupel, dass ...") zu.

Wir erweitern nun die erlaubten Abfragen zunächst auf offene Existenz-Abfragen ("Gib mir ein Tupel, für das gilt ..."), prüfen dann die Einbeziehung geschlossener All-Abfragen ("Gilt für alle

Tupel, dass ...") und schliesslich <u>offener All</u>-Abfragen ("Gib mir alle Tupel, für die gilt ..."). Die Beantwortung von *offenen Existenz-Abfragen* ermöglichen wir durch ein *Extraktionsverfahren*, dessen Idee von Green ([GRE2]) stammt und von Luckham und Nilsson ([LUNI]) aufgegriffen wird. Wir schildern dieses Verfahren anhand eines Beispiels der Vorgesetzten-Beziehung und veranschaulichen dies in Abb. 17.

Bsp. Sei die geschlossene Abfrage "Existiert ein Vorgesetzter von f ?" (V(p, f)) durch einen Ableitungsalgorithmus implizit mit "Ja" beantwortet worden, da die AB-Klausel ¬V(p, f) zu einer leeren Klausel führte.
Wir erweitern die AB-Klausel um die Disjunktion mit ihrer Negation, so dass wir als neue Klausel ¬V(p, f) ∨ V(p, f) erhalten. Mit dieser Start-Klausel durchlaufen wir nun den direkten Weg zur leeren Klausel, indem wir die in jedem Ableitungsschritt vorgenommene Resolution einschliesslich Variablenersetzung durchführen. Dann steht abschliessend statt der im eigentlichen Ableitungsalgorithmus erzeugten leeren Klausel die gewünschte Antwort auf die offene Abfrage.

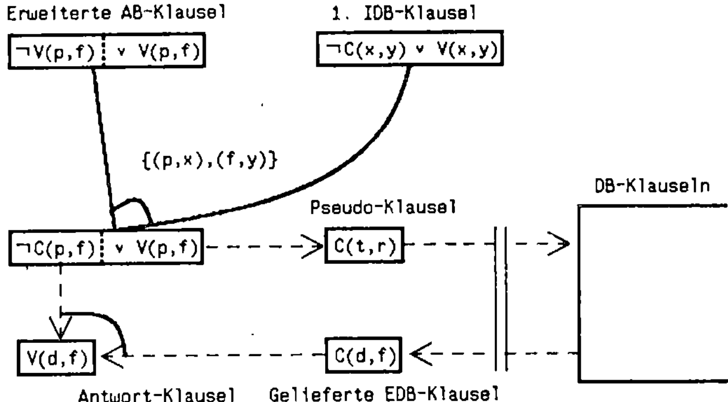

Abb. 17 Extraktion einer Antwort-Klausel

Bem. 1. Man kann sich das Extraktionsverfahren als ein "Einsinken" der Negation der AB-Klausel in den zuvor gefundenen, erfolgreichen Ableitungsweg bis hin zur leeren Klausel vorstellen. Zum Schluss steht dann statt der zuerst leeren Klausel die Antwort-Klausel, die man entsprechend aufbereitet ausgibt.

2. Die Einbeziehung offener Existenz-Abfragen verletzt ein Prinzip, das man in der DB-Theorie unter der Bezeichnung *'Isomorphieeigenschaft* von DB' kennt. Man verlangt mit dieser Eigenschaft von einer DB, dass sie unabhängig vom Schema und physischer Speicherung ihrer Daten gleiche Abfragen gleich beantwortet. Dieses Prinzip wird aber bei deduktiven DB-Systemen, die Existenz-Abfragen erlauben, verletzt, da die "zufällige" physische Reihenfolge von Relationen bzw. Tupeln bei gleichen Abfragen zu verschiedenen Antworten führen kann. Die Forderung der Isomorphieeigenschaft müsste also eingeschränkt werden, indem man die Beantwortung als gleich bezeichnet, wenn zwei Existenz-Abfragen überhaupt durch je ein Tupel beantwortet werden.

Wenden wir uns nun der Einbeziehung von *All-Abfragen* zu, die bisher ausgeschlossen waren, da wir wegen des basierenden DB-Systems keine Möglichkeit zur Speicherung von Skolem-Funktionen sahen, die bei der Negation einer All-Abfrage zur AB-Klausel auftreten. Damit haben wir aber nicht nur geschlossene All-Abfragen ausgenommen, die ohnehin nicht von konventionellen DB-Systemen beantwortet werden, sondern zusätzlich auch offene All-Abfragen verhindert, die Standard relationaler Abfragesprachen sind.

Zur Einbeziehung *geschlossener All-Abfragen* sind zwei Ansätze denkbar. Der erste ist der, konventionelle DB-Konzepte zu erweitern und doch *Funktionen* in die Relation aufzunehmen. Das würde aber grosse Probleme bei der Resolution mit gelieferten EDB-/VIEW-Klauseln bringen, insbesondere bei der Variablenersetzung durch Umformungen. Eine Diskussion dieses Problembereiches findet sich in [REI2].

Beim zweiten Ansatz lassen wir die DB-Klauseln unverändert und führen besondere Klauseln ausserhalb der DB auf der DK-Ebene ein, die wir getrennt von den übrigen DK-Klauseln verwalten. Sie dürfen dann auch nicht in normale Ableitungen einbezogen werden, sondern würden ohne Ableitung "ad hoc" zur Beantwortung genutzt, wenn eine entsprechende AB-Klausel vorliegt.

Bem. Mit dem zweiten Ansatz würden wir erstmals das Prinzip deduktiver DB-Systeme verletzen, dass alle Abfragen nur durch Beteiligung des DB-Systems beantwortet werden können, d.h. die Ableitungsalgorithmen müssen auf jeden Fall zur Beantwortung von AB-Klauseln die DB-Klauseln nutzen. Dieses Prinzip getrennter Verwaltung expliziter Daten werden wir erst bei erweiterten DB-basierten Expertensystemen aufheben, wo Abfragen auch ohne Beteiligung des DB-Systems beantwortbar sind.

Aus den geschilderten Gründen verwerfen wir beide Ansätze und lassen keine geschlossenen All-Abfragen bei deduktiven DB-Systemen zu.

Zur Berücksichtigung von *offenen All-Abfragen* ist eine Erweiterung der bisherigen Ableitungsstrategien notwendig, bei der nicht nach der ersten Resolvierung der leeren Klausel abgebrochen, sondern unter Streichung der zum Widerspruch führenden EDB-/VIEW-Klausel die Ableitung fortgesetzt wird ([REI2]).

4.9. Effizienz der Ableitungsstrategien

Auf die Frage, welche Ableitungsstrategie für die Wissensbereitstellung deduktiver DB-Systeme zu empfehlen ist, kann "auf dem Papier" keine befriedigende Antwort gegeben werden. Eine solche Entscheidung hängt von vielen, vor allem *anwendungsbezogenen* Parametern ab, die wir in ihrer Gewichtung und ihren oft konkurrierenden Wechselbeziehungen bei der hier durchgeführten generellen Diskussion nicht erfassen können.

Eine sehr wichtige Randbedingung stellt das zugrundeliegende konventionelle DB-System dar. Diesen Bezug werden wir ausführlich bei der Vorstellung des Systems DEDUDAB auf der Grundlage von INGRES diskutieren und beschränken uns nachfolgend auf einige kurze Bemerkungen.

1. *Implementierungen* anwendungsneutraler Ableitungsstrategien für RWB haben gezeigt, dass ohne Heuristiken zur Eingrenzung und Steuerung des Ableitungsvorgangs Inferenzmechanismen i.a. zu nicht akzeptablen Laufzeiten führen.

2. Bei *Expertensystemen* ist die Entwicklung zu *musterorientierten Ableitungsstrategien* (pattern-directed inference systems) festzustellen, dort aber wegen des eng begrenzten Anwendungsbezugs auch eher möglich.

3. Als unter Laufzeitgesichtspunkten *"gute" Ableitungsstrategien* werden aufgrund der Beschreibung deduktiver DB-Systeme (z.B. [MIN2], [DAHL], [WARR]) Kombinationen von ABS, SKS und BS betrachtet, die für Horn-Klauseln vollständig sind. Entscheidend für die

Effizienz der Gesamtstrategie ist dabei die Wahl einer geeigneten Bewertungsfunktion, die allein anwendungsbezogene Heuristiken berücksichtigen kann.

4. Der *Übersetzungsansatz* zur abfrage-unabhängigen Vorberechnung von Ableitungswegen scheint sich bei Imlementierungen deduktiver DB-Systeme auszuzahlen (siehe auch Diskussion in den Abschnitten 6.3. und 6.5.1.).

5. Ungeachtet der konkret gewählten Ableitungsstrategie muss sich ein deduktives DB-System *"in der Praxis"* einsetzen lassen. Die durch die deduktive Komponente zusätzlich gebotenen Möglichkeiten zur Wissensbereitstellung dürfen nicht zu derart hohen Laufzeiten führen, dass ein solches System für einen Benutzer nicht akzeptabel wird. In diesem entscheidenden Punkt ist ein überzeugender Nachweis noch durch kein deduktives DB-System gelungen. Die Hauptursache für diesen fehlenden Nachweis liegt sicher in der bisherigen Verwendung (rein) *"syntaktischer" Ersetzungssysteme* (wie etwa auf dem Resolutionsprinzip beruhender Methoden) als Ableitungsstrategien der deduktiven Komponente. Hier ist ein Durchbruch zu effizienteren Strategien erst beim Einsatz *"semantischer" Ersetzungssysteme* zu erwarten.

5. Wissensbereitstellung erweiterter DB-basierter Expertensysteme

Die Erweiterung bei der in diesem Kapitel beschriebenen Wissensbereitstellung (erweiterter) DB-basierter Expertensysteme gegenüber der in Kapitel 4 vorgestellten Wissensbereitstellung deduktiver DB als (einfache) DB-basierte Expertensysteme zeigt sich (siehe Abb. 18 und zum Vergleich Abb. 5 und Abb. 6)

- in einer quantitativ und bezüglich der zugelassenen Formelklassen auch qualitativ erweiterten *Wissensbasis,*
- in einer zusätzlichen, *DB-übersteigenden Problemlösungskomponente,*
- in einer neu eingeführten *Erklärungskomponente* und
- in einer komfortableren - meist natürlichsprachlichen - *Dialogkomponente.*

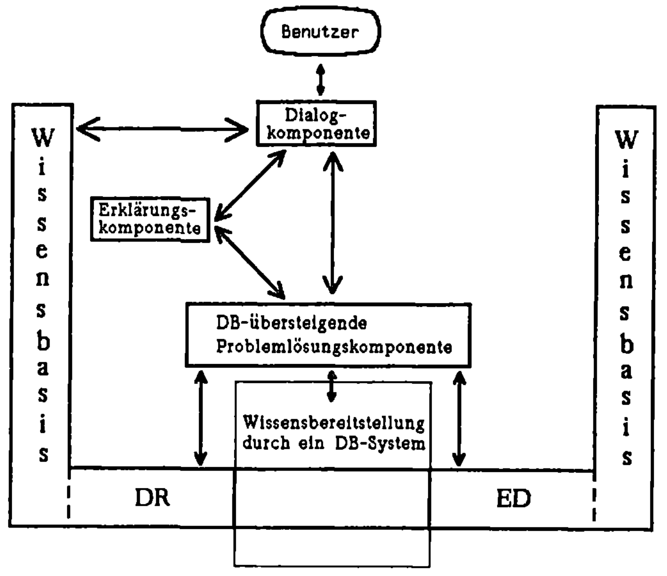

Abb. 18 Wissensbereitstellung erweiterter DB-basierter Expertensysteme

Dieser Unterschied zwischen einfachen und erweiterten DB-basierten Expertensystemen besteht - prädikatenlogisch gesehen - im wesentlichen in folgenden Punkten:

die Wissensbasis enthält *deduktive Regeln* (DR), die nicht mehr - wie die IDB bei deduktiven DB - unbedingt nur Horn-Form besitzen, sondern sogenannte *Ein-Literal-Regeln,* deren *Prämisse* aus positiven und/ oder negativen Literalen bestehen, die durch Konjunktionen und Disjunktionen verbunden sein dürfen, und deren *Konklusion* genau ein positives oder negatives Literal ist,

die DB-übersteigende Problemlösungskomponente bezieht *explizite Daten* (ED) der Wissensbasis ein, die nicht mehr - wie die EDB bei deduktiven DB - auf positive Grund-Literale beschränkt sind, sondern es sind beliebige positive und negative Basis-Klauseln in ED zugelassen,

Literale in DR und ED können wahrscheinlichkeits-bewertet sein, dem Benutzer sind *Abfragen* nicht nur - wie in der Abfragemenge AB bei deduktiven DB - in normierter Form positiver Basis-Literale erlaubt, sondern es dürfen hier auch beliebige Basis-Klauseln wie bei ED sein.

Bem. 1. Diese Festlegungen sind gemessen an den aus vielen Expertensystemen bekannten Einschränkungen nicht zu restriktiv. In MYCIN/ EMYCIN z.B. werden die *Prämissen* der Regeln stärker beschränkt, indem Disjunktionen zwischen konjunktiv verbundenen Literalen nicht, Konjunktionen zwischen disjunktiv verbundenen Literalen hingegen erlaubt sind. Die Einbeziehung negativer Literale wird in MYCIN durch spezielle Prädikate ermöglicht, die sich auf die Aussagen in den Knoten der für MYCIN charakteristischen *context trees* beziehen.

Die im *Konklusionsteil* von MYCIN-Regeln möglichen Alternativen ("... THEN ... ELSE ...") lassen sich durch die oben angegebene Formelklasse für DR abdecken.
Negative Literale werden z.B. im System EXPERT ([WEKU]) zugelassen, das darüber hinaus drei Regelklassen differenziert, indem *Hypothesen* als wahrscheinlichkeitsbewertete Literale gar nicht, nur in der Konklusion bzw. in Prämisse und Konklusion zugelassen sind.

2. Implementierte und im Entwurf befindliche Expertensysteme unterstreichen zusätzlich einen quantitativen Aspekt des Übergangs von einfachen zu erweiterten DB-basierten Expertensystemen. Die Menge deduktiver Regeln ist häufig relativ gross im Vergleich zur Menge expliziter Daten (im Gegensatz zu deduktiven DB mit sehr wenigen Regeln und grossen Faktenmengen).

3. Wenn wir von DB-basierten Expertensystemen sprechen, meinen wir ab jetzt immer erweiterte DB-basierte Expertensysteme.

Nachfolgend ein kurzer Überblick über die folgenden Abschnitte.
In 5.1. beschreiben wir die Funktion der DB-übersteigenden *Problemlösungskomponente* mit graphentheoretischen Konzepten.
Abschnitt 5.2. enthält Bemerkungen zur *Schnittstelle* zwischen der DB-übersteigenden Problemlösungskomponente und der Wissensbereitstellung durch konventionelle bzw. deduktive DB. Dazu fassen wir ein erweitertes DB-basiertes Expertensystem als *Metasystem* eines DB-Systems auf, wobei es unerheblich ist, ob dieses DB-System ein konventionelles oder deduktives DB-System ist.
Die Berücksichtigung *vagen Wissens* einschliesslich einer Diskussion *nicht-monotoner* Inferenzmechanismen ist Inhalt von 5.3.
Abschnitt 5.4. stellt Konzepte einer *Erklärungskomponente* vor. In Abschnitt 5.5. diskutieren wir die Gestaltung einer komfortablen *Dialogkomponente*.

Dieser kurze Überblick macht deutlich, dass der Übergang zu einem erweiterten DB-basierten Expertensystem einen ungleich grösseren Schritt zur Bildung eines Metasystems darstellt, als dies beim Übergang von einer konventionellen zu einer deduktiven DB der Fall ist. Die Entwicklung von Expertensystemen zeigt, dass eine solche Erweiterung meist in Einzelschritten durch die Konstruktion hierarchisch geordneter *Metasysteme* erfolgt. Dieser stufenweise Ausbau von Metasystemen, den wir in Abb. 19 veranschaulichen, bleibt aus der Sicht eines Benutzers unter dem Metasystem der obersten Stufe "versteckt". Beispiele solcher hierarchisch geordneter Expertensysteme enthält [STE3].

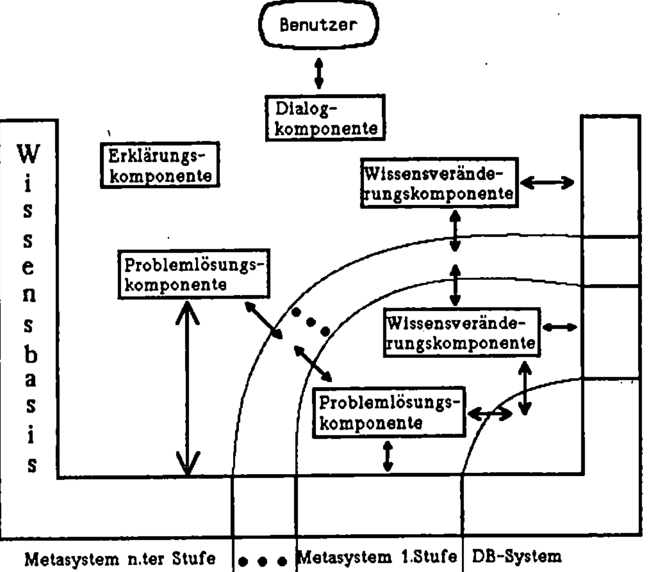

Abb. 19 DB-basiertes Expertensystem als hierarchisches Metasystem

5.1. DB-übersteigende Problemlösungskomponente

5.1.1. Graphentheoretische Konzepte zur Wisensbereitstellung

Wir haben anhand der Wissensbereitstellung deduktiver DB in Kapitel 4 dargestellt, wie man durch einen RWB die Wissensbereitstellung DB-basierter Expertensysteme generell beschreiben könnte. Verschiedene Realisierungen haben jedoch gezeigt, wie ineffizient solche beweistheoretischen Konzepte gerade für den Fall deduktiver Regeln, die nicht Horn-Formeln sind, sein können. Ein wichtiger Grund dafür ist, dass durch Umwandlung von Formeln in Klauseln wichtige Informationen aufgegeben werden, die zur Effizienzsteigerung des Ableitungsprozesses notwendig sind.

Wenn man eine PL1-Formel mit Implikation in eine Klausel verwandelt, geht i.a. die Information über Prämissen- und Konklusionsteil der Regel verloren. Durch die mehrdeutige Rückumwandlung der Klausel in eine PL1-Formel mit Implikation sieht man die in der Klausel-Form verloren gegangene, wichtige Information über Prämissen- und Konklusionsteil der Regel wieder.

Bsp. Sei $\neg V(y, x) \vee \neg M(z, x) \vee E(y, z)$ eine aus einer PL1-Formel gewonnene Klausel. Diese Klausel entspricht einer Reihe von (auch nicht Horn-) PL1-Formeln, was wir durch die Abb. 20 veranschaulichen, die die Rückumwandlung der Klausel in PL1-Formeln zeigt.

Jede der sechs PL1-Formeln des Beispiels kann - häufig in Verbindung mit anderen Formeln - Ableitungsschritte nahelegen, bei denen zur Effizienzsteigerung die Ausnutzung der Implikation eine entscheidende Rolle spielt.

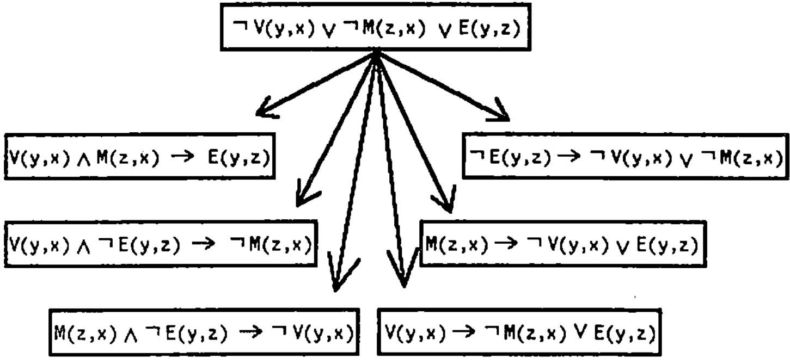

Abb. 20 Rückumwandlung einer Klausel in PL1-Formeln

Deshalb beschreiben wir nun Ersetzungssysteme, die Formeln nicht in Klauseln umwandeln und mit beweistheoretischen Konzepten bearbeiten, sondern Formeln durch Graphen repräsentieren und mit entsprechenden Algorithmen behandeln (*graphentheoretische Konzepte*).

Bem. Wegen der Beschränkung auf Horn-Form sind für deduktive DB fünf der sechs im Beispiel der Abb. 20 aufgeführten Formeln auszuschliessen. Bei deduktiven DB bringen graphentheoretische Konzepte also keinen Vorteil gegenüber einem RWB, während dies bei Einbeziehung negativer Literale für ED und beliebiger Ein-Literal-Regeln (drei in Abb. 20) in DR für erweiterte DB-basierte Expertensysteme sehr wohl der Fall ist.

5.1.2. Und-Oder-Graphen

Begriffsbildung

Die graphentheoretischen Konzepte beruhen auf der Verwendung sogenannter *Und-Oder-Graphen* ([NIL1], [LOST]). Und-Oder-Graphen (UOG) repräsentieren in ihren Knoten konjunktiv-disjunktive PL1- oder aussagenlogische Formeln und durch die Kanten ihre Zusammensetzung aus "Teilformeln". Die Kanten sind unbeschriftet und werden durch *konjunktive* (z.B. durchgezogen gezeichnete) bzw. *disjunktive* (z.B. gestrichelt gezeichnete) Kreisbogen verbunden, je nach dem, ob Formeln zu Konjunktionen oder zu Disjunktionen zusammengesetzt werden.

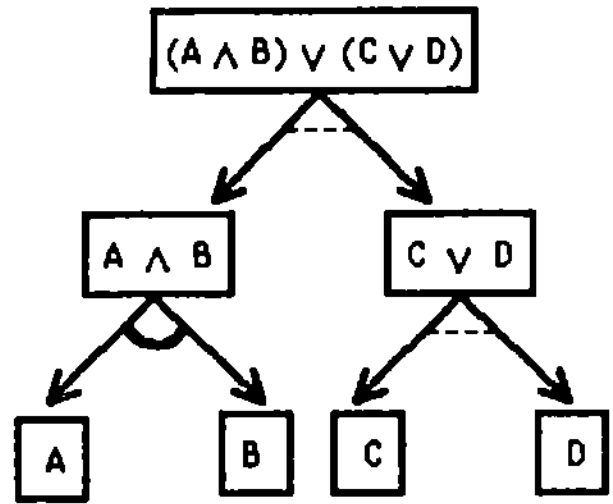

Abb. 21 Und-Oder-Graph

Bem. 1. Ein UOG kann beliebige aussagenlogische und prädikatenlogiche Formeln repräsentieren, da sich solche Formeln in eine Form konjunktiv-disjunktiver Aussagen bringen lassen ([LOVE]).

2. Die Beispiele beschränken wir aus Gründen der Übersichtlichkeit auf aussagenlogische Formeln. Die Abb. 21 zeigt ein einfaches aussagenlogisches Beispiel eines UOG.

Wissensbereitstellung mit UOG

Abb. 22 zeigt anhand eines kleinen aussagenlogischen Beispiels die Wissensrepräsentierung und das für die Wissensbereitstellung grundlegende Ableitungskonzept für Und-Oder-Graphen.

UOG für ED: $((H_1 \wedge H_2) \wedge G_1) \vee (F_1 \wedge F_2)$.

"UOG" für DR: Die Abb. 22 beinhaltet auch einen Graphen für die deduktive Regel $H_2 \wedge G_1 \rightarrow G_2$, der kein "echter" UOG ist, aber in seiner Darstellung einem UOG angepasst ist, wie er für die Wissensbereitstellung benötigt wird.

UOG für AB: $G_2 \vee (G_3 \wedge G_5)$.

Die Abb. 22 veranschaulicht auch die Anwendung einer deduktiven Regel zur Wissensbereitstellung, wobei wir - im Gegensatz zu der rückwärts-gerichteten Strategie bei der Wissensbereitstellung deduktiver DB in Kapitel 4 - eine *vorwärts-gerichtete Strategie* verfolgen. Vorwärts-gerichtet bedeutet, von den expliziten Daten ED in der Wissensbank "in Richtung auf die Abfrage AB hin" (vergl. Bemerkung zu Ersetzungssystemen in Abschnitt 2.2.).

In dem Beispiel der Abb. 22 sehen wir eine sogenannte *Ersetzungskante*, die H_2 als Blatt des UOG für ED mit H_2 als Blatt des DR-Graphen verbindet. Eine solche Verbindung mittels einer Ersetzungskante kann grundsätzlich immer dann erfolgen, wenn ein Blatt im UOG für ED und ein Teilausdruck in der Prämisse einer Regel aus DR identisch sind. Im Beispiel gilt dies auch für G_1, das - mit H_2 konjunktiv verbunden - G_2 impliziert.

Dieses G_2 wiederum ist über eine sogenannte *Verknüpfungskante* mit dem UOG für AB verbunden, da dieser UOG G_2 als Blatt enthält. Ersetzungskanten expandieren also den UOG für ED, Verknüpfungskanten hingegen schaffen die Verbindung zum UOG für AB.

Die Beantwortung einer Abfrage AB erfolgt - bei vorwärts-gerichteter Strategie - durch Expandieren des UOG für ED durch Anwendung deduktiver Regeln, bis über die Ersetzungs- und Verknüpfungskanten die UOG für AB und ED über "ausreichende" Kantenzüge von Wurzel zu Wurzel verbunden sind.

Eine in diesem Sinne *ausreichende Verknüpfung* der UOG für ED und AB zur Beantwortung einer Abfrage erfordert sowohl eine erfolgreiche Verknüpfung "aus Sicht der ED" als auch "aus Sicht von AB", was wir anhand der Abb. 22 erklären.

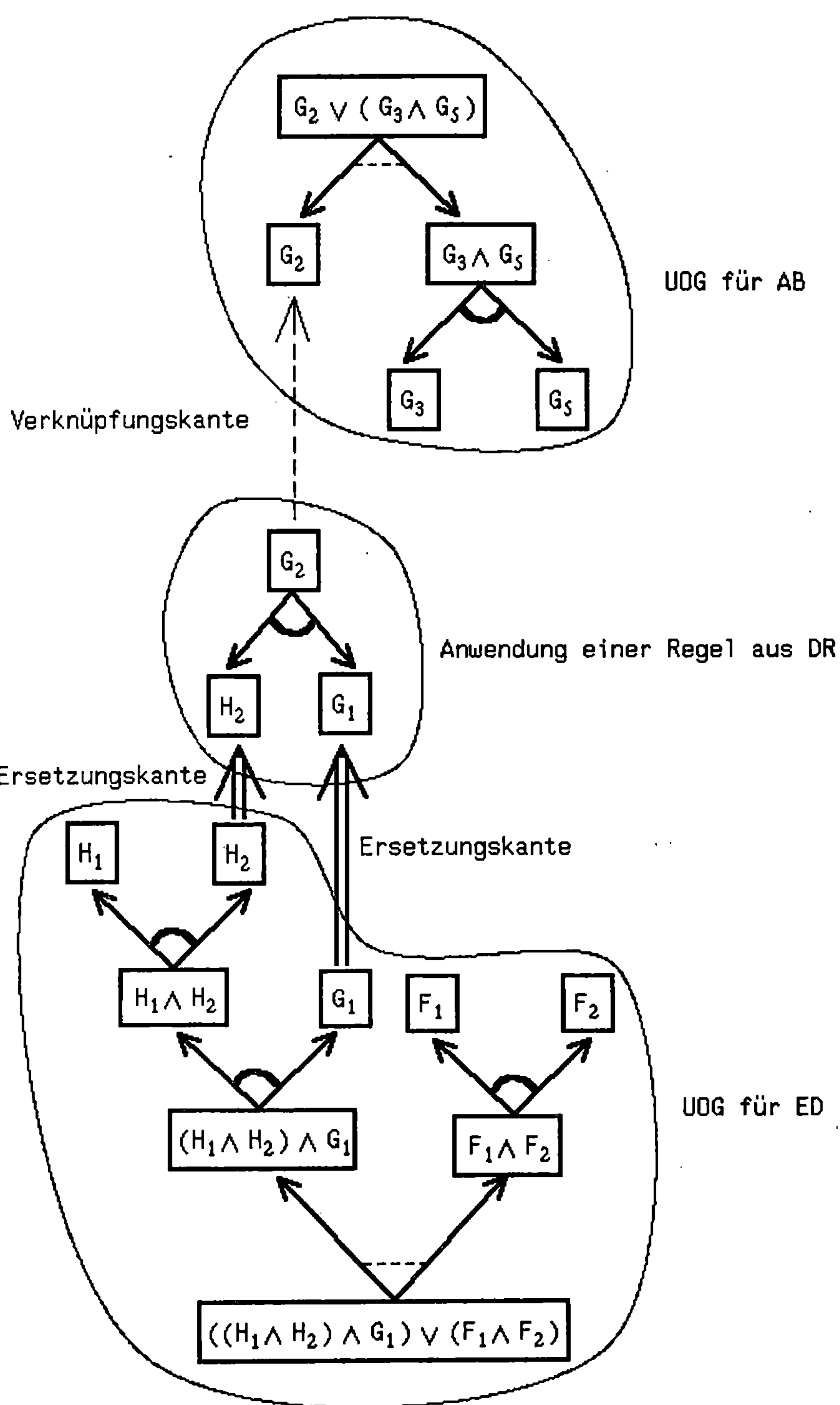

Abb. 22 UOG zur Wissensbereitstellung

Ausgehend von der Disjunktion $((H_1 \wedge H_2) \wedge G_1) \vee (F_1 \wedge F_2)$ ist zunächst offen, ob $((H_1 \wedge H_2) \wedge G_1)$ oder $(F_1 \wedge F_2)$ wahr ist. Man unterstellt deshalb zunächst die Wahrheit von $((H_1 \wedge H_2) \wedge G_1)$, um später die Wahrheit von $(F_1 \wedge F_2)$ anzunehmen. Wenn beide auf diesen Annahmen beruhenden Ableitungsvorgänge zu Verknüpfungen mit dem UOG für AB geführt haben, ist die Abfrage (zunächst nur aus Sicht der ED !) erfolgreich beantwortet.
Bei Konjunktionen hingegen, etwa dem Beispiel $(H_1 \wedge H_2) \wedge G_1$, kann man die Wahrheit jedes einzelnen Literals H_1, H_2 und G_1 annehmen, so dass schon die Verknüpfung von nur einem über H_1, H_2 oder G_1 laufenden Kantenzug mit dem UOG für AB zur Beantwortung ausreicht. In dem Beispiel fehlt also zur Beantwortung der Abfrage aus Sicht der UOG für ED die Verknüpfung von F_1 oder F_2 mit dem UOG für AB.

Aus der Sicht des UOG für AB reicht hingegen zur Beantwortung aus, dass bei Disjunktionen eine disjunktive Kante zur Verknüpfung mit dem UOG der ED führt, während bei Konjunktionen alle Kanten eine Verknüpfung ermöglichen müssen. Für das Beispiel in Abb. 22 bedeutet dies, dass aus Sicht des UOG für AB die Abfrage bereits erfolgreich beantwortet ist.

Eine Abfrage gilt daher als *beantwortet*, wenn sie sowohl aus der *ED-Sicht* als auch aus der *AB-Sicht* beantwortet ist. Und dies bedeutet wiederum, dass aus ED-Sicht Disjunktionen "konjunktiv" und Konjunktionen "disjunktiv" durchlaufen werden müssen, während aus AB-Sicht eine dazu komplementäre Behandlung erfolgt.

5.1.3. Ableitungsstrategien

Ableitungsstrategien auf UOG werfen prinzipiell die gleichen Fragen in Bezug auf Terminierung, Vollständigkeit und Berücksichtigung offener bzw. geschlossener Existenz- bzw. All-Abfragen auf wie Ableitungsstrategien von RWB, die wir hier nicht unter den veränderten Rahmenbedingungen erweiterter Formelklassen erneut diskutieren wollen.
Den Zusammenhang von beweistheoretischen (RWB) und graphentheoretischen Konzepten (UOG) als Konkretisierungen von Ersetzungssystemen zeigt die nachfolgende Tabelle.

Ersetzungssystem	RWB	UOG-Methode
Wissensbank	Klauseln für EDB und IDB	UOG für ED und DR-Graphen
Ersetzungsregel	Resolutionsschritt (i. a. unter Verwendung einer IDB-Klausel)	Expansion des UOG der ED oder der Abfrage (i.a. durch das "Anhängen" eines DR-Graphen)
Kontrollsystem	Resolutionsstrategie	Strategie für die Expansion der UOG
Eingabe in das Ersetzungssystem	Abfrage-Klausel	UOG der Abfrage

Wir stellen kurz mögliche Ableitungsstrategien mit UOG als Kontrollsysteme eines

Ersetzungssystems vor, verweisen wegen ausführlicher Beschreibungen aber auf [NIL1].

a) Richtung der Ableitungsschritte
Man kann Ersetzungsregeln – wie in Abschnitt 2.2. bereits dargestellt – in zwei Richtungen ausführen, ihre Anwendungsrichtung aber auch kombinieren.

Rückwärts-gerichtete Ableitungsstrategien (RS): Aktionen zur Umwandlung von Abfragen in Teilabfragen, deren Beantwortung durch Tests der Wissensbank geprüft wird.

Vorwärts-gerichtete Ableitungsstrategien (VS): Tests auf der Wissensbank und Aktionen zum Nachweis, dass und wie Abfragen beantwortet werden.

Zweiseitig-gerichtete Ableitungsstrategien (ZS): Kombination von RS und VS.

b) Zurücknehmen von Ableitungsschritten

Unwiderrufliche Ableitungsstrategien (US): sie wählen in einem (Ableitungs-) Zustand eine Ersetzungsregel aus und kehren nicht mehr zu diesem Zustand zurück.

Widerrufliche Ableitungsstrategien (WS): sie lassen zu, dass man zu einem bereits vorher erreichten Zustand zurückkehrt (allerdings in Kenntnis bereits angewendeter Ersetzungsregeln, um "Irrwege" zu vermeiden) und weitere Ersetzungsregeln anwendet; WS unterscheidet man noch danach, ob – wie z.B. bei PROLOG-Interpretern – nur Zustand und alternativ anwendbare Regel(n) "gekellert" werden (*backtracking algorithms*) oder teilweise umfangreiche Untersuchungen über die jeweiligen Konsequenzen anwendbarer Regeln erfolgen (*graph search algorithms*).

c) Konjunktive / disjunktive Anwendung von Regeln
Man kann die Menge DR ggf. durch Zusammenfassung von Regeln in eine *Standardform* bringen, bei der die jeweils implizierten Prädikatensymbole der rechten Seiten der Regeln paarweise verschieden sind. Für eine solche Standardform unterscheiden wir

Konjunktive Ableitungsstrategien (KS): leiten jeweils *alle* möglichen Literale ab und

Disjunktive Ableitungsstrategien (DS): leiten jeweils nur *ein* Literal ab.

Bem. 1. KS (kombiniert mit RS) sind nicht dem VB, sondern der SKS bei RWB vergleichbar, weil bei KS nur deduktive Regeln zur Ableitung verwendet werden.
2. DS (wieder kombiniert mit RS) entspricht der ABS bei RWB.
3. KS werden bei Graphalgorithmen auch als "breadth first-" (*Breitendurchlauf*), DS auch als "depth first-strategy" (*Tiefendurchlauf*) bezeichnet. Ist die Menge deduktiver Regeln nicht in Standardform, wird der (vollständige) Tiefendurchlauf zum *strikten Tiefendurchlauf.*
4. [MIN2] zeigt, dass die Kombination von RS und vollständigem Tiefendurchlauf für deduktive DB vollständig ist, d.h. die Wissensbereitstellung kann auf eine KS verzichten.

d) Bildung von Kontrollwissen
Die in Ersetzungssystemen verwendeten Ableitungsstrategien kann man selbst wieder als Wissen, sogenanntes *Kontrollwissen*, auffassen. Zwei wichtige Methoden zur Bildung von Kontrollwissen sind z.B.

Metaregeln und

Bewertungsfunktionen für Zustände des Ersetzungssystems.

Metaregeln (Regeln über Auswahl und Anwendung von Ersetzungsregeln) legen fest, in welcher Reihenfolge welche Ersetzungsregel angewendet wird. Im Zusammenhang mit dem in Abschnitt 7.3. vorgestellten System CPDB werden wir das Thema "Metaregeln für PROLOG" noch ausführlich besprechen.

Die Vorgabe von Bewertungsfunktionen, meist in Form grosser sogenannter *Ersetzungsregel-Differenz-Matrizen*, stützt sich auf die Idee, zwischen jeweils aktuellem Zustand des Ersetzungssystems und dem durch die Abfrage charakterisierten Zielzustand eine "Differenz" zu berechnen, die man als Bewertung des noch "zurückzulegenden Weges" interpretieren kann. In der Matrix ist dann dargestellt, wie solche Differenzen durch Anwendung von Ersetzungsregeln verändert werden.

Bem. Gerade die Verwendung von Metaregeln und Bewertungsfunktionen ermöglicht es, im Gegensatz zu den bisher vorgestellten graphentheoretischen und beweistheoretischen Ableitungsstrategien *anwendungsbezogene Heuristiken* zur Effizienzsteigerung einzusetzen.

5.1.4. Verbindungsgraphen zur Zusammenfassung deduktiver Regeln

Analog zu den Überlegungen bei RWB, vom Interpretierungsansatz zum Übersetzungsansatz überzugehen (vergl. Abschnitt 4.6.), kann man UOG von DR zu sogenannten *Verbindungsgraphen* (*connection graphs*) zusammenfassen. Die Motivation ist die, abfrage-unabhängige, komplexere UOG zu bilden, die bei Bedarf komplett in den Ableitungsvorgang übernommen werden.

Bsp. Seien folgende Regeln (schon in standardisierter Form mit disjunkten Variablen) gegeben:

$$\text{VATER}(x, y) \;\wedge\; \text{VATER}(z, x) \quad\rightarrow\; \text{OPA}(z, y)$$
$$\text{MUTTER}(u, v) \;\wedge\; \text{VATER}(w, u) \quad\rightarrow\; \text{OPA}(w, v)$$
$$\text{EHEPARTNER}(p, t) \;\wedge\; \text{MUTTER}(t, r) \;\rightarrow\; \text{VATER}(p, r)$$

Abb. 23 zeigt eine Form eines daraus konstruierbaren Verbindungsgraphen für das OPA-Prädikat, wobei wir mit V, E, M und O die entsprechenden Prädikatnamen abkürzen.

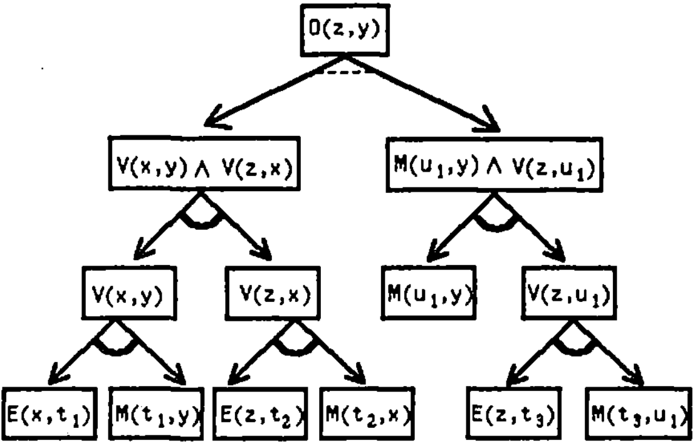

Abb. 23 Beispiel eines Verbindungsgraphen

Bem.1. Wir haben den Verbindungsgraphen für eine RS konstruiert, die eine Abfrage nach einer Opa-Beziehung in sieben Teilabfragen (Blätter des Graphen) zerlegt. Natürlich lässt sich auch für eine VS ein entprechender Verbindungsgraph bilden.

2. Vergleichbar dem Problem in RWB, jeweils korrekte Variablenersetzungen zur Umformung von Klauseln durchzuführen, müssen wir bei der Konstruktion des Verbindungsgraphen die Konsistenz des Teilgraphen erhalten. Die Einführung der Variablen u_1, t_1, t_2 und t_3 ist genau aus diesem Grunde notwendig.

3. Verbindungsgraphen zur Wissensbereitstellung deduktiver DB nutzt u.a. Chang ([CHA1]). Auch das in Kapitel 6 vorgestellte System DEDUDAB verwendet die Idee des Übersetzungsansatzes bzw. des Verbindungsgraphen.

4. Bei rekursiven deduktiven Regeln werden i.a. speziell markierte Kanten verwendet, die die *Rekursivität* symbolisieren. Eine solche Codierung, die den zyklischen Durchlauf von Regeln ausschliesst, zeigt die Implementierung von DEDUDAB.

5.1.5. Effizienz von Ableitungsstrategien

Wir haben in Abschnitt 4.9. begründet, welche prinzipiellen Schwierigkeiten bei der Bewertung von Ableitungsstrategien für deduktive DB-Systeme auftreten, da diese *anwendungsuniversellen* Charakter besitzen. Auf eine bestimmte Anwendung hin entwickelte Expertensysteme hingegen bieten dazu bessere Chancen. Die Effizienz der Ableitungsstrategien hängt zunächst entscheidend von der *Repräsentation des Wissens* in der Wissensbasis ab. Dieser Aspekt spielt bei deduktiven DB kaum eine Rolle, da die Repräsentation der DB vorgegeben und die der deduktiven Regeln geringere Bedeutung hat. Bei den oft *heterogenen* Wissensinhalten von Expertensystemen führt eine uniforme, d.h. für die gesamte Anwendung gleichartige Wissensrepräsentation, i.a. zu ineffizienten Ableitungsstrategien, deren Zeit- und Speicheraufwand den Wechsel von einem praktisch brauchbaren zu einem nutzlosen System bedeuten kann.

In existierenden Expertensystemen werden deshalb häufig *Transformationen*
- zwischen Repräsentationen der einzelnen Metasysteme
  (als Beispiel diene etwa das in [ERMA] beschriebene HEARSAY-II) oder
- zwischen einer anwendungs- und einer rechnerbezogenen Repräsentation (z. B. [FEI1])
durchgeführt.

Feigenbaum beschreibt in [FEI1] die Übersetzung von prädikatenlogisch orientierten Ersetzungsregeln in die spezielle MYCIN-Syntax. Korf diskutiert die Vorteile des *Repräsentationswechsels* zur Lösung von Problemen anhand einiger einfacher Beispiele wie Tic-Tac-Toe, Five-Puzzle und Grundrissentwurf [KORF].

Ableitungsstrategien sind immer dann relativ effizient, wenn sie folgende Charakteristik erfüllen:

heterogene Wissensinhalte sind bezüglich ihrer *Repräsentation* differenziert,

die Abgrenzung der einzelnen *Metasystemstufen* und die Realisierung der *Schnittstellen* sind anwendungsbezogen gut gelungen und minimieren die Anzahl der Systemwechsel,

die Ableitungsstrategien verwenden *heuristisches Kontrollwissen*
(z.B. Metaregeln, Ersetzungsregel-Differenz-Matrix).

Wir beschliessen diesen Abschnitt (ergänzend siehe [STE3]) durch zwei Bemerkungen zu Vollständigkeit und Antwortzeit.

Bem. 1. Im Gegensatz zu deduktiven DB-Systemen verzichtet man in Expertensystemen häufig auf die *Vollständigkeit* der Ableitungsstrategien. Der Vollständigkeitsbegriff muss insbesondere bei Einbeziehung vagen Wissens (siehe Abschnitt 5.3.) überdacht werden.

2. Ebenfalls unterschiedlich sind die Anforderungen an DB- bzw. Expertensysteme bezüglich ihrer *Antwortzeit.* DB-Anwendungen verlangen in der Regel Antwortzeiten im Sekundenbereich. Eine aus der Praxis heraus gewachsene Faustregel ([STE3]) gibt folgende Grössenordnungen für Antwortzeiten eines Expertensystems:

- die Wissensbereitstellung darf maximal *24 Stunden* dauern,
- was bei durchschnittlich *25 Millisekunden* für einen Ableitungsschritt bedeutet,
- dass die Ableitungsstrategie dann bis zu 10! (ca. *3,5 Millionen*) Ableitungsschritte durchführen darf.

Die Grössenordnung von ca. 10! Ableitungsschritten zwingt bei komplexeren Anwendungen meist zur Aufgabe der Vollständigkeit.

5.2. Die Schnittstelle zum DB-System

Zur Einbindung eines DB-Systems bei der Wissensbereitstellung eines DB-basierten Expertensystems fassen wir das zugrundeliegende *DB-System* als Subsystem, das *DB-basierte Expertensystem* als Metasystem auf (siehe Abb. 19). Diesen Ansatz verfolgen z.B. auch Konolige ([KONO]) und Bowen/Kowalski ([BOKO]) bei der Bildung einfacher Metasysteme konventioneller DB.

[KONO] etwa nutzt eine Sprache der PL1 als *Metasprache,* um den betrachteten Weltausschnitt zu beschreiben ("*Benutzersicht*") und Abfragen bezüglich dieser Benutzersicht zu formulieren. Eine zweite Sprache der PL1, *DB-Sprache* genannt, beschreibt die durch die DB vorgenommene Modellierung des Weltausschnitts ("*DB-Sicht*") und ermöglicht Abfragen, die durch die DB beantwortbar sind. Die Benutzersicht umfasst eine gegenüber der DB-Sicht erweiterte Beschreibung des Weltausschnitts, die verschiedene Formen negativer, unvollständiger und virtueller Informationen über die DB einschliesst. Dazu enthält die Metasprache ein ausgezeichnetes *Metaprädikat,* das die Kopplung zwischen Metasprache und DB-Sprache ermöglicht. Die Wissensbereitstellung auf Abfragen der Metasprache geschieht entweder ausschliesslich durch Informationen der Benutzersicht oder mit Unterstützung der DB-Sicht.

[BOKO] berücksichtigen zusätzlich einfache Konzepte nicht-monotoner Inferenzmechanismen (siehe Abschnitt 5.3.).

Wir verdeutlichen das Prinzip der Metabildung, das auf jeweils zwei benachbarte Stufen hierarchisch geordneter Metasysteme (wie in Abb. 19 dargestellt) übertragbar ist, indem wir sowohl Metasystem als auch Subsystem als Theorien T_M bzw. T_S mit eigenen *Inferenzmechanismen* auffassen.

Wir vereinbaren, dass die Indizierung "M" bzw. "S" von Prädikatensysmbolen anzeigt, ob ein Prädikat zu der *Metasprache* L_M oder der *Subsprache* L_S gehört. In L_M definieren wir ein von allen Grundsymbolen (von L_M) verschiedenes Prädikatensymbol M als sogenanntes *Metaprädikat.*

Als Terme dieses Metaprädikats sind Formeln aus L_S zulässig, die Abfragen an das Subsystem repräsentieren: für eine Abfrage R_S (a, b) ist M (R_S (a, b)) in T_M gültig, wenn R_S (a, b) in T_S durch den entsprechenden Inferenzmechanismus ableitbar ist.

Bsp. 1. Die Relation $CHEF_S$ $\subseteq$ $ANGESTELLTER_S$ x $ANGESTELLTER_S$ sei als Menge positiver Grund-Literale {$CHEF_S$ (a, b), ...} in der EDB gespeichert. Durch eine

Integritätsbedingung sei die *funktionale Abhängigkeit* festgelegt, dass ein Angestellter nicht mehr als einen Chef haben darf. Wenn (evtl. nur vorübergehend) in dem betrachteten Weltausschnitt eine Änderung eintritt, durch die ein Angestellter zwei Chefs hat, muss bei fehlendem Metasystem entweder die funktionale Abhängigkeit aufgegeben, das DB-Schema durch Einführung einer neuen Relation und Definition einer VIEW reorganisiert oder auf ein solches Update verzichtet werden. Eine Lösung durch ein Metasystem liefern Relationen

$CHEF_M \subseteq ANGESTELLTER_M \times ANGESTELLTER_M$ (virtuelle Relation) und

$ZWEIT\_CHEF_M \subseteq ANGESTELLTER_M \times ANGESTELLTER_M$ (Basis-Relation)

und die deduktive Regel

$ZWEIT\_CHEF_M(x, y) \lor M(CHEF_S(x, y)) \rightarrow CHEF_M(x, y)$,

die das DB-System unberührt lassen.

Bem. 1. Die deduktive Regel zeigt die Kopplung von Informationen aus Meta- und Subsystem und eine Disjunktion in der Prämisse, was für die IDB-Klauseln in deduktiven DB-Systemen wegen ihrer Beschränkung auf Horn-Form ausgeschlossen war, aber durch zwei deduktive Regeln in Horn-Form äquivalent ausgedrückt werden könnte.

    2. Die Bildung eines Metasystems bietet auch die Möglichkeit, *Schlüsselattribute* in DB zu erhalten.

2. In Abschnitt 4.8. haben wir gezeigt, dass DB z.B. keine Beantwortung von geschlossenen All-Abfragen ("Gilt für alle, dass ...") ermöglichen, da die notwendigen Skolem-Funktionen wegen der prinzipiellen Funktionssymbol-Freiheit der Formeln ausgeschlossen waren. Durch ein Metasystem können nun aber auch solche Informationen über DB durch die Vereinbarung entsprechender EDB-Formeln festgelegt werden.

Sei $SITZT_S \subseteq ANGESTELLTER_S \times RAUM_S$ eine Relation der EDB. Die Aussage, dass "jeder Angestellte nur in **einem** Raum sitzt", wird durch die Formel $SITZT_M(x,f(x))$ mit $f: NAME_M \rightarrow RAUM_M$ vereinbart und ist ohne Einbeziehung der DB für einen Benutzer erfragbar.

3. DB-basierte Expertensysteme bieten auch die Möglichkeit zur integrierten Sicht *verteilter DB*. Wir unterstellen, dass eine DB alle Studenten, die eine finanzielle Förderung erhalten, in einer Relation $STUDENT_{S1} \subseteq NAME_{S1} \times FOERDERUNG_{S1}$, und eine andere DB alle Schüler, die eine Förderung erhalten, in einer Relation $SCHUELER_{S2} \subseteq NAME_{S2} \times FOERDERUNG_{S2}$ verwalten. Ein Benutzer des Metasystems möge Interesse an den Namen aller Empfänger von Förderungen - gleich ob Schüler oder Student - haben. Die Vereinbarung einer Relation $FOERDERUNG_M \subseteq NAME_M$ und einer deduktiven Regel

$M1(STUDENT_{S1}(x, y)) \lor M2(SCHUELER_{S2}(x, y)) \rightarrow FOERDERUNG_M(x, y)$

ermöglicht die Beschreibung der gewünschten Integration beider DB.

Bem. Die Verwendung der Indizes S1 und S2 für die beiden DB als verschiedene Subsysteme und der Metaprädikate M1 und M2 zur Unterscheidung, aus welcher Subsprache die Terme für M1 und M2 gewählt werden dürfen, sollte unmittelbar einsichtig sein.

Durch die Verwendung verschiedener Metaprädikate in deduktiven Regeln ist die Einbeziehung unterschiedlicher *Wissensbanken* beschreibbar. Dies muss nicht auf verteilte (relationale) DB (wie in Beispiel 3) beschränkt sein, sondern man kann durch geeignete deduktive Regeln Beziehungen zu Subsystemen wie hierarchische oder Netzwerk-DB, Information Retrieval-Systeme oder einfache Datenverwaltungssysteme herstellen und Abfragen ermöglichen. Es muss "nur" jeweils die Semantik der an solche Wissensbanken gestellten Abfragen verträglich sein, was natürlich grosse konzeptionelle und implementierungstechnische Probleme aufwirft.

Durch diesen Ansatz können aber nicht nur solche beispielhaft aufgezählten Basis-Softwaresysteme als Subsysteme eines Expertensystems eingebunden werden. Die Erkenntnis, dass sich Expertensysteme immer dann als relativ erfolgreich erweisen, wenn sie sich auf eng begrenzte, spezialisierte Anwendungen konzentrieren, konkurriert mit dem Wunsch, Expertensysteme für universellere Aufgabenstellungen einzusetzen. Dem trägt eine interessante, wenn auch noch spekulative Entwicklungsrichtung Rechnung, die die Realisierung *kooperierender Expertensysteme* auf *Mehrrechnersystemen* anstrebt ([ERLE], [SMIT]). Auch für Metasysteme solcher kooperierender Expertensysteme können deduktive Regeln mit unterschiedlichen Metaprädikaten die Vernetzung von Expertensysteme beschreiben.

5.3. Vages Wissen

Winograd gibt in [WIN2] einen guten Überblick über die Berücksichtigung von vagem Wissen in *Anwendungsbereichen*, in denen

  a) evtl. nicht alle relevanten Aussagen verfügbar sind,

  b) verfügbare Aussagen unsicher oder unexakt sein können,

  c) die Ableitung von (neuen) Aussagen aus (bekannten) Aussagen ggf. nur mit gewisser Wahrscheinlichkeit möglich ist oder

  d) wegen Zeitrestriktionen Inferenzmechanismen nicht lange genug ableiten "dürfen",

was bezüglich eines oder mehrerer Punkte auch für den Einsatz vieler Expertensysteme charakteristisch ist.

Bem. 1. Bezogen auf deduktive DB haben wir durch die Metaregel über eine "geschlossene Welt" und das Abgeschlossenheits-Axiom (vergl. Abschnitt 3.2.) Überlegungen zum obigen Punkt a) ausgeklammert, die in [REI2], [CLAR] und [KOWA] diskutiert werden.

2. Im Bereich konventioneller DB wird eine besondere Form vagen Wissens unter der Bezeichnung *Nullwerte* betrachtet. In Erweiterung des syntaktischen Wertebereichs von Attributen lässt man die Eintragung 'unbekannt' in Tupelkomponenten einer Relation zu. Die unterschiedliche Semantik und Manipulation solcher Nullwerte führt zu verschiedenen Ansätzen, u.a. dreiwertige Logik ([COD4]), Abfragesprachen mit Modaloperatoren ([LIPS]) und Erweiterung der Relationenalgebra ([BISK]).

3. Auf dem Gebiet der Information-Retrieval Systeme werden Probleme der Bewertung von *Termen* bei der Inhaltscharakterisierung von Dokumenten und bei der Formulierung von Abfragen schon lange intensiv diskutiert. Einige der dort vorgeschlagenen Konzepte sind für die Behandlung des Punktes b) durchaus relevant. Einen interessanten Vorschlag zur Erweiterung der *zweiwertigen Logik* bzw. des rein *booleschen Retrievals* macht Salton in [SALT].

Wir beschränken uns auf einige Überlegungen zu den Punkten b) und c) und stellen zur Behandlung vagen Wissens in Expertensystemen drei Ansätze vor:

- wahrscheinlichkeits-bewertete Regeln,
- wahrscheinlichkeits-bewertete Aussagen,
- nicht-monotone Logik.

Anschliessend formulieren wir einige Thesen zur Einbeziehung vagen Wissens in DB-basierte Expertensysteme.

Wahrscheinlichkeits-bewertete Regeln

Dieser Ansatz bewertet anhand subjektiv bestimmter *Wahrscheinlichkeitsfaktoren* deduktiver Regeln aus dem halboffenen Intervall $]0, 1]$ die *Sicherheit* abgeleiteter Aussagen.
Dabei bedeutet etwa eine deduktive Regel

$$\text{"}A(x, y) \land B(y, z) \to 0.6\ C(x, z)\text{"},$$

dass z.B. aus "A (a, c) $\land$ B (c, b)" mit der Sicherheit 0.6 "C (a, b)" abgeleitet werden darf. Der Faktor 1 beschreibt absolute Sicherheit, ein Faktor nahe bei 0 sehr grosse Unsicherheit bei der Verwendung einer Regel.

Bsp. In MYCIN berechnet man Wahrscheinlichkeitsfaktoren (hier *certainty factors* genannt) von Aussagen aufgrund zweier <u>separater</u> Werte über die Sicherheit bzw. Unsicherheit dieser Aussagen. Dies geschieht durch eine Funktion $W: A \to S$, wobei A die Menge abgeleiteter Aussagen und S das geschlossene Intervall $[-1, +1]$ seien:

1) $W_S: A \to [0, 1]$ berechnet zu Aussagen deren *Sicherheit.*

2) $W_U: A \to [0, 1]$ berechnet zu Aussagen deren *Unsicherheit.*

3) $W(A) = W_S(A) - W_U(A)$ gibt zu einer Aussage A die Differenz aus Sicherheit und Unsicherheit an.

Eine ausführliche Beschreibung der Behandlung vagen Wissens in MYCIN gibt [BUSH].

Die Wahrscheinlichkeitsfaktoren können in der Regel nicht auf Grundlage statistischer Analysen relativ exakt bestimmt werden, sondern sollen im Dialog mit dem Experten durch *retrospektives Skalieren* aufgrund gewünschter Ergebnisse der Wissensbereitstellung schrittweise präzisiert werden. Dieses schrittweise Präzisieren wird aber wegen der in grossen Regelsystemen auftretenden, oft konkurrierenden "Optimierungsrichtungen" u.E. in vielen Anwendungen kaum möglich sein.

Bei der Betrachtung wahrscheinlichkeits-bewerteter Regeln stellt sich unmittelbar auch die Frage nach der Behandlung wahrscheinlichkeits-bewerteter Aussagen, da man z.B. eine mit einer Wahrscheinlichkeit bewertete Aussage u.U. selbst wieder als Aussage bei der Ableitung neuer Aussagen verwendet.

Wahrscheinlichkeits-bewertete Aussagen

Während die Verwendung wahrscheinlichkeits-bewerteter Regeln auf der Intention beruht,
> dass deduktive Regeln Aussagen mit einer bestimmten Wahrscheinlichkeit implizieren,
> d.h. Aussagen werden erst durch Ableitungen vage,

gehen Konzepte wahrscheinlichkeits-bewerteter Aussagen davon aus,
> dass Aussagen "a priori" (und nicht erst aufgrund von Ableitungen) vage sein können.

Ein häufig verwendetes Konzept, das wir nachfolgend kurz vorstellen wollen, ist die von Zadeh stammende *fuzzy logic* ([ZADE]). Buckles und Petry ([BUPE]) greifen die fuzzy logic im DB-Bereich auf und verfolgen die Idee, Relationenschemas konventioneller DB um sogenannte Wahrscheinlichkeitsattribute zu erweitern (*fuzzy databases*).

Das nachfolgende kleine Beispiel sollte trotz der willkürlich gewählten Syntax einen Einblick in die fuzzy logic geben.

Bsp. fuzzy-Aussage : "N ist eine grosse, positive reelle Zahl".
fuzzy-Menge : ($(N \in]0, 100])$, 0.2),
$(N \in]100, 10000]$, 0.3),
$(N > 10000$, 0.5)).

Die angegebene fuzzy-Menge ist eine subjektive Interpretation der fuzzy-Aussage. Danach ist N mit 20% Wahrscheinlichkeit grösser als 0 und kleiner oder gleich 100, mit 30% Wahrscheinlichkeit grösser als 100 und kleiner oder gleich 10000 usw.

Mit "und" bzw. "oder" verknüpften Aussagen ordnet man i.a. einen Wahrscheinlichkeitsfaktor zu, indem man bei Konjunktionen das Minimum bzw. bei Disjunktionen das Maximum der Wahrscheinlichkeiten der Einzelaussagen als Wahrscheinlichkeit der Gesamtaussage nimmt.

Die Berücksichtigung wahrscheinlichkeits-bewerteter Aussagen kann prinzipiell mit sicheren deduktiven Regeln, aber auch mit Regeln, die selbst durch Wahrscheinlichkeiten bewertet sind, erfolgen.

Behandlung wahrscheinlichkeits-bewerteter Regeln und Aussagen

Eine interessante Erweiterung sowohl bei der regel- als auch bei der aussagenbezogenen Wahrscheinlichkeit ist die Einführung von *Mindestwahrscheinlichkeiten*. Man gibt untere Schranken an, die die zur Ableitung benutzten Aussagen und Regeln mit ihrem Wahrscheinlichkeitsfaktor überschreiten müssen, um noch weiter bei der Wissensbereitstellung verwendet werden zu dürfen. Dadurch will man z.B. in medizinischen Diagnose- und Therapiesytemen (wie in MYCIN realisiert) sicherstellen, dass nicht aus relativ unsicheren Aussagen über Mehrfachableitungen eine nur vermeintlich relativ sichere Aussage gefolgert wird.

Mehrfachableitungen werfen eine Reihe von Fragen auf: welche Wahrscheinlichkeit besitzt eine Aussage, die mit unterschiedlichen Wahrscheinlichkeiten mehrfach abgeleitet wurde? Wie verträgt sich die Bewertung mehrfach abgeleiteter Aussagen mit der Forderung nach Konsistenz der Bewertung komplementärer Aussagen?

Bem. Die Einbeziehung wahrscheinlichkeits-bewerteter Regeln und Aussagen ist bei medizinischen Expertensystemen am weitesten fortgeschritten. Einen Überblick über die Behandlung sicheren und wahrscheinlichen Wissens in den vier Diagnose- und Therapiesystemen PIP, INTERNIST, CASNET und MYCIN gibt [SZPA]. Probleme des Einsatzes entscheidungstheoretischer Methoden in der medizinischen Diagnostik diskutiert [VICT].

Nicht-monotone Logik

Bisher haben wir uns auf die Betrachtung der sogenannten monotonen Logik beschränkt. *Monotone Logiken* zeichnen sich gegenüber nicht-monotonen dadurch aus, dass *Theoreme* ihrer Theorien auch Theoreme der um Axiome erweiterten Theorien sind. In *nicht-monotonen Logiken* kann hingegen - vereinfacht gesagt - die Hinzufügung "neuer Axiome" zum Widerspruch mit "alten Theoremen" führen.

Die Anwendungsbereiche von Expertensystemen erfordern aber häufig, Aussagen in die Wissensbasis aufzunehmen und zur Wissensbereitstellung zu nutzen, die man zwar nicht als Theoreme ableiten kann, aber trotzdem als (zunächst) widerspruchsfreie *Hypothese* unterstellt (vergl. [WIN2]). Dies entspricht der häufig notwendigen Denkweise, die Wahrheit von Aussagen anzunehmen, um mit diesen Hypothesen zu arbeiten, solange sich nicht durch neue Erkenntnisse

Widersprüche ergeben und zu einer Revision der Hypothesen zwingen.
Solche Hypothesen *nicht-monotoner Inferenzmechanismen* werden in der Literatur oft wie die oben dargestellten wahrscheinlichkeits-bewerteten Regeln und Aussagen unter dem Begriff *"unvollständige Informationen"* zusammengefasst.

Beispiele für die Berücksichtigung nicht-monotoner Konzepte sind das von Sussman und Winograd in der Programmiersprache PLANNER eingeführte *Metaprädikat* THNOT ([SUWI]), das Metaprädikat UNLESS im deduktiven Frage-Antwort-System von Sandewall ([SAND]) und das bekannte TMS (Truth Maintenance System) von Doyle ([DOYL]).

Durch eine besondere Ableitungsstrategie, die aber nicht vollständig ist und auch nicht immer terminiert, erlaubt PLANNER die Prüfung der Ableitbarkeit von quantorenfreien Ein-Literal-Formeln. Ist eine solche Aussage A ableitbar, so wird A als Theorem übernommen, ist A nicht ableitbar, so wird THNOT (A) als gültige Hypothese (¬A) unterstellt.

Sandewalls Hypothesen UNLESS (A) für Aussagen A entstehen, wenn A in einer Theorie mit den Inferenzregeln "Modus Ponens" und "Spezialisierung" nicht ableitbar ist. Ausser dem Terminierungsproblem sind Fragen ungelöst, die durch Widersprüche bei der Verwendung von Hypothesen in der Prämisse deduktiver Regeln auftreten. So kann es passieren, dass sowohl eine Aussage A als auch eine Hypothese UNLESS (A) ableitbar sind.

Eine wesentliche Schwäche der beiden Konzepte in [SUWI] und [SAND] ist die fehlende Möglichkeit zur *Revision* von Hypothesen, die für den praktischen Einsatz in Expertensystemen dringend notwendig ist. Eine sehr weitgehende Lösung dieses Problems bietet das TMS, das zu jeder Hypothese eine Menge von *"Rechtfertigungen"* für diese Hypothese verwaltet, bei Updates prüft und eine grosse Klasse von Widersprüchen zwischen Hypothesen und Aussagen durch eine Revision der Hypothesen beseitigt.

Eine neue Behandlung der nicht-monotonen Logik stellen McDermott und Doyle in [DEDO] vor. H(A) ist Hypothese einer Theorie, wenn weder die Aussage A noch die Aussage ¬A ableitbar sind. Das Problem der *"zirkulären" Definition* des Ableitungsbegriffs wird dabei durch die Trennung in beliebige monotone und eine nicht-monotone Inferenzregel gelöst. Aus der Vereinigung der monoton abgeleiteten Theoreme und der Hypothesen einer Theorie sind aber mit Hilfe der nicht-monotonen Inferenzregel Mengen von Aussagen ableitbar, die evtl. keinen *Fixpunkt* oder keinen eindeutig bestimmten kleinsten Fixpunkt besitzen. Diese für die Wissensbereitstellung wichtige Voraussetzung ist bei monotonen Logiken durch die Idempotenz der Inferenzmechanismen erfüllt. McDermott und Doyle erreichen dies erst durch die unter Komplexitätsbetrachtungen wenig hilfreiche Konvention, dass entweder der Durchschnitt aller Fixpunkte oder die Sprache aller Theorien (wenn kein Fixpunkt existiert) eindeutiger Fixpunkt ist.

[DEDO] enthält u.E. den systematischen Versuch, Begriffe wie Entscheidbarkeit, Ableitbarkeit, Korrektheit und Vollständigkeit von Inferenzmechanismen auf nicht-monotone Logiken zu übertragen. Methodisch unterscheidet sich dieser Ansatz von den zuvor vorgestellten Ansätzen dadurch, dass eine monotone Logik nicht nur durch Einbeziehung von Metaprädikaten unter Beibehaltung monotoner Inferenzmechanismen zu einer nicht-monotonen Logik wird.

Bem. Das *KRL-System* ([BOWI]) erlaubt es, einen weiteren Aspekt menschlicher Denkweise zu berücksichtigen, den wir in der Einleitung zu diesem Abschnitt unter Punkt d) aufgeführt haben. Diese Denkweise lässt sich wie folgt charakterisieren: "Man nimmt die Wahrheit von Aussagen an, wenn es in einer bestimmten Zeit nicht gelungen ist, das Gegenteil zu beweisen". Die Überprüfung der Ableitbarkeit bzw. Nicht-Ableitbarkeit von Aussagen kann durch Vorgabe von *Zeitrestriktionen* für die Inferenzmechanismen beschränkt werden. Anwendungsabhängige Heuristiken werden dann zur Bewertung der Aussagen herangezogen, bei denen die zur Verfügung gestellte Zeit nicht zum Nachweis der Ableitbarkeit bzw. Nicht-Ableitbarkeit ausreicht.

Thesen zur Behandlung vagen Wissens in DB-basierten Expertensystemen
Durch fünf *Thesen* nehmen wir eine Bewertung der in diesem Abschnitt diskutierten Ansätze vor.

1. Die Berücksichtigung vagen Wissens ist für viele Anwendungen von (auch DB-basierten) Expertensystemen unerlässlich.

2. Bisher sind Konzepte für die Einbeziehung vagen Wissens im DB-Bereich rar und Implementierungen wohl kaum erfolgt. Beispielhaft seien die fuzzy-databases ([BUPE]) und Reiters erste Schritte auf dem Gebiet nicht-monotoner Logik für deduktive DB erwähnt ([REI1]). In absehbarer Zeit wird nicht mit einem DB-System zu rechnen sein, das Konzepte wahrscheinlichkeits-bewerteter Regeln und Aussagen bzw. nicht-monotoner Inferenzmechanismen realisiert.

3. Aus diesem Grund werden die Verwaltung wahrscheinlicher Aussagen und Regeln bzw. Hypothesen und die Implementierung geeigneter Inferenzmechanismen in massgeschneiderten *Metasystemen* erweiterter DB-basierter Expertensysteme erfolgen müssen.

4. DB-Systeme werden sich eher als anwendungsneutrale Basis-Systeme zur Verwaltung und Bereitstellung sicherer Wissensinhalte stabilisieren. Die mit anderen Fragestellungen im DB-Bereich verbundenen Konzeptions- und Implementierungsprobleme werden in den nächsten Jahren keinen Spielraum für das ehrgeizige Ziel der Einbeziehung vagen Wissens in DB-Systeme lassen.

5.4. Erklärungskomponente

Eine wichtige Anforderung an Expertensysteme ist die der *Transparenz.* Benutzer sollen automatisch oder interaktiv gesteuert Erklärungen auf Fragen der Form "wie kommt diese Antwort zustande?", "warum werden diese Angaben benötigt?" erhalten.

Die Verwendung einer Erklärungskomponente (vergl. Abb. 18) bei der Wissensbereitstellung von Expertensystemen ist vor allem aus folgenden Gründen wichtig:

bei verschiedenen Anwendungen - wie z.B. medizinischen Diagnose- und Therapiesystemen - können aufgrund des durch ein Expertensystem gelieferten Wissens *folgenschwere Entscheidungen* getroffen werden,

bei allen Expertensystemen werden Antworten glaubwürdiger und verständlicher, wenn die zur Antwort führende *Argumentationskette* dargestellt wird,

es können eher *Fehler* im Sinne irrtümlicher oder falscher Speicherung von Fakten in der Wissensbasis oder inkorrekter Ableitungen erkannt und beseitigt werden.

Die u.E. grundlegenden Konzepte einer Erklärungskomponente charakterisieren wir anhand des im System BLAH ([WEIN]) gewählten Ansatzes.

BLAH ist ein Expertensystem, das auch für Laien verständliche Auskünfte über einen Ausschnitt des US-Einkommensteuergesetzes gibt. Das System besteht im wesentlichen aus:
Wissensbasis,
Problemlösungskomponente und
Erklärungskomponente.
Wir stellen diese drei Komponenten anschliessend vor und zeigen dabei die generell für Erklärungskomponenten von Expertensystemen wichtigen Ideen auf.

Die BLAH-Wissensbasis

Die *Wissensbasis* enthält positive und negative Aussagen (assertions), schliesst aber die Betrachtung vagen Wissens aus. Die *Aussagen* bestehen aus zwei disjunkten Mengen, nämlich Fakten und Regeln.

Ein grosser Teil der *Fakten* setzt sich aus sogenannten *Grundaussagen* zusammen, und zwar aus
personen-unabhängigen Grundaussagen zum Steuergesetz (Einkommensteuertabellen, Steuerklassen, Höchstbeträge für Abzüge, ...) und
personen-abhängigen Grundaussagen zum speziellen Steuerfall (Höhe des Einkommens, Angaben zu Abschreibungsbedingungen und Abzugsmöglichkeiten wie etwa Hausbesitzer, Alter, Familienstand, Kinderzahl, ...).

Weitere Grundaussagen sind die *Regeln*, "wenn-dann-Implikationen" in der Form einfacher Ein-Literal-Regeln, die in der Prämisse Disjunktionen und Konjunktionen positiver und negativer Fakten zulassen.
Die Wissensbasis enthält aber nicht nur Grundaussagen und Regeln, sondern als zusätzliche Fakten auch abgeleitete Aussagen. *Abgeleitete Aussagen* sind Fakten, die während der Wissensbereitstellung mit Hilfe der Regeln aus Fakten in den Grundaussagen abgeleitet werden. Diese Speicherung abgeleiteter Aussagen entspricht dem *Generierungsansatz* der Wissensbereitstellung (vergl. Abschnitt 4.4.). Das Konzept der Erklärungskomponente ist aber auch auf den *Ableitungsansatz* der Wissensbereitstellung übertragbar.

Die Erklärungskomponente setzt voraus, dass allen Aussagen ihre Rechtfertigung zugeordnet wird. Eine *Rechtfertigung* besteht aus Rechtfertigungstyp und rechtfertigenden Aussagen. Die Tab. 24 zeigt den Aufbau einer Wissensbasis für ein kleines Beispiel.

AUSSAGE	NR	A-TYP	R-TYP	R-AUS
((UND ((:X JÜNGER ALS 19) (:X VERDIENT WENIGER ALS $ 750))) IMPL (:X IST ABHÄNGIGER))	1	GA/R	/	/
(JOHN JÜNGER ALS 19)	2	GA/F	/	/
(JOHN VERDIENT WENIGER ALS $ 750)	3	GA/F	/	/
(UND ((JOHN JÜNGER ALS 19) (JOHN VERDIENT WENIGER ALS $ 750))	4	AA	UND	2, 3
(JOHN IST ABHÄNGIGER)	5	AA	IMPL	4

Tab. 24 BLAH-Wissensbasis

In der Tab. 24 bedeuten

AUSSAGE: die in der Wissensbasis gespeicherte Aussage in LISP-ähnlicher Notation,

NR: die laufende Nummer der Aussage,

A-TYP: der Typ der Aussage (GA/F: Grundaussage/Fakt,
           GA/R: Grundaussage/Regel, AA: abgeleitete Aussage),

R-TYP: der *Rechtfertigungstyp* (UND: Konjunktion von Aussagen,
ODER: Disjunktion von Aussagen, IMPL: Implikation von Aussagen),
wobei Grundaussagen keine Eintragungen benötigen,

R-AUS: die *rechtfertigende(n) Aussage(n)* durch Angabe der Aussagennummer(n) NR.

Bem. Diese Form der Wissensbasis verursacht natürlich bei einer Wissensveränderung einen erheblichen Aufwand. Neben der Suche nach betroffenen abgeleiteten Aussagen ist mitunter eine neue Numerierung in NR und damit die Reorganisation von R-AUS notwendig. Bemerkungen zu einer Wissensveränderungskomponente sind keiner Veröffentlichung über BLAH zu entnehmen.

Die BLAH-Problemlösungskomponente

Die *Problemlösungskomponente* wird durch das Kommando "SHOW ⟨Aussage⟩" aufgerufen. Dabei werden die nach SHOW angegebene Aussage und ihre Negation in der Wissensbasis gesucht und bei erfolgloser Suche eine nicht näher beschriebene Ableitungs- und Suchstrategie zum Nachweis oder zur Widerlegung der erfragten Aussage durchgeführt. Die dabei verwendeten Algorithmen sowie Bemerkungen zur Vollständigkeit, Terminierung und Komplexität gehen aus der Beschreibung des Systems nicht hervor. Die Antwort wird dem Benutzer zur Verfügung gestellt und gleichzeitig als abgeleitete Aussage in die Wissensbasis aufgenommen.

In [WEIN] ist als ein weiteres Kommando zum Aufruf der Problemlösungskomponente "CHOICE (⟨Aussage 1⟩, ⟨Aussage 2⟩)" angegeben, wobei ⟨Aussage 2⟩ die Negation von ⟨Aussage 1⟩ sein muss. Dieser Aufruf soll dazu führen, dass für diese beiden Aussagen jeweils die zu entrichtende Steuerschuld berechnet und die (für den Steuerzahler) günstigere Alternative angegeben wird. Die Realisierung von SHOW erfolgt durch ein Ersetzungssystem mit rückwärts-gerichteter Strategie auf Und-Oder-Graphen (vergl. Abschnitt 5.1.).

Die BLAH-Erklärungskomponente

Die *Erklärungskomponente* wird durch das Kommando "EXPLAIN ⟨Aussage⟩" aktiviert, um für bereits in der Wissensbasis gespeicherte Aussagen eine Erklärung zu bekommen. Dabei wird für eine Aussage zunächst ein sogenannter *Erklärungsbaum* generiert, aus dem dann ein natürlichsprachlicher *Erklärungstext* erzeugt wird. Dieser Text sollte - wie die Ausgabe jeder Erklärungskomponente - folgenden Kriterien genügen:

a) *Quantitative Beschränkung* der in der Erklärung auftauchenden Fakten und abgeleiteten Aussagen,

b) *Qualitative Beschränkung* auf Aussagen, die für den Benutzer notwendig sind,

c) *Eindeutigkeit* der Erklärung,

d) *Verständlichkeit* der Erklärung.

Wir verdeutlichen diese vier Kriterien an einem anderen, als dem in Tab. 24 gezeigten Beispiel, ohne dafür den entsprechenden Inhalt der Wissensbasis anzugeben.
Abb. 25 zeigt für die abgeleitete Aussage "Peter ist Abhängiger von Harry" den durch die Erklärungskomponente generierten Erklärungsbaum. Aus diesem Erklärungsbaum kann dann eine natürlichsprachliche Erklärung der folgenden Art erzeugt werden: "Peter ist Abhängiger von Harry, weil Peter weniger als 750$ verdient, weil Peter nicht arbeitet und Harry Peter unterhält, weil Harry mehr als die Hälfte von Peters Lebensunterhalt erbringt".

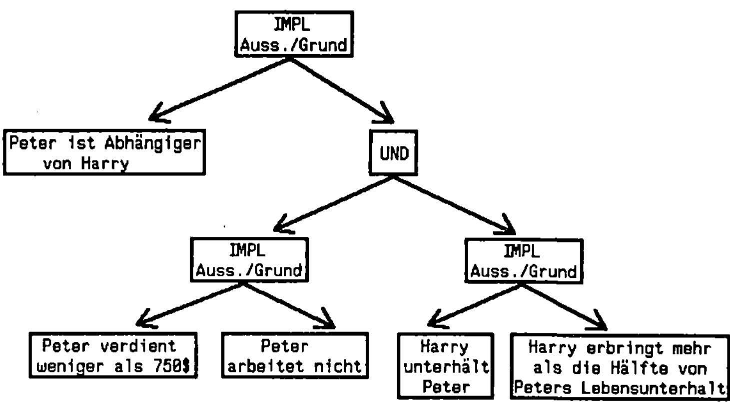

Abb. 25 Erklärungsbaum

- zu a): Quantitative Beschränkung
Schon das kleine Beispiel macht deutlich, dass Erklärungen lang und unübersichtlich werden können. Deshalb ist die Vorgabe quantitativer Beschränkungen bezüglich der maximalen Baumtiefe und der höchstens gewünschten Knotenanzahl möglich. Wenn einem Benutzer die beschränkte Erklärung nicht ausreicht, kann er durch weitere EXPLAIN-Kommandos die gezielte Fortsetzung der Erklärung fordern, indem ein Teilbaum durch Angabe einer neuen Wurzel ausgezeichnet wird.

- zu b): Qualitative Beschränkung
Durch eine besondere Art der *Segmentierung* der Wissensbasis werden Benutzersichten festgelegt. *Benutzersichten* beschreiben die Teile der Wissensbasis, die einem Benutzer bekannt sind und nicht weiter erklärt werden müssen. Diese Form der qualitativen Beschränkung trägt dem unterschiedlichen Wissensstand der Benutzer Rechnung und reduziert die Erklärung auf das Notwendige, d.h. gewisse Teilbäume werden nicht erklärt.

- zu c): Eindeutigkeit
Die Erzeugung eines Erklärungstextes aus einem Erklärungsbaum ist unmittelbar einsichtig, kann aber beim Benutzer zu Missverständnissen führen, da die Semantik eventuell mehrdeutig ist. Wenn man z.B. im obigen Text die Aussage "Harry unterhält Peter" auf das letzte "weil" bezieht, wird damit ein anderer Erklärungsbaum und für den Benutzer eine andere Bedeutung des Erklärungstextes impliziert. Wir sehen dies an einem Ausschnitt des veränderten Erklärungsbaumes in Abb. 26. Solche Mehrdeutigkeiten vermeidet BLAH durch die Einführung sogenannter *syntaktischer Marken* (1., 2., ...) in der Erklärung.

Eindeutige Erklärung für den Erklärungsbaum aus Abb. 25:
"Peter ist Abhängiger von Harry,
weil 1. Peter weniger als 750$ verdient, weil Peter nicht arbeitet und
weil 2. Harry Peter unterhält, weil Harry mehr als die Hälfte von Peters Lebensunterhalt erbringt."

Eindeutige Erklärung für den Erklärungsbaum aus Abb. 26:

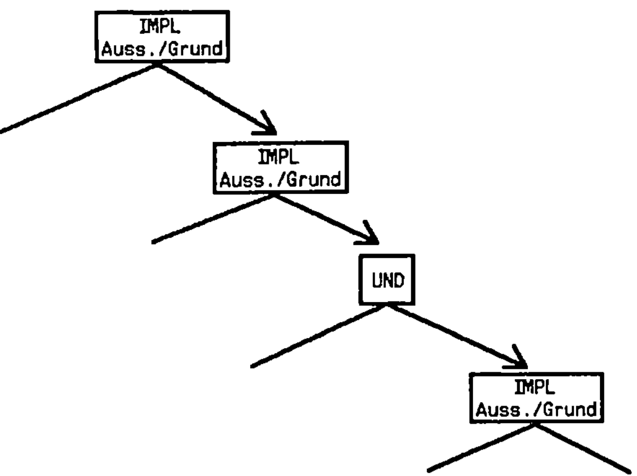

Abb. 26 Veränderter Erklärungsbaum

"Peter ist Abhängiger von Harry, weil Peter weniger als 750$ verdient,
weil 1. Peter nicht arbeitet und
weil 2. Harry Peter unterhält, weil Harry mehr als die Hälfte von Peters
Lebensunterhalt erbringt."

- zu d): <u>Verständlichkeit</u>
Ein wesentlicher Beitrag zur Verständlichkeit der Erklärung wird durch die Ausgabe eines weitgehend natürlichsprachlichen Textes geleistet. Trotzdem ist die Erklärung wegen sehr langer, geschachtelter Argumentationsketten häufig schwer nachvollziehbar.

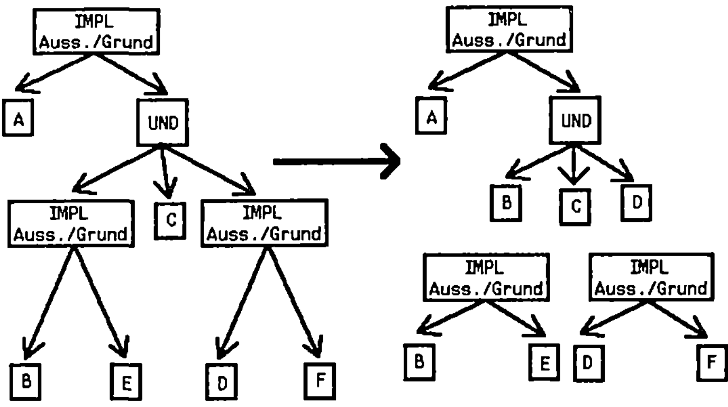

Abb. 27 Aufbrechen eines Erklärungsbaumes

Dies liegt daran, dass der Erklärungsbaum bisher immer in <u>einen</u> unstrukturierten Erklärungssatz umgesetzt wird. Durch das "*Aufbrechen*" (siehe Abb. 27) des

Erklärungsbaumes bei mindestens zwei inneren Sohnknoten und einen *breadth-first-Druchlauf* wird der daraus erzeugte Text i.a. wesentlich verständlicher. Für das kleine Beispiel in Abb. 27 ergibt sich folgender Vergleich.

Erklärungstext für den Erklärungsbaum vor dem Aufbrechen:
"A, weil 1. B, weil E, und weil 2. C und weil 3. D, weil F."

Erklärungstext nach Aufbrechen des Erklärungsbaumes:
"A, weil B und C und D. B, weil E. D, weil F.

Zusammenfassung

1. Die im Expertensystem BLAH verwendete Erklärungskomponente erfüllt bis auf die fehlende Berücksichtigung vagen Wissens die wesentlichen Anforderungen an die Erklärungskomponente eines Expertensystems:
   - quantitative und qualitative Beschränkung der Erklärung,
   - Eindeutigkeit der Erklärung und
   - Verständlichkeit der Erklärung.

2. Wir haben uns bei der Diskussion der Erklärungskomponente nur auf den Aspekt der Wissensbereitstellung beschränkt. In der Tat sind fast alle Erklärungskomponenten mit der Intention entwickelt worden, die Wissensbereitstellung zu unterstützen. Einen der wenigen Beiträge zur *Integration von Wissensveränderung* und Erklärung stellt das Metasystem TEIRESIAS ([DAVI]) dar, das Änderungen der Produktionsregeln im System MYCIN gewissen Integritätschecks unterzieht, die Ergebnisse erklärt und im kooperativen Dialog mit dem Wissensbasis-Administrator ggf. Korrekturen ermöglicht.

5.5. Dialogkomponente

Wir erinnern an die in Abb. 1 dargestellte grundlegende Architektur von Expertensystemen, in der der Dialogkomponente die Aufgabe der *Kommunikation* mit Benutzer und/ oder Wissensbasis-Administrator zugeordnet war. Anwendungsunabhängige Anforderungen an die Gestaltung interaktiver *Mensch-Maschine-Schnittstellen* präzisiert Nievergelt in anschaulicher Weise anhand eines konkreten Projekts ([NIEV]). Dort, wie in anderen Übersichtsartikeln, finden sich keine Bemerkungen zu natürlichsprachlichen Schnittstellen.

Insofern ist überraschend, dass - meist ohne eine u.E. ausreichende Begründung - bei vielen Expertensystemen *natürlichsprachliche Fähigkeiten* für die Dialogkomponente gefordert werden. Realisierungen sind bisher allerdings noch sehr selten. Ein Grund für die Forderung nach Natürlichsprachlichkeit scheint der zu sein, dass auf dem Gebiet 'Expertensysteme' vorrangig Forscher aus dem Bereich der Künstlichen Intelligenz arbeiten, die wiederum zu einem grossen Teil aus dem Teilbereich 'Natürlichsprachliche Systeme' kommen.
Wir wollen nachfolgend einen kleinen Einblick in den Entwicklungstand natürlichsprachlicher Dialogkomponenten geben und abschliessend eine kritische Zusammenfassung versuchen.

"Definition" der Natürlichsprachlichkeit
Die Natürlichsprachlichkeit eines Systems lässt sich nach Wahlster, der in [WAHL] einen guten Einblick in dieses Thema gibt, durch folgende zwei Eigenschaften charakterisieren:

eine *grosse Teilmenge* der in das System eingegebenen Abfragen und/oder von ihm ausgegebenen Antworten ist *natürlichsprachlich* (in geschriebener oder sogar gesprochener Form, was im zweiten Fall eine zusätzliche Erkennung von Sprachsignalen erfordert), zur *Verarbeitung* von Abfragen und Antworten werden syntaktische und semantische Analyse- und Erzeugungsroutinen natürlicher Sprache eingesetzt, die sich meist grosser anwendungsunabhängiger Wissensquellen bedienen.

Bem. 1. Die 2. Eigenschaft schliesst aus, dass man Systeme, die nur einfache Zeichenkettenmanipulationen über eng begrenzten Teilmengen natürlichsprachlicher Texte erlauben, als natürlichsprachliche Systeme bezeichnet.

2. Es gibt inzwischen auch Ansätze zur Einbeziehung anderer Eingabeformen (als geschriebene oder gesprochene Form) wie *Bilddaten* und durch *Lichtgriffel* und *Gestik* gewonnene Daten.

Zielsetzung natürlichsprachlicher Systeme

Der Einsatz natürlichsprachlicher Dialogkomponenten als Zugang zu Expertensystemen bzw. ganz allgemein zu Informationssystemen erscheint insofern selbstverständlich, als "natürliche Sprache" jedermann bereits beherrscht und diese Kommunikation schon deshalb "natürlich" sei.

Im Vergleich zu alternativen Dialogformen werden u.a. folgende Vorteile aufgezählt:

Kontextberücksichtigung des Weltmodells und des zurückliegenden Dialogverlaufs;

Flexibilität und *Robustheit* der Eingabeverarbeitung bei gleichzeitiger Berücksichtigung der Semantik vor einer weiteren Verarbeitung;

Kürze der Eingabe durch Ausnutzung von Ellipsen, Anaphern, Abkürzungen, usw.;

Unabhängigkeit von der Modellierung der Wissensbasis.

Architektur natürlichsprachlicher Systeme

Die grundlegende Architektur natürlichsprachlicher Systeme besteht aus den drei *Verarbeitungsschritten* Analyse, Auswertung und Erzeugung, die sich auf eine *heterogene* Wissensbasis stützen.

Analyse: Ein schriftlich oder mündlich eingegebener natürlichsprachlicher Text wird in Ausdrücke einer Wissensrepräsentionssprache überführt, die für eine Auswertung geeignet sind.

Auswertung: Je nach Anforderung bezüglich des "Verstehens" kann es sich um das Auffinden einer Antwort (genauer die konzeptuelle Struktur einer Antwort) auf eine Frage oder andere Verarbeitungsschritte handeln.

Erzeugung: Das Ergebnis der Auswertung wird wiederum in einem Ausdruck der Wissensrepräsentionssprache kodiert, der in eine natürlichsprachliche Ausgabe transformiert wird.

In der Wissensbasis eines natürlichsprachlichen Systems lassen sich vier Komponenten identifizieren:
allgemeines (= diskursbereichsunabhängiges) Hintergrundwissen,
diskursbereichsspezifisches Wissen,
(meist nur temporär verfügbares) dialog-/ textbezogenes Wissen und
(optional) externe, grosse Datenbasen.

Allgemeines Hintergrundwissen besteht u.a. aus:
> Wort-Lexikon: Verzeichnis der Einzelwörter,
> Syntagmen-Lexikon: z.B. Verzeichnis fester Redewendungen,
> Morphologisches Wissen: Flexions- und Wortbildungsinformationen.

Diskursbereichsspezifisches Wissen enthält u.a.:
> A-priori-Partnermodell: Informationen über das beim Partner vorhandene
> oder vermutete Vorwissen und seine voraussichtlichen Dialogziele,
> Spezielle Inferenzregeln in Abhängigkeit vom Diskursbereich.

Dialog-/ textbezogenes Wissen setzt sich u.a. zusammen aus:
> Syntaktischem und semantischem "Gedächtnis", in dem Zwischenergebnisse des
> Auswertungsprozesses gespeichert und im weiteren Verlauf genutzt werden können,
> Fokus auf den jeweiligen thematischen Schwerpunkt eines Dialog- oder Textabschnitts,
> Markierung von "inneren" Sprach-Zusammenhängen,
> Steuerung von Such- und Inferenzstrategien.

Externe Datenbasen können u.a. sein:
> In einer DB gespeicherte Massendaten (z.B. Fahrpläne),
> Visuelle Informationen (z.B. Ergebnisse einer Bildanalyse).

Entwicklung und Anwendungen natürlichsprachlicher Systeme

Die Entwicklung natürlichsprachlicher Systeme wurde insbesondere nach der Vorstellung von Winograds SHRDLU-System ([WIN1]) seit 1972 intensiv betrieben und in starkem Masse von der "rein sprachorientierten" Forschung bestimmt, bei der meist *linguistische Probleme* im Vordergrund standen. Dies führte häufig dazu, dass die natürlichsprachliche Dialogfähigkeit als "Selbstzweck" im Vordergrund stand und nicht als komfortabler Zugang zu einem Informationssystem verstanden wurde.

Natürlichsprachliche Schnittstellen für den Zugriff auf formatierte Massendaten, vor allem in DB-Systemen, diskutiert Waltz ([WALT]). Dabei wird deutlich, dass selbst bei DB-Systemen trotz der Vorteile
> relativ *geringer* semantischer Anforderungen der streng modellierten Weltausschnitte,
> syntaktischer *Beschränkungen* gegenüber voller Natürlichsprachlichkeit und
> jeweils sehr *enger* Anwendungsbezüge

"praktisch" einsetzbare, erfolgreiche Implementierungen natürlichsprachlicher Schnittstellen nur sehr schwer zu realisieren sein werden.

Dies zeigt, wie komplex erst die Implementierung natürlichsprachlichen Dialogs mit Expertensystemen sein wird, da die Probleme
> *heterogener* Wissensinhalte sowie
> mindestens vergleichbarer syntaktischer
> und wesentlich *höherer* semantischer und pragmatischer Anforderungen

gelöst werden müssen.

Natürlichsprachliche Systeme werden vor allem für die *Anwendungsbereiche* Verkehrsauskunft (z.B. Flugzeiten mit GUS), Reservierung (z.B. Hotelbuchung mit HAM-ANS), Ausbildung und nicht zuletzt militärische Logistik (z.B. CO-OP: Militärausrüstung, NATAN: Beschreibung militärischer Auseinandersetzungen) entwickelt.

Sie unterscheiden sich im *anwendungsunabhängigen* Teil sehr stark in ihren wirklich natürlichsprachlichen Fähigkeiten. Viele Systeme gehen über sehr eng begrenzte Teilmengen natürlicher Sprache nicht hinaus und erwarten einen stark kooperierenden Benutzer.

Komfortablere natürlichsprachliche Dialogsysteme stellen enorme Zeit-/ Speicher-Anforderungen. Durch neue Hardware-Technologien (vor allem leistungsstarke LISP-Maschinen) zeichnet sich inzwischen eine Verbesserung bei der Lösung dieser Komplexitätsprobleme ab.
Neuere Systementwicklungen berücksichtigen fortgeschrittene Konzepte wie wechselseitige Dialoginitiative, indirekte und bruchstückhafte Antworten und Elemente der Partnermodellierung.

Ein gutes Beispiel dafür ist das an der Universität Hamburg konzipierte HAM-ANS ([MANE]), das eine eher anwendungsunabhängige Entwicklung eines *Redepartnermodells* darstellt. Es wurde u.a. für den Zugriff auf eine relationale DB genutzt, indem HAM-ANS auf einer Schnittstelle zu PASCAL/R aufsetzt. Neben reinem Faktenretrieval sind dabei Abfragen bezüglich des DB-Schemas (z.B. "Gib mir alle Attribute der Relation <rel-name>."), bestimmter VIEWS und der zu erwartenden Laufzeit der Problemlösungskomponente ("Wie lange muss ich noch auf die Antwort warten?") möglich. Weitere Anwendungen sind die Analyse von Bilddaten aus dem Verkehrsbereich und Hotelreservierung.

Ein Beispiel für die Zusammenhänge zwischen natürlichsprachlichen und *bild-verstehenden* bzw. *-verarbeitenden Systemen* ist das Projekt NAOS (<u>Na</u>türlichsprachliche Beschreibung von <u>O</u>bjektbewegungen in einer <u>S</u>trassenverkehrsszene), das Neumann in [NEUM] vorstellt.
Einen guten Überblick über die verwandten Problemstellungen bei der Verarbeitung von *Sprach-* und *Bildsignalen* gibt Niemann, wo vergleichbare Verarbeitungsschritte identifiziert und bezüglich ihrer Komplexität und möglicher Kontrollsysteme zur Effizienzsteigerung diskutiert werden ([NIEM]).

Das *Wissenschaftliche Zentrum Heidelberg* der IBM Deutschland hat über mehrere Jahre hinweg das *System USL* entwickelt ([OTZO]), mit dem man natürlichsprachliche Abfragen (mehrerer Sprachen) von einer DB beantworten lässt. Anwendungsbeispiele liegen aus den Bereichen Schulbenotung und Personaldaten vor.
Inzwischen werden die mit USL gesammelten Erfahrungen in einem mit Unterstützung der Universität Tübingen durchgeführten Projekt für die Realisierung des *juristischen Expertensystems* LEX ([LEGU]) genutzt. Mit LEX wird der Versuch unternommen, juristisches Wissen des bundesdeutschen Strassenverkehrsrechts - über eine Zwischenstufe, auf der die Gesetzestexte zunächst in eine sogenannte Diskursrepräsentationsstruktur transformiert werden - in PROLOG zu formalisieren. Die Kommunikation mit dem Benutzer über dieses juristische Wissen, insbesondere die Beratung bezüglich konkreter Tatbestände im Rahmen des Strassenverkehrsrechts, soll dann in weitgehend natürlicher Sprache geführt werden können. Eine DB-Unterstützung mit *SQL/ DS* ([IBM]) wird ausdrücklich angestrebt.

Alternative Dialogformen
Die schwierige Frage, ob Natürlichsprachlichkeit die geeignete Form des Zugangs zu Expertensystemen ist, ist mit diesem universellen Anspruch bisher in keiner uns bekannten Arbeit diskutiert worden. Eine andere Frage ist die, ob alternative, d.h. nicht-natürlichsprachliche, "formale" Dialogformen, nicht inzwischen in vielen Punkten die Vorteile bereits bieten, die natürlichsprachliche Schnittstellen anstreben.

Diese Frage scheint einfacher zu beantworten zu sein, und zwar u.E. mit einem "Ja". Wenn man sich die Kriterien in obiger Zielsetzung anschaut, bezüglich derer Natürlichsprachlichkeit Vorteile gegenüber anderen Endbenutzerschnittstellen bringen soll, bleibt festzuhalten, dass diese Kriterien in Schnittstellen mit alternativen Dialogformen schon recht gut erfüllt werden.
Inzwischen gibt es neue Technologien (z.B. *Fenstertechnik, Mausunterstützung, Graphik, raster scan/ bitmapping*) und komfortable Konzepte (u.a. *Interaktivität, Menütechnik, deskriptive, graphisch-* orientierte und *navigierende* Abfragesprachen), die in vielen Applikationen erfolgreich implementiert und in vielfachem praktischen Einsatz erprobt und akzeptiert sind. Zudem scheinen sie für Expertensystem-Anwendungen i.a. völlig ausreichend.

Einen recht kritischen Beitrag zur Beurteilung natürlichsprachlichen Zugriffs auf DB, der sich allerdings auch auf den Bereich der Expertensysteme übertragen lässt, liefert Schefe ([SCH2]). Er kommt zu dem Urteil, dass Natürlichsprachlichkeit keinen verbesserten Zugang zu DB ermöglicht. Ungeachtet durchaus erkennbarer Fortschritte hätten natürlichsprachliche Systeme nicht die Fähigkeit, Absichten, Kontext und Vorwissen von Benutzern zu erkennen, die zum Verständnis seiner Eingabe notwendig wären.

Zu einer kaum positiveren Antwort gelangt Jarke bei der Beurteilung natürlichsprachlicher Endbenutzerschnittstellen für DB ([JAR2]). Er präsentiert Ergebnisse von Laborexperimenten und Feldstudien, in denen verschiedene natürlichsprachliche Systeme getestet und zu einem grossen Teil mit Tests von SQL/DS verglichen werden. Das Resultat besagt im Kern, dass (zumindest) keine Überlegenheit natürlichsprachlicher Systeme festgestellt werden kann.

6. DEDUDAB · Enwurf und Implementierung eines deduktiven DB-Systems

Im Rahmen eines einjährigen Projekts wurde das deduktive DB-System DEDUDAB als Frontend des relationalen DB-Systems INGRES ([STON], [INGR]) auf einer PDP11/60 implementiert. Dieses Projekt lief im SS 81 und WS 81/82 unter der Leitung von Hans-Jürgen Appelrath und Hermann Bense an der Abteilung Informatik der Universität Dortmund. Dem Projekt gehörten als Studenten an: Siegfried Fronzek, Harald Grotjahn, Wolfgang Krieger, Ridwan Krisnadi, Harald Lingenauer, Günter Meinhardt, Herman Pratomo, Bernd Richter, Wilhelm Schild, Jürgen Schweinberger und Wolfgang Zander.

Die Beschreibung von DEDUDAB gliedert sich in folgende Abschnitte:

- 6.1 enthält einen kurzen *Überblick* bekannter *deduktiver DB-Systeme*, der als Ausgangspunkt konzeptioneller Überlegungen für DEDUDAB diente,

- in Abschnitt 6.2 beschreiben wir den *Entwurf* von DEDUDAB unter Berücksichtigung der gegebenen Randbedingungen und eines funktionalen Anforderungskatalogs,

- 6.3 stellt die *Implementierung* von DEDUDAB vor,

- der Abschnitt 6.4 enthält eine Übersicht der durchgeführten *Tests* und Laufzeitmessungen und nimmt eine *Bewertung* von DEDUDAB vor,

- Abschnitt 6.5 schliesslich befasst sich mit einigen Überlegungen zur *Weiterentwicklung* von DEDUDAB.

6.1. Überblick bekannter deduktiver DB-Systeme

6.1.1. Der Ansatz von Minker

Das von Minker entwickelte MRPPS (Maryland Refutation Proof Procedure System) ist eine Weiterentwicklung eines Frage-Antwort-Systems zur Berücksichtigung von DB-Aspekten in einer Wissensbasis, ohne jedoch ein konkretes DB-System zu nutzen. MRPPS ([MIN1], [MIN2]) ist daher nach unserem bisherigen Verständnis kein deduktives DB-System, sondern sollte als *deduktives Frage-Antwort-System* bezeichnet werden (vergleiche Begriffsbildung in Kapitel 1).

In der vorgestellten Version 3.0 besteht MRPPS aus folgenden Komponenten (siehe Abb. 28):

- *Wissensbasis* ("semantic network" genannt), die a) die EDB (positive Grund-Literale), b) die IDB (Horn-Klauseln), c) semantische Integritätsbedingungen SB (im wesentlichen einfache intrarelationale Integritäts- und Schutzprädikate sowie interrelationale, mengentheoretische Beziehungen zwischen Attributmengen) und d) zusätzliche Axiome AX (u.a. Datenwörterbuch mit Namen von Relationen und Attributen) in einer einheitlichen Datenstruktur repräsentiert,

- dem *Eingabesystem*, das Benutzern und Wissensbasis-Administrator die Veränderung der Wissensbasis mittels einer Manipulationssprache und Abfragen an die Wissensbasis durch eine sehr einfache Abfragesprache erlaubt,

- der *deduktiven Ableitungs- und Suchkomponente*, die Abfragen anhand von beweistheoretischen Ableitungsstrategien (Resolutions-Widerlegungs-Beweiser mit effizientem Algorithmus für die zur Resolution benötigten Umformungen) beantwortet,

- dem *Ausgabesystem*, das verschiedene Arten von Antworten auf offene bzw. geschlossene Existenz- bzw. All-Abfragen unterstützt und die Wissensveränderung bestätigt.

Wir sehen in Abb. 28, dass die beiden Komponenten zur Wissensbereitstellung deduktiver DB (deduktive Komponente und Retrievalkomponente) hier in einer Komponente zusammengefasst sind. Bei genauer Untersuchung der Systembeschreibung stellt man jedoch fest, dass die deduktive Ableitungs- und Suchkomponente aus einer deduktiven Ableitungs- und einer getrennten Suchkomponente besteht, die in prädikatenlogischer Sichtweise genau die gleichen Funktionen erfüllen wie deduktive Komponente und Retrievalkomponente einer deduktiven DB. Deshalb wird MRPPS in der Literatur auch häufig als deduktives DB-System bezeichnet.

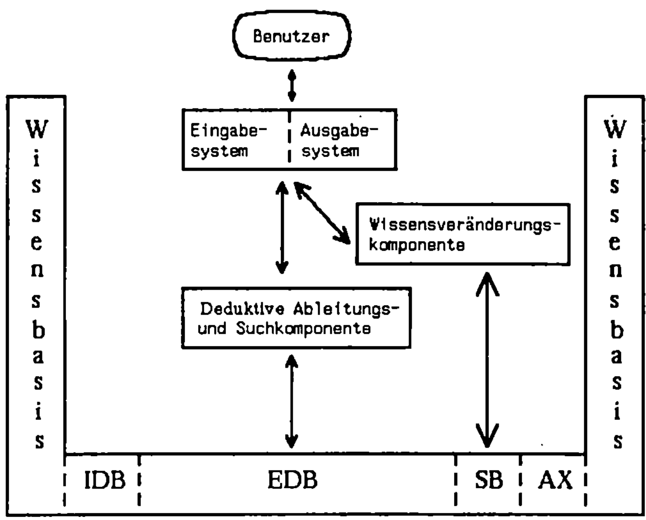

Abb. 28 MRPPS als deduktives Frage-Antwort-System

Die Charakteristika von MRPPS fassen wir wie folgt zusammen:

a) MRPPS verfolgt den *Interpretierungsansatz* und führt keine abfrage-unabhängige Übersetzung von deduktiven Regeln durch. Suchaufträge nach expliziten Daten geschehen immer "ad hoc", sobald im Ableitungsprozess eine Basis-Relation auftaucht.

b) Als All-Abfragen interpretiert werden *Abfragen* nur in Form geschlossener (!), konjunktiver, ausschliesslich *positiver Basis-Literale* zugelassen, die durch Negation in eine Abfrage-Klausel umgewandelt werden. Diese Disjunktion negativer Literale wird zur Wurzel eines *Ableitungsbaumes*.

c) Die *Ableitungsstrategie* entspricht einer Kombination aus ABS, SKS und BS (vergleiche Abschnitt 4.5.) mit verschiedenen Heuristiken.

d) Die *Terminierung* erfolgt beim ersten Auffinden einer Antwort, Erweiterungen der dadurch beschränkten Abfragemöglichkeiten sind angedeutet und entsprechen den in Abschnitt 4.8. bereits vorgestellten Konzepten. Unbefriedigend bleibt die Behandlung des Terminierungsproblems für nicht ableitbare Abfragen ("limited by the machine storage capacity"). Damit ist die gewählte Ableitungsstrategie nicht präzis, da eine solche physikaliche Abbruchbedingung auch für ableitbare Abfragen bei hinreichend grosser EDB greifen kann.

e) Ein grosser Nachteil von MRPPS ist die Beschränkung auf nicht-rekursive *deduktive Regeln.*

f) Die deduktiven Regeln lassen *hybride* Relationen zu.

g) Angaben zu *Laufzeit* und *Speicherplatzbedarf* sind in keiner uns zugänglichen Arbeit zu MRPPS veröffentlicht.

Bem. Eine interessante Weiterentwicklung der Konzepte von MRPPS bringen Chakravarthy, Minker und Tran in [CHAK]. Sie diskutieren zunächst für PROLOG-vergleichbare deduktive Frontends relationaler DB-Systeme den Übersetzungsansatz (allerdings ohne rekursive Regeln!) und den in MRPPS verfolgten Interpretierungsansatz. Dieser Ansatz wird verbessert durch die Methode des sogenannten "table sharing", einer unter dem Begriff "structure sharing" aus PROLOG-Interpretern bekannten Technik zur Speicherplatzreduzierung und Ableitungsbeschleunigung.

6.1.2. Der Ansatz von Chang

Changs Arbeiten (z.B. [CHA1], [CHA2]) befassen sich im wesentlichen mit der Beschreibung der Sprache DEDUCE, die als Bindeglied zwischen dem relationalen DB-System SYSTEM R ([AST2]) und dem natürlichsprachlichen Dialogsystem RENDEZVOUS dienen soll.
DEDUCE erlaubt eine syntaktisch einheitliche Beschreibung von deduktiven Regeln (in Horn-Form), Integritätsbedingungen und Abfragen nach Basis- und virtuellen Relationen. Interessant ist die Erweiterung auf numerische Existenz-Quantoren wie z.B. "$\exists{<}n$", "$\exists{\geq}n$", "$\exists{=}n$" ("es existieren weniger als, mindestens bzw. genau n").

Den Ansatz von Chang charakterisieren wir auch in einer kurzen Übersicht:

a) Chang wählt den *Übersetzungsansatz,* indem er deduktive Komponente und Retrievalkomponente strikt trennt. Jede DEDUCE-Abfrage soll nur einen, wenn auch komplexen DB-Aufruf implizieren. Dies wird u.E. aber wegen der Beschränkung bezüglich der Anzahl erlaubter Verbundvariablen im SYSTEM R i.a. nicht möglich sein.
Bereits unabhängig von einer Abfrage werden aus den deduktiven Regeln *Verbindungsgraphen* konstruiert, die aber gegenüber den früher vorgestellten Verbindungsgraphen komplexere Knoten mit jeweils einer kompletten deduktiven Regel enthalten. Teilstrukturen eines Knotens, die Literale repräsentieren, werden über *Ersetzungskanten* verbunden, wenn ein Ableitungsschritt möglich ist.

b) *Abfragen* sind im Prinzip (bis auf die Erweiterung um numerische Existenz-Quantoren) wieder von der gleichen Form wie bei Minker und werden als komplexe Knoten über spezielle Ersetzungskanten zum *erweiterten Verbindungsgraphen* verbunden.

c) Die *Ableitungsstrategie* ist nicht klar ersichtlich, zumal das Verfahren zwei Repräsentationswechsel enthält: aus den erweiterten Verbindungsgraphen werden sogenannte *rewriting rules* erzeugt, die wiederum nach Variablenumformungen *Programme* (plans) ergeben, die nur noch aus Abfragen nach Basis-Relationen bestehen. Diese Programme durchlaufen verschiedene Konsistenzchecks, bevor sie an SYSTEM R zur Beantwortung übergeben werden.

d) Die *Terminierung* bezeichnet Chang selbst als noch offenes Problem. Er fordert bei Verwendung rekursiver deduktiver Regeln ein "*cut-off-level*", das den in 4.7. vorgestellten semantischen Terminierungsbedingungen entspricht.

e) *Deduktive Regeln* sind auf Regeln beschränkt, bei denen maximal eine virtuelle Relation pro linker Regelseite an einer Rekursion beteiligt sein darf.

f) *Hybride Relationen* sind ausgeschlossen, da sie das Prinzip des nur einmal erlaubten DB-Aufrufs durchbrechen würden.

g) Über das DEDUCE-System liegen uns keine Aussagen vor, ob und mit welchen Ergebnissen eine *Implementierung* erfolgt ist.

6.1.3. Der Ansatz von Reiter

Der Reiter'sche Ansatz ([REI2]) entspricht in zwei wichtigen Zielsetzungen dem Chang-Ansatz: der angestrebten Verwendung eines konventionellen DB-Systems ("design of a question-answering system to be used on top of a relational database system") und der Verfolgung des Übersetzungsansatzes ("theorem prover as a once-only compiler").

Unterschiede zu Minker bzw. Chang lassen sich auf folgende Punkte konzentrieren:

a) Der abfrage-unabhängige *Übersetzungsvorgang* erzeugt für alle virtuellen Relationen einen sogenannten *Widerlegungs-Suchbaum*, der einem Verbindungsgraph vergleichbar ist. Der Wurzelknoten ist eine Pseudo-Klausel (vergl. 4.1.), deren Prädikatensysmbol dem Namen einer virtuellen Relation entspricht. Die Blätter repräsentieren Ableitungen dieser virtuellen Relation in Konjunktionen von Basis- und/oder *hybriden* virtuellen Relationen.

b) Die *Ableitungsstrategie* konstruiert aus dem Widerlegungs-Suchbaum aufgrund einer konkreten Abfrage einen *Beweisbaum*, in dem zunächst alle möglichen DB-Abfragen markiert und dann nach Heuristiken geordnet einem konventionellen DB-System zur Beantwortung übergeben werden. Im Gegensatz zu Chang muss Reiter schon wegen hybrider Relation den *Wechsel von Ableiten* durch eine deduktive Komponente *und Suchen* im DB-System in Kauf nehmen.

c) Zur *Terminierung* führt Reiters Ableitungsstrategie durch die Vereinbarung semantischer Terminierungsbedingungen, die durch eine geeignete Verteilung extensionaler und intensionaler Daten unterstützt werden soll. *Deduktive Regeln* besitzen Horn-Form und sind nicht (wie etwa bei Chang) weiter eingeschränkt.

d) Eine *Implementierung* der nur konzeptionell vorgestellten deduktiven Komponente ist nicht bekannt, eine solche Erweiterung eines konventionellen DB-Systems auch nicht konkret in einer Veröffentlichung in Aussicht gestellt, obwohl dies (s.o.) erklärtes Ziel ist.

6.2. Entwurf

Wir skizzieren anschliessend zunächst einige organisatorisch-technische *Randbedingungen* und einen *Anforderungskatalog* bevor wir die wesentlichen *Entwurfsentscheidungen* für DEDUDAB vorstellen.

6.2.1. Randbedingungen

1. Die nur einjährige *Projektdauer* (mit insgesamt ca. 1000 Manntagen) liess natürlich nicht Konzeption und Implementierung eines kompletten - d.h. einschliesslich eines neuen zugrundeliegenden DB-Systems - deduktiven DB-Systems zu, sondern legte die

Frontend-Bildung eines existierenden DB-Systems um eine deduktive Komponente nahe.

2. Das einzige unter einem Time-Sharing-System verfügbare relationale DB-System war *INGRES* unter *UNIX* auf einer *PDP11/60* mit 256 kByte Hauptspeicher.

3. Erste Tests mit INGRES zeigten selbst bei einfachen Abfragen und kleinen DB völlig unbefriedigende *Laufzeiten* im Sekunden- bis Minutenbereich(!), weil die bei einem INGRES-Aufruf benötigten vier *Prozesse* wegen des unzureichenden Hauptspeichers selbst im Exklusivbetrieb ständig ein- und ausgelagert werden. Erschwerend kam hinzu, dass der zentrale Prozess von INGRES an einer unter Laufzeitgesichtspunkten· ungünstigen Stelle aufgespalten werden musste.

4. Diese organisatorisch-technischen Randbedingungen legten ein inkrementelles Vorgehen nahe, bei dem durch einen *Prototyp* zunächst nur Minimalanforderungen abgedeckt und anhand kleiner Beispiele Tests durchgeführt werden sollten.

Bem. 1. **INGRES:** INGRES ist in der Programmiersprache C ([KERN]) geschrieben und bietet die Datenmanipulationssprachen *QUEL* ([INGR]) und *EQUEL* (ein in C eingebettetes QUEL) an. Jedes QUEL-Statement erfordert zunächst die Deklaration der verwendeten Relationen in der Form: RANGE OF <Variablenliste> IS <Relationenname>. Es schliessen sich Folgen von QUEL-Befehlen an, wobei die wichtigsten CREATE (Anlegen einer DB-Relation), APPEND (Einfügen eines Tupels), DELETE (Löschen eines Tupels) und vor allem RETRIEVE (Ausdrucken oder Umspeichern qualifizierter Tupel) sind.

2. **UNIX:** UNIX ist ein zunächst für die PDP11-Rechnerfamilie entwickeltes *Time-Sharing-System*, das wie INGRES in der Programmiersprache C geschrieben ist und für die DEDUDAB-Entwicklung in Version 6 zur Verfügung stand ([THRI]).

3. **Prozesse:** Über sogenannte *PIPES* verbunden werden bei INGRES-Aufrufen folgende vier *Prozesse* aktiviert: Prozess 1 erlaubt Editieren, Ausdrucken und Ausführen von QUEL-Statements; Prozess 2 beinhaltet lexikalische Analyse, Parsing, Concurrency Control, Integritätskontrollen, Autorisierung und VIEW-Unterstützung; Prozess 3 wandelt alle QUEL-Befehle in RETRIEVE-Kommandos mit einer Variablen um und übergibt sie dem One-Variable-Query-Processor; Prozess 4 schliesslich übernimmt die Bearbeitung spezieller UTILITY-Kommandos.

6.2.2. Anforderungskatalog

Folgende Anforderungen sollte die von der Projektgruppe zu implementierende DEDUDAB-Version erfüllen.

1. Die *Benutzerschnittstelle* sollte unverändert von INGRES übernommen werden. Bei der Formulierung einer QUEL-Anweisung soll es also für den Benutzer unerheblich sein, ob sich die *Abfrage* auf Basis-Relationen oder virtuelle Relationen bezieht. Dabei sollten auch die *Built-In-Funktionen* wie AVG (Durchschnitt), COUNT (Anzahl), MAX (Maximum), usw. auf geeignete virtuelle Relationen anwendbar sein. Updates der EDB sollten während einer Sitzung möglich sein und sofort durchgeführt werden.

2. Art und Umfang *deduktiver Regeln* sollten weniger restriktiv betrachtet werden als beim Minker-Ansatz. Die Einschränkung auf Horn-Form war selbstverständlich, doch sollen *rekursive* Regeln - wenn auch vielleicht in beschränkter Form - erlaubt sein. Auf *hybride* Relationen kann verzichtet werden. Die Verwaltung der deduktiven Regeln sollte ein Mindestmass an *Update-Freundlichkeit* und *Transparenz* bieten.

3. Virtuelle Relationen sollten nach ihrer Ableitung zur Beantwortung einer Abfrage temporär gespeichert werden können (Verfolgung des *Generierungsansatzes*, wie er bei der Wissensbereitstellung deduktiver DB diskutiert wurde). Die Speicherung von Basis-Relationen oder VIEWS ausserhalb der DB (vergleiche Kopplung an Pseudo-EDB-bzw. VIEW-Klauseln in Abschnitt 4.4.) wurde aus Komplexitätsgründen ausgeklammert.

4. Die *deduktive Komponente* sollte sich auf den *Übersetzungsansatz* stützen und Möglichkeiten zur abfrage-unabhängigen Ableitung deduktiver Regeln nutzen. Damit sollte die Auswirkung auf die Gesamtlaufzeit bei selteneren INGRES-Aufrufen untersucht werden.

5. Als *Ableitungsstrategie* sollte eine rückwärts-gerichtete, vollständige Strategie gewählt werden.

6. Die Beschränkung auf ein *Einbenutzersystem* war bereits durch die INGRES-Laufzeiten nahegelegt. DEDUDAB sollte jedoch in der Lage sein, verschiedene DB mit jeweils unterschiedlichen Paketen deduktiver Regeln verwalten zu können.

6.2.3. Entwurfsentscheidungen

Die Diskussion der organisatorisch-technischen Randbedingungen und des inhaltlichen Anforderungskatalogs führte zu Entwurfsentscheidungen, die wir anhand einer kurzen Darstellung der Komponenten von DEDUDAB charakterisieren (siehe Abb. 29).

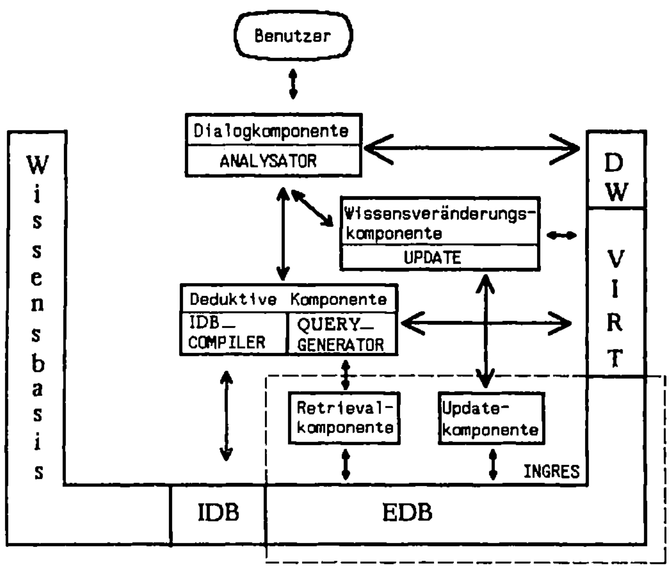

Abb. 29 DEDUDAB als einfaches DB-basiertes Expertensystem

1. Die *Wissensbasis* besteht aus

   - EDB : einer INGRES-Datenbank, die alle Basis-Relationen enthält,

   - IDB   : einem UNIX-File, in dem die deduktiven Regeln stehen,

   - VIRT : einem UNIX-File zur Speicherung temporär verfügbarer virtueller Relationen,

   - DW   : einem UNIX-File, dass als *Datenwörterbuch* (data dictionary) u.a. die Relationen
             und Attributnamen der Basis- und virtuellen Relationen enthält.

   Die EDB bildet zusammen mit *Retrieval-* und *Updatekomponente* das konventionelle
   DB-System INGRES (als Subsystem von DEDUDAB in Abb. 29 gestrichelt umrandet).

   Zur Vereinfachung haben wir bei dieser prädikatenlogischen Beschreibung die zur DB
   gehörenden Formelmengen SB und AX nicht in der Wissensbasis aufgeführt.

2. Die *deduktive Komponente* zur Wisensbereitstellung von DEDUDAB zerfällt in zwei
   Hauptprogramme:

   - IDB-COMPILER zur *Verwaltung* (Einfügen, Löschen und Ändern deduktiver Regeln durch
     den Wissensbasis-Administrator) und abfrage-unabhängigen *Übersetzung der IDB*, wobei
     das Übersetzungsergebnis in einem File SCHNITTSTELLE abgelegt wird,

   - QUERY-GENERATOR mit direktem *Retrieval* von Basis- bzw. temporär verfügbaren
     virtuellen Relationen oder Einleitung eines *Ableitungs- und Suchverfahrens*, bei dem
     Abfragen nach virtuellen Relationen anhand von SCHNITTSTELLE in Abfragen nach
     Basis-Relationen abgeleitet werden, die mit Hilfe der Retrievalkomponente von INGRES
     beantwortet werden können.

   Bem. Die für den Übersetzungsansatz typische Datenstruktur SCHNITTSTELLE, die in einem
        UNIX-File gespeichert wird, repräsentiert im wesentlichen die IDB-Resolventen der
        beweistheoretischen bzw. die einfachen Verbindungsgraphen der graphentheoretischen
        Konzepte zur Wissensbereitstellung.

3. Die *Wissensveränderungskomponente* besteht aus dem Hauptprogramm UPDATE, das
   Änderungen der Basis-Relationen durch Aufruf der Updatekomponente von INGRES und
   gleichzeitiges Löschen der temporär verfügbaren virtuellen Relationen in VIRT durchführt.

4. Die *Dialogkomponente* steuert den Dialog mit dem Wissensbasis-Administrator bzw. dem
   Benutzer und entscheidet, ob IDB-COMPILER, QUERY-GENERATOR oder UPDATE
   aufgerufen wird. Die Dialogkomponente wird durch das Hauptprogramm ANALYSATOR
   realisiert.

Bem. Die Abb. 29 entspricht der bisher in diesem Buch üblichen Darstellung der Komponenten
     eines deduktiven DB-Systems. Dazu sind einige Vereinfachungen gegenüber der
     programmtechnischen Realisierung von DEDUDAB notwendig gewesen. Um die
     Übersichtlichkeit zu wahren, fehlen z.B. Doppelpfeile zwischen DW und
     Wissensveränderungs- bzw. deduktiver Komponente.

6.3. Implementierung

Wir stellen in diesem Abschnitt die vier Hauptprogramme

- ANALYSATOR
- UPDATE
- IDB-COMPILER
- QUERY-GENERATOR

der bei Projektabschluss erstellten Version von DEDUDAB vor. Abweichungen von dieser Version, die teilweise implementiert und getestet wurden, werden an einigen Stellen diskutiert. Eine detaillierte Beschreibung der Implementierung von DEDUDAB ist dem Abschlussbericht der Projektgruppe ([APB1]) zu entnehmen.

6.3.1. ANALYSATOR

ANALYSATOR (vergl. Abb. 29) ist die *Dialogkomponente* von DEDUDAB und erfüllt folgende Aufgaben:

- Autorisierung eines Benutzers (i.a. des Wissensbasis-Administrator) zum Aufruf von IDB-COMPILER, um deduktive Regeln zu manipulieren und eine neue SCHNITTSTELLE zu erzeugen,
- Simulation des interaktiven Monitors von INGRES, um Benutzern Abfragen nach virtuellen und Basis-Relationen (Aufruf von QUERY-GENERATOR) und das Update von Basis-Relationen (Aufruf von UPDATE) zu ermöglichen.

Damit sind zwei von drei Forderungen aus Punkt 1 des Anforderungskatalogs in Abschnitt 6.2.2. erfüllt: für einen Benutzer ist es unerheblich, ob sich Abfragen auf Basis- oder virtuelle Relationen beziehen, und ausserdem kann er während einer Sitzung Änderungen der EDB vornehmen.

ANALYSATOR läuft in zwei Phasen ab. In der *Initialisierungsphase* werden zunächst folgende Funktionen erfüllt:

- Dialogeröffnung mit Autorisierungskontrolle,
- wenn Manipulierung der deduktiven Regeln (IDB) gewünscht wird: Aufruf von IDB-COMPILER,
- wenn Wissensbereitstellung oder -veränderung gewünscht wird: Erfragen des DB-Namens; Anlegen des DW für die gewählte DB; Erfragen, Einlesen und Kontrollieren von Benutzeranweisungen anhand syntaktischer und semantischer Routinen; Übergang zur Analysephase.

In der *Analysephase* werden die vom Benutzer gewünschten INGRES-Befehle, die in der Initialisierungsphase in ein Array geschrieben wurden, Statement für Statement abgearbeitet. Jedes Statement entspricht dabei einem INGRES-Befehl mit folgenden drei Teilen:

1. Range-Deklaration,
2. Update-Befehl (CREATE, APPEND, REPLACE, DELETE, DESTROY, COPY),
   Retrieval-Befehl (RETRIEVE) oder sonstiger Befehl (HELP, INDEX, MODIFY, PRINT),
3. Ende des Befehls durch <\g>.

In Abhängigkeit vom INGRES-Befehl erfolgt ein Aufruf von UPDATE bzw. QUERY-GENERATOR oder die Erledigung der Befehle HELP, INDEX, MODIFY oder PRINT (eine genaue Beschreibung der Befehle befindet sich in [INGR]).

6.3.2. UPDATE

UPDATE (vergl. Abb. 29) realisiert die *Wissensveränderung*, d.h. das Update der Basis-Relationen und daraus implizierter Änderungen durch Ausführung folgender QUEL-Befehle:

- CREATE (Anlegen einer neuen Relation) führt zur Kontrolle und ggf. Eintragung von Relationen- und Attributnamen in DW und anschliessendem Aufruf der Updatekomponente von INGRES, um die Basis-Relation in der DB anzulegen,

- APPEND, REPLACE bzw. DELETE bewirkt das Einfügen, Ändern bzw. Löschen eines Tupels in einer Basis-Relation; ausserdem werden <u>alle</u> während der Sitzung temporär aufgebauten virtuellen Relationen gelöscht,

- DESTROY (Löschen einer gesamten Basis-Relation) wird durch UPDATE zurückgewiesen, weil dies zu Inkonsistenzen zwischen DW und gültiger SCHNITTSTELLE und damit zu Zugriffsfehlern beim Ableiten virtueller Relationen führen kann,

- COPY führt entweder zum Laden einer Relation von einer speziell aufbereiteten UNIX-Datei oder zum Kopieren einer Relation in eine solche Datei und wird durch Aufruf der Updatekomponente von INGRES erledigt.

Bem. 1. Das Löschen des letzten Tupels einer Basis-Relation wird mit einer Warnung quittiert, die über die Dialogkomponente ANALYSATOR zurückgegeben wird.

2. Bei allen drei Update-Möglichkeiten auf Basis-Relationen können sich Änderungen abgeleiteter virtueller Relationen ergeben. Deshalb werden alle temporär erzeugten virtuellen Relationen vollständig gelöscht. Dieses *rigorose Löschen* könnte zu einem *gezielten Ändern* der nur jeweils betroffenen Tupel verbessert werden. Lediglich das Einfügen von Tupeln wird in einer Testversion von UPDATE nicht durch rigoroses Löschen, sondern durch ein Erweitern der abgeleiteten virtuellen Relationen realisiert (*Generierungsansatz der Wissensveränderung*).

3. [NIC2] gibt eine ausführliche Diskussion der Update- und Integritätsprobleme deduktiver DB. Die Implementierung einer INGRES-Integritätskomponente, die periodisch im Batch-Betrieb und bei Bedarf im Dialog mit dem Benutzer Zustands- und Übergangsbedingungen prüft, beschreiben [CRDO].

6.3.3. IDB-COMPILER

IDB-COMPILER ist der Teil der deduktiven Komponente, der die *Übersetzung* der deduktiven Regeln (IDB) durchführt und in einer SCHNITTSTELLE dem Hauptprogramm QUERY-GENERATOR zur Verfügung stellt, das als zweiter Teil der deduktiven Komponente für die *Wissensbereitstellung* von DEDUDAB zuständig ist.

6.3.3.1. Syntax und Semantik deduktiver Regeln

Wir stellen nachfolgend die für die Komplexität und Effizienz von DEDUDAB entscheidende Festlegung von Syntax und Semantik deduktiver Regeln vor:

1. Alle deduktiven Regeln haben *Horn-Form.*
2. Es sind *keine hybriden* Relationen erlaubt.
3. Die deduktiven Regeln müssen *"verankert"* sein, d.h., alle virtuellen Relationen können zu Basis-Relationen abgeleitet werden.
4. Die deduktiven Regeln erlauben direkte und indirekte *Rekursion* virtueller Relationen.
5. Maximal eine virtuelle Relation auf der linken Seite einer deduktiven Regel darf an *Zyklen* beteiligt sein, d.h. darf rekursiv sein.
6. In allen deduktiven Regeln müssen die *Variablen* der virtuellen Relation mindestens einmal auf der linken Seite auftauchen.
7. Bei einer direkten Rekursion in einer deduktiven Regel darf die *Attributmenge* der virtuellen Relation auf der linken Seite gleich oder auch nur eine Teilmenge der Attribute der virtuellen Relation auf der rechten Seite sein. Die *Attributmenge* einer Basis-Relation in einer deduktiven Regel darf gleich oder auch nur eine Teilmenge der Attributmenge der Relation in der EDB sein. Semantisch gleiche Attribute in deduktiven Regeln und EDB müssen orthographisch gleich sein.
8. Es gibt folgende *pragmatische* Beschränkungen: es sind maximal vier Relationen auf der linken Seite erlaubt (sonst ist eine neue Regel zu definieren), die Relationen- und Attributnamen sind auf sechs bzw. vier alphanumerische Zeichen mit führendem Alphazeichen begrenzt.

Bem. 1   Mit dieser Festlegung erfüllen wir den Punkt 2 des Anforderungskatalogs aus 6.2.2. Die Vereinbarungen entsprechen der von Chang zugelassenen Formelklasse und gehen über die Beschränkung deduktiver Regeln des Minker-Ansatzes hinaus.

     2. Die pragmatischen Beschränkungen im obigen Punkt 8 waren durch die verfügbare INGRES-Version erzwungen.

Wir geben hier schon ein zu Tests benutztes und im weiteren als Beispiel dienendes Paket von deduktiven Regeln an, das sich auf drei Basis-Relationen stützt und sieben virtuelle Relationen definiert. Bei der Darstellung der Relationen stehen unter dem Relationen- bzw. Attributnamen in Klammern jeweils die in den Regeln benutzten Abkürzungen.

Bsp.

a) *Basis-Relationen* (EDB):

MUTTER ‖ NAME| KIND   BRUDER‖BRU-NAME| GESCHW-NAME
——————————————   ——————————————————
(MUT)   ‖ (MN) | (KN)   (BRU) ‖ (BN) | (GN)

VATER   ‖ NAME| KIND
————————————
(VAT)   ‖ (VN) | (KN)

b) *Virtuelle Relationen* (evtl. temporär in VIRT):

VORFAHR || VORFAHR	NACHFAHR	EHEPARTNER || MANN	FRAU
(VORF) || (VOR)	(NN)	(EHE) || (MANN)	(FRAU)

ONKEL || ONKEL-NAME	NEFFE-NICHTE TANTE || TANTE-NAME
NEFFE-NICHTE			
(ONK) || (ON)	(NN) (TAN) || (TN)	(NN)

OPA || OPA-NAME	ENKEL-NAME OMA || OMA-NAME	ENKEL-NAME
(OPA) || (OPA)	(ENK) (OMA) || (OMA)	(ENK)

SCHWAGER || SCHWAGER-1	SCHWAGER-2
(SCHW) || (SN-1)	(SN-2)

c) Deduktive Regeln (IDB):

(1) VORF(x = VOR,y = NN)$\wedge$ VAT(y = VN, z = KN) $\rightarrow$ VORF(x = VOR,z =NN)

(2) VAT(x = VN,y = KN) $\rightarrow$ VORF(x = VOR,y = NN)

(3) VORF(x = VOR,y = NN)$\wedge$ MUT(y = MN,z = KN) $\rightarrow$ VORF(x =VOR,z =NN)

(4) MUT(x =MN,y =KN) $\rightarrow$ VORF(x =VOR,y =NN)

(5) VAT(x = VN,y = KN) $\wedge$ BRU(z = BN,x = GN) $\rightarrow$ ONK(z = ON,y = NN)

(6) VAT(x = VN,y = KN) $\wedge$ MUT(z = MN,y = KN) $\rightarrow$ EHE(x=MANN,z=FRAU)

(7) ONK(x = ON,y = NN) $\wedge$ EHE(x = MANN,z = FRAU)$\rightarrow$ TAN(z = TN,y = NN)

(8) EHE(x=MANN,y=FRAU)$\wedge$ BRU(z = BN,x = GN) $\rightarrow$ SCHW(z = SN-1,y = SN-2)

(9) EHE(x=MANN,y=FRAU)$\wedge$ BRU(z = BN,y = GN) $\rightarrow$ SCHW(z = SN-1,x = SN-2)

(10) MUT(x =MN,y =KN) $\wedge$ BRU(z = BN,x = GN) $\rightarrow$ ONK(x = ON,y = NN)

(11) TAN(z = TN,x = NN) $\wedge$ EHE(v = MANN,z = FRAU)$\rightarrow$ ONK(v = ON,x = NN)

(12) VAT(x = VN,y = KN) $\wedge$ VAT(y = VN,z = KN) $\rightarrow$ OPA(x = OPA,z = ENK)

(13) OPA(x = OPA,z = ENK) $\wedge$ EHE(x = MANN,y = FRAU)$\rightarrow$ OMA(y = OMA,z =ENK)

Bem. 1. Wir schreiben Terme in den deduktiven Regeln im Gegensatz zur bisherigen Form in der üblichen QUEL-Notation "x=A", wobei x *Verbundvariable* heisst und A ein Attributname ist.

2. Dieses Beispiel enthält Fälle direkter Rekursion (Regeln (1) und (3)), Fälle indirekter Rekursion (etwa die Regeln (7) und (11)) und Fälle rekursionsfreier Verankerung durch Basis-Relationen über eine oder mehrere Regeln (etwa die Regeln (6) und (8)).

3. Wir sehen an den Regeln (1) bis (4), dass eine virtuelle Relation (in diesem Fall VORFAHR) durchaus an mehreren Zyklen beteiligt sein kann (in obigem Beispiel liegen Rekursionen in (1) und (3) vor). Dies widerspricht aber nicht der Forderung 5 bezüglich "Syntax und Semantik deduktiver Regeln" zu Beginn dieses Abschnitts. Dort werden nur deduktive Regeln ausgeschlossen, bei denen mehr als eine virtuelle Relation auf der linken Seite einer Regel an Rekursionen beteiligt ist.

4. Die Regeln (1) - (3) definieren nicht alle virtuellen Regeln "vollständig", was z.B. das Fehlen des "Opas mütterlicherseits" aufzeigt. Wir diskutieren Probleme der Auswahl und Vollständigkeit deduktiver Regeln noch in Abschnitt 6.5.2.

6.3.3.2. Die Realisierung von IDB-COMPILER

IDB-COMPILER ist ein dialogorientiertes Programm, das dem Wissensbasis-Administrator über eine Menüauswahl auf dem Bildschirm folgende sieben Funktionen anbietet:

a) *IDB-Auswahl* durch Frage an den Wissensbasis-Administrator, welche DB gewünscht wird. Es können nämlich verschiedene DB mit einem jeweils fest zugeordneten Paket deduktiver Regeln verwaltet werden. Auf die durch die DB-Angabe implizit ausgewählte IDB beziehen sich dann die folgenden Funktionen.

b) *Bildschirm-Ausgabe* der (temporär gültigen) deduktiven Regeln.

c) *Eingeben* neuer deduktiver Regeln.

d) Löschen bestehender deduktiver Regeln.

e) *Drucker-Ausgabe* der (temporär gültigen) deduktiven Regeln.

f) *Bearbeitung* des (durch Operationen unter b) und c)) geänderten Pakets deduktiver Regeln zur *Erzeugung* einer neuen SCHNITTSTELLE und eines neuen DW.

g) *Beendigung* der Sitzung.

Bem. 1. Mit der Möglichkeit zur Auswahl einer DB durch die Funktion a) wird Punkt 6 des Anforderungskatalogs aus 6.2.2. erfüllt.

2. *Inkonsistenzen* zwischen IDB einerseits und SCHNITTSTELLE bzw. DW andererseits sind in der derzeitigen DEDUDAB-Version nicht ausgeschlossen. Dies sollte durch Zusammenfassung der Funktionen f) und g) bei einem Redesign korrigiert werden, indem HILFS-IDB in IDB nur kopiert wird, wenn auch SCHNITTSTELLE und DW verändert werden.

3. Die mit b) bis f) bezeichneten Funktionen können in einer Sitzung wiederholt angewendet werden. Der Wissensbasis-Administrator wird auf den noch fehlenden Aufruf von f) hingewiesen, wenn er die Sitzung ohne Erzeugung einer neuen SCHNITTSTELLE mit der Funktion g) beenden will.

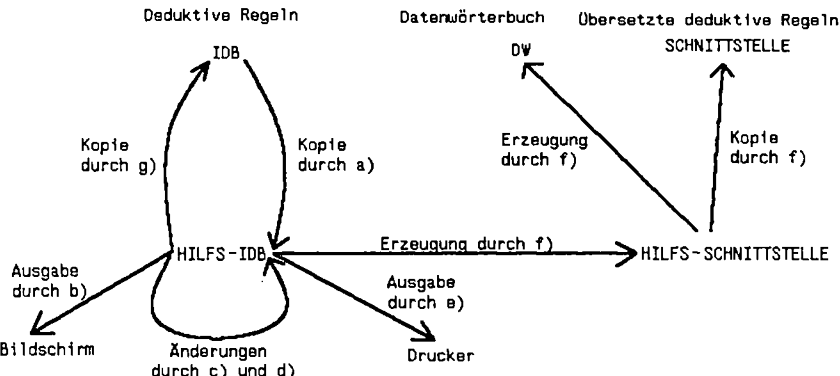

Abb. 30 Änderung und Übersetzung deduktiver Regeln

Abb. 30 veranschaulicht die Arbeitsweise von IDB-COMPILER. In UNIX-Files sind die deduktiven Regeln (IDB), das Datenwörterbuch (DW) und die übersetzten deduktiven Regeln (SCHNITTSTELLE) gespeichert. IDB-COMPILER manipuliert deduktive Regeln in einer temporären Datenstruktur HILFS-IDB, erzeugt eine temporäre Datenstruktur HILFS-SCHNITTSTELLE und ändert nach Prüfung syntaktischer und semantischer Tests SCHNITTSTELLE und DW.

a): *IDB-Auswahl*
Durch Angabe eines DB-Namens wird implizit die zugehörige IDB ausgewählt und sofort in HILFS-IDB kopiert.

b): *Bildschirm-Ausgabe der Regeln*
Hier erfolgt eine einfache Auflistung der deduktiven Regeln, wie sie das Beispiel der Regeln (1) bis (13) zeigt. Es gibt aber bereits eine Testversion von IDB-COMPILER, die eine graphische Ausgabe der Regeln unterstützt. Dabei werden die Zusammenhänge zwischen den Relationen und Attributen bezüglich ihrer Ersetzbarkeit in Form von Netzen veranschaulicht, die Changs komplexen Verbindungsgraphen vergleichbar sind. Dieser Ansatz bietet bei konsequenter Weiterentwicklung dem Wissensbasis-Administrator wertvolle Hilfe bei Entwurfsentscheidungen, erleichtert das Update deduktiver Regeln und erfüllt damit Punkt 2 des Anforderungskatalogs aus 6.2.2. besser.

c): *Eingeben neuer Regeln*
Beim Einlesen neuer deduktiver Regeln werden syntaktiche Routinen durchlaufen und bei erkannten Fehlern Korrekturen erbeten. Im wesentlichen werden die oben unter "Syntax und Semantik der deduktiven Regeln" angegebenen Tests Nr. 1 (Einhaltung der Horn-Form), Nr. 6 (Prüfung der Verbundvariablen), Nr. 7 (Kontrolle der Attributmengen) und Nr. 8 (Respektierung pragmatischer Beschränkungen) durchgeführt.

d): *Löschen bestehender Regeln* ·
Hier wird nach den Nummern der zu löschenden deduktiven Regeln gefragt.

e): *Drucker-Ausgabe der Regeln*
Diese Funktion ist i.a. erst vor Beendigung einer Sitzung sinnvoll, um "schwarz auf weiss" den aktuellen Stand der deduktiven Regln zu haben.

f): *Erzeugung* einer neuen SCHNITTSTELLE und eines neuen DW
Die vom Wissensbasis-Administrator durchgeführten Änderungen haben zu einer HILFS-IDB geführt, die i.a. nicht konsistent zu SCHNITTSTELLE bzw. DW ist. Deshalb werden zunächst HILFS-SCHNITTSTELLE und nach Erfüllung semantischer Tests SCHNITTSTELLE und DW erzeugt. Dies geschieht in folgenden Schritten:

1. Umfangreiche semantische Tests (vergleiche "Syntax und Semantik der deduktiven Regeln"), u.a.
   - Ausschluss hybrider Relationen (Test Nr. 2),
   - Prüfung auf Verankerung (Test Nr. 3),
   - Kontrolle bezüglich auftretender Zyklen (Test Nr. 5).

2. Parallel zu 1. Erzeugung von HILFS-SCHNITTSTELLE.

3. Ausgabe von Fehlermeldungen oder Erzeugung einer neuen SCHNITTSTELLE und eines neuen DW:
   - sind keine Fehler bei den semantischen Tests entdeckt worden, wird die vorliegende HILFS-SCHNITTSTELLE in die eigentliche, dann aktuelle SCHNITTSTELLE kopiert und das DW aktualisiert,

- sind jedoch Fehler bei den semantischen Tests aufgedeckt worden, werden Fehlermeldungen ausgegeben, HILFS-SCHNITTSTELLE gelöscht und die alte SCHITTSTELLE sowie das bestehende DW beibehalten.

g): *Beendigung der Sitzung*
Hier erfolgt der Abschluss der Sitzung mit Erzeugung einer neuen IDB und evtl. Hinweisen auf inkorrekten Bestand deduktiver Regeln bzw. nicht durchgeführter Erzeugung einer neuen SCHNITTSTELLE.

6.3.3.3. SCHNITTSTELLE - Brücke zwischen IDB-COMPILER und QUERY-GENERATOR

SCHNITTSTELLE ist das im IDB-COMPILER erzeugte File, das das Ergebnis der Übersetzung der deduktiven Regeln enthält und als Eingabe für QUERY-GENERATOR zur Verfügung steht. Wir stellen den Aufbau von SCHNITTSTELLE anhand der im obigen Abschnitt vorgestellten HILFS-SCHNITTSTELLE (in C-Syntax) dar:

```
STRUCT SCHNITTSTELLE
{char REGEL-NR [2];          (A)
char REGEL-VERWEIS [2];      (B)
char VIRT-REL [7];           (C)
char ATTRIBUT [7];           (D)
char ERSETZUNG [18];         (E)
char QUALIFIKATION [37];     (F)
char FORSETZUNG [1];         (G)
char VERANKERUNG [120];}     (H)
```

Die Bedeutung der mit (A) bis (H) bezeichneten Elemente von SCHNITTSTELLE erläutern wir anhand der deduktiven Regeln (5), (7), (11), (12) und (13), die wir aus den 13 Regeln in Abschnitt 6.3.3.1 ausgewählt haben. Wenn wir die in diesen Regeln verwendeten Relationennamen der jeweils linken Seite durch einen Zusatz eindeutig machen und die Regeln (5), ..., (13) nun als (5'), ..., (13') bezeichnen, erhalten wir:

$$(5')\ \text{VAT\_01}(x=VN,y=KN) \quad \wedge \text{BRU\_02}(z=BN,x=GN) \quad \rightarrow \text{ONK}(z=ON,y=NN)$$
$$(7')\ \text{ONK\_03}(x=ON,y=NN) \quad \wedge \text{EHE\_04}(x=MANN,z=FRAU) \rightarrow \text{TAN}(z=TN,y=NN)$$
$$(11')\text{TAN\_05}(z=TN,x=NN) \quad \wedge \text{EHE\_06}(v=MANN,z=FRAU) \rightarrow \text{ONK}(v=ON,x=NN)$$
$$(12')\text{VAT\_07}(x=VN,y=KN) \quad \wedge \text{VAT\_08}(y=VN,z=KN) \quad \rightarrow \text{OPA}(x=OPA,z=ENK)$$
$$(13')\text{OPA\_09}(x=OPA,z=ENK) \wedge \text{EHE\_10}(x=MANN,y=FRAU) \rightarrow \text{OMA}(y=OMA,z=ENK)$$

Der Zusatz zur eindeutigen Benennung der Relation ist mit der in Kapitel 4 vorgestellten *Standardisierung* von IDB-Klauseln vergleichbar. Dort bestand die Standardisierung in der Disjunktheit der Variablen, während wir hier den gleichwertigen Weg der Disjunktheit der Relationennamen gewählt haben. Die Gleichheit unterschiedlich benannter Relationen wird durch Listen im DW gesichert, in der die verschiedenen Bezeichnungen semantisch gleicher Relationen festgehalten sind.

Wir erklären nun spaltenweise von (A) bis (H) die Bedeutung der Strukturelemente von SCHNITTSTELLE (siehe Tab. 31), in die wir zusätzlich als erste Spalte Zeilennummern von 1 bis 12 eingefügt haben.

Zeile	A	B	C	D	E	F	G	H
1	01	03	ONK	ON	BRU_02.BN	BRU_02.GN = VAT_01.VN		
2	01	03	ONK	NN	VAT_01.KN	BRU_02.GN = VAT_01.VN		
3	02		TAN	TN	EHE_04.FRAU	ONK_03.ON = EHE_04.MANN		020302** 0201VV
4	02		TAN	NN	ONK_03.NN	ONK_03.ON = EHE_04.MANN		020302** 0201VV
5	03		ONK	ON	EHE_06.MANN	TAN_05.TN = EHE_06.FRAU		030203** 030201VV
6	03		ONK	NN	TAN_05.NN	TAN_05.TN = EHE_06.FRAU		030203** 030201VV
7	04		OPA	OPA	VAT_07.VN	VAT_07.KN = VAT_08.VN		
8	04		OPA	ENK	VAT_08.KN	VAT_07.KN = VAT_08.VN		
9	05		OMA	OMA	EHE_10.FRAU	VAT_07.VN = EHE_10.MANN	*	
10	05		OMA	OMA	EHE_10.FRAU	VAT_07.KN = VAT_08.VN		
11	05		OMA	ENK	VAT_08.KN	VAT_07.VN = EHE_10.MANN	*	
12	05		OMA	ENK	VAT_08.KN	VAT_07.KN = VAT_08.VN		

Tab. 31 Tabellarische Darstellung von SCHNITTSTELLE

(A) REGEL-NR: Hier steht die interne Nummer der deduktiven Regel, auf die sich die nachfolgenden Eintragungen in der Zeile beziehen: 01 entspricht z.B. der Regel (5'), 02 der Regel (7'), ..., 05 der Regel (13').

(B) REGEL-VERWEIS: Wenn zu der in dieser Zeile beschriebenen deduktiven Regel noch weitere Regeln mit der gleichen virtuellen Relation auf der rechten Seite existieren, wird der Verweis auf die nächste entsprechende REGEL-NR notiert. Im Beispiel wird ausser in Regel 01 auch noch in Regel 03 die virtuelle Relation ONK definiert. Deshalb setzen wir in Spalte (B) der Zeilen 1 und 2 den Verweis auf diese Regel.

(C) VIRT-REL: Hier steht der Name der virtuellen Relation, die rechte Seite der gerade beschriebenen deduktiven Regel ist.

(D) ATTRIBUT: In jeder Zeile der SCHNITTSTELLE kann nur ein Attribut einer virtuellen Relation spezifiziert werden. Deshalb steht in Zeile 1 das Attribut ON und in Zeile 2 das Attribut NN von ONK. Mitunter muss sogar ein Attribut durch mehr als eine Zeile erklärt werden und steht dann (siehe (G)) auch noch in einer Folgezeile (vergleiche Zeilen 9 und 10 bzw. 11 und 12).

(E) ERSETZUNG: Hier notieren wir, durch welches Attribut einer Relation der linken Regelseite das in (D) stehende Attribut der virtuellen Relation bei einem Ableitungsschritt ersetzt werden soll. In Zeile 1 bedeutet der Eintrag "BRU_02.BN", dass das 1. Attribut (BN) der Relation BRU_02 das Attribut ON (durch Spalte (D) spezifiziert) in der virtuellen Relation ONK (siehe Spalte (C)) ersetzen soll. In der ursprünglichen Form der deduktiven Regeln wird dies durch die Vergabe gleicher Verbundvariablen festgelegt.

Bem. Die in (E) und (F) stehenden Eintragungen enthalten u.a. Angaben zu den bei einem Ableitungsschritt notwendigen Variablenersetzungen anhand von Ersetzungspaaren, was der korrekten Umformung von Klauseln in den Ableitungsstrategien eines RWB entspricht.

(F) QUALIFIKATION: Die Spalte (F) enthält Angaben über die für die Ersetzung notwendigen Beziehungen der Relationen. So sagt die Zeile 1 aus, dass die Ersetzung aus (E) nur durchgeführt werden darf, wenn der Wert des 1. Attributs (VN) der Relation VAT_01 mit dem Wert des 2. Attributs (GN) der Relation BRU_02 übereinstimmt. Durch die Eintragung entsprechender Vergleichsoperatoren wie "<", "$\geq$", usw. können auch andere als der Gleichheitsoperator für eine Qualifikation verwendet werden.

Wichtig ist, dass bei nicht-rekursiven virtuellen Relationen die Qualifikationen vollständig bis zu ihrer Verankerung durch Basis-Relationen auch über mehrere Regeln hinweg notiert werden. Wir sehen dies in den Zeilen 9 und 10 bzw. 11 und 12. Die nicht-rekursive virtuelle Relation OMA erfordert für die Ersetzung ihres 1. Attributs OMA die Qualifikation der Regel (13'), nämlich die, dass die jeweils ersten Attribute in OPA_09 und EHE_10 gleiche Werte besitzen. Da aber OPA selbst wieder eine virtuelle Relation aus Regel (11') ist, wird die Qualifikation direkt mit Attributen der Basis-Relation VAT ausgedrückt.

(G) FORTSETZUNG: Wegen der Beschränkung des Qualifikationsteils auf 37 Stellen wird bei einer längeren Qualifikation durch den Eintrag des Zeichens "*" in Spalte (G) ermöglicht, die Erklärung der Qualifikation für das gleiche Attribut aus Spalte (E) in der nächsten Zeile fortzusetzen. Beispiele dafür zeigen die Zeilen 9 und 11.

(H) VERANKERUNG: Diese Spalte enthält die für den Übersetzungsansatz charakteristischen Informationen über die Ableitbarkeit rekursiver virtueller Relationen. Während wir in QUALIFIKATION (Spalte (F)) die Ableitungen aller nicht-rekursiven virtuellen Relationen mit Hilfe von Basis-Relationen vollständig darstellen, repräsentiert die Spalte VERANKERUNG die bei einem Rekursionsschritt rekursiver Relationen durchführbaren Ableitungen. Diese Eintragungen zeigen besonders deutlich die Entsprechungen zu den IDB-Resolventen bzw. einfachen Verbindungsgraphen.

In den Zeilen 3 bis 6 sehen wir die für DEDUDAB gewählte Form der Rekursionsdarstellung. Rekursionsfolgen werden jeweils durch "**" codiert, Verankerungsfolgen durch "VV" codiert abgeschlossen.

Der Ausdruck "020302** 0201VV" in Zeile 3 besagt z.B., dass man einerseits eine rekursive Ableitung durch Verfolgung der Regeln 02, dann 03 und dann wieder 02 durchführen kann (siehe Abb. 32), andererseits eine Verankerung durch Basis-Relation über die Regelfolge 02 und dann 01 möglich ist (siehe Abb. 33).

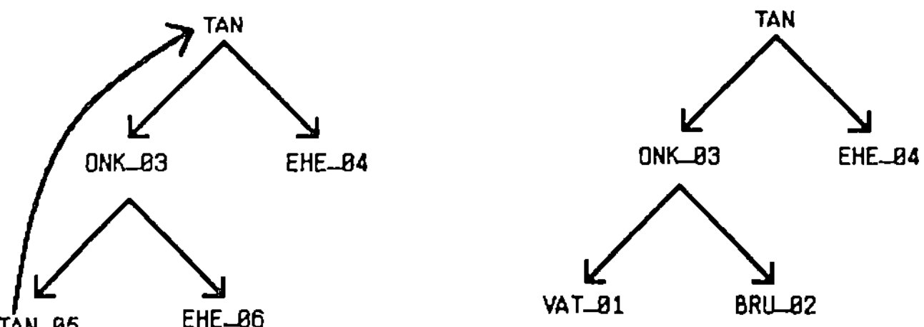

Abb. 32 Rekursiver Verbindungsgraph   Abb. 33 Nicht-rekursiver Verbindungsgraph

Eine um einen Schritt längere Verankerungsfolge zeigen die Zeilen 5 und 6. Die Graphen der Abb. 32 und 33 unterscheiden sich von den früher vorgestellten Verbindungsgraphen durch die fehlenden Variablen (die in den Spalten (D) bis (F) notiert sind) und die fehlende Zusammenfassung der wurzelgleichen Graphen.

6.3.4. QUERY-GENERATOR

6.3.4.1. Die Realisierung von QUERY-GENERATOR

QUERY-GENERATOR (vergl. Abb. 29) als zweites Hauptprogramm der deduktiven Komponente realisiert die eigentliche *Wissensbereitstellung* von DEDUDAB und bedient sich ggf. der von IDB-COMPILER erzeugten SCHNITTSTELLE. Bei einer von ANALYSATOR übergebenen Abfrage ist zunächst die Entscheidung zu treffen, ob nur *Basis-Relationen* oder auch eine *virtuelle Relation* abgefragt wird (Prüfung anhand des DW).

Für den ersten Fall geschieht eine einfache Weitergabe der Abfrage an INGRES und nach erfolgter Beantwortung der Rücksprung zu ANALYSATOR.
Im zweiten Fall erfolgt eine Überprüfung, ob die Abfrage schon durch eine temporär verfügbare virtuelle Relation aus VIRT beantwortbar ist. Wenn ja, so ist die Beantwortung ohne INGRES-Aufruf möglich. Wenn nein, so ist ein *Ableitungs- und Suchverfahren* einzuleiten.

Zum Speichern und Abfragen temporär verfügbarer virtueller Relationen lassen sich Verfahren verwenden, die wir im Abschnitt 4.4. ("Redundante Speicherung von Klauseln auf der DK-Ebene") als *Generierungsansatz* temporärer VIRT-Klauseln vorgestellt haben. Während einer Sitzung werden abgeleitete Tupel virtueller Relationen an Pseudo-Tupel (vergleichbar den Pseudo-VIRT-Klauseln) gekoppelt. Da sich diese Algorithmen in einem experimentellen Stadium befinden, sollen sie im weiteren nicht mehr diskutiert werden, da sie für die Funktionalität von DEDUDAB auch nicht notwendig sind.

Das Ableitungs- und Suchverfahren verwendet die nachfolgend kurz vorgestellte Strategie. Anhand der SCHNITTSTELLE werden für die Abfrage nach einer virtuellen Relation in einem *Vollständigen Breitendurchlauf* (VB) zeilenweise alle direkten Ersetzungen, Verankerungsfolgen und Rekursionsfolgen zu jeweils nur einem getrennten INGRES-Aufruf mit einer entsprechenden QUEL-Abfrage genutzt. Aufgrund der im Qualifikationsteil der SCHNITTSTELLE-Zeile stehenden Angaben erfolgt das Suchen nach qualifizierten Tupeln von Basis-Relationen in der INGRES-DB. Die so beantworteten Tupel virtueller Relationen werden in einem temporären File (VIRT) mit dem Namen der virtuellen Relation gespeichert, stehen als neue Abfragen für weitere INGRES-Aufrufe zur Verfügung und erlauben somit die notwendige rekursive Verwendung.
Der Algorithmus terminiert, wenn für eine komplette Stufe des VB die Tupelmenge des temporären File konstant geblieben ist, d.h. es sind durch alle überhaupt möglichen Ableitungsschritte einer Stufe keine neuen Tupel einer virtuellen Relation geliefert worden.
Erst dann wird die Abfrage durch Durchsuchen des temporären File beantwortet und an ANALYSATOR zurückgegeben.

Bem. 1. Ein Beweis der *Vollständigkeit* der Strategie und die programmtechnische Realisierung sind dem Projektgruppen-Abschlussbericht ([APB1]) zu entnehmen.

2. QUERY-GENERATOR erlaubt auch die Verwendung der *Built-In-Funktionen* bei Abfragen nach geeigneten virtuellen Relationen und erfüllt damit eine Forderung aus Punkt 1 des Anforderungskatalogs in Abschnitt 6.2.2.

3. Die *Ableitungs- und Suchstrategie* von QUERY-GENERATOR nutzt nicht konsequent die durch die Informationen aus SCHNITTSTELLE gebotenen Möglichkeiten zu selteneren, wenn auch komplexeren INGRES-Aufrufen, da etwa Abfragen bezüglich direkter Ersetzung, Verankerungsfolgen und Rekursionsfolgen nicht in einem Aufruf zusammengefasst werden. Die Begründung für diese Vernachlässigung des Punktes 4 aus dem Anforderungskatalog gibt der folgende Abschnitt.

6.3.4.2. INGRES-Tests und die Auswirkung auf die Ableitungs- und Suchstrategie

Die in einem frühen Projektstadiun durchgeführten Laufzeittests und die aus den Ergebnissen zu folgernden Entscheidungen für die Ableitungs-und Suchstrategie von QUERY-GENERATOR fassen wir wie folgt zusammen:

1. Bei einem "reinen" *INGRES-Test* zu Beginn des Projekts verwendeten wir folgende DB:

Relation	Anzahl der Attribute	Anzahl der Tupel
LIEFERANT	4	5
TEIL	4	6
PROJEKT	3	7
MENGE	4	24

Diese wirklich minimale "Datenbank" brachte bereits bei einfachen Retrieve-Kommandos, etwa einem Join über LIEFERANT und MENGE, eine Ausführungszeit von ca. 40 Sekunden! Komplexe Abfragen über mehrere Relationen führten bereits zu Antwortzeiten im Minutenbereich. Eine Begründung für diese unbefriedigenden Laufzeiten haben wir bereits unter Punkt 3 in Abschnitt 6.2.1. gegeben.

2. Es wurde vor allem deutlich, dass *komplexere RETRIEVE-Befehle* ein unverhältnismässig starkes Anwachsen der Laufzeit implizieren. Es ist deshalb für einen INGRES-Benutzer vorteilhafter, selbst die Operationen der Relationenalgebra einzeln mit Erzeugung von Zwischenrelationen durchzuführen, als dies durch einen INGRES-Aufruf mit komplexer Abfrage zu realisieren, da die eingesparten INGRES-Aufrufe durch die von komplexeren Abfragen zusätzlich benötigte Laufzeit mehr als kompensiert werden.

Aufgrund dieser beiden Punkte fiel für das Projekt die Entscheidung, die Ableitungs- und Suchstrategie von QUERY-GENERATOR für die zu implementierende DEDUDAB-Version nicht auf eine stärkere Ausnutzung des *Übersetzungsansatzes* hin zu entwickeln.

Allerdings finden sich Konzepte für eine verbesserte - im Sinne stärkerer Betonung des Übersetzungsansatzes - Ableitungs- und Suchstrategie in Abschnitt 6.5., die bei besseren Randbedingungen eingesetzt werden sollte.

6.4. Test und Bewertung

6.4.1. Durchgeführte Tests

DEDUDAB hat eine *stabile Funktionalität* erreicht und erfüllt alle im Anforderungskatalog in Abschnitt 6.2.2. aufgezählten Forderungen, wenn auch nicht immer im qualitativ gewünschten Umfang (zu möglichen Verbesserungen siehe Abschnitt 6.5.). Neben der Prüfung der funktionalen Korrektheit standen Laufzeituntersuchungen im Mittelpunkt der Tests. Die *Laufzeittests* bezogen sich auf die durch IDB-COMPILER, UPDATE und QUERY-GENERATOR erfüllten Funktionen von DEDUDAB, während die QUEL-Befehle CREATE, HELP, INDEX und MODIFY bezüglich der entscheidenden Laufzeitfragen keine Bedeutung haben.

IDB-COMPILER benötigt zum Anlegen von IDB, SCHNITTSTELLE und DW je nach Umfang und Komplexität des Pakets deduktiver Regeln und aktueller Rechnerauslastung ca. 10 - 150 Sekunden, für das Beispiel aus 6.3.3.1. z.B. ca. 20 Sekunden. Dies ist eine *unkritische Grössenordnung*, da IDB-COMPILER nur bei Änderung der deduktiven Regeln aufgerufen wird.

UPDATE hat ebenfalls *kurze Laufzeiten*, da keine Überprüfung semantischer Integritätsbedingungen erfolgt.

Insofern ist für die Akzeptanz von DEDUDAB unter Laufzeitgesichtspunkten nur QUERY-GENERATOR interessant. Natürlich war von vornherein klar, dass wegen der bereits geschilderten INGRES-Laufzeiten, insbesondere auf der verfügbaren Rechnerkonfiguration, die Wissensbereitstellung von DEDUDAB nicht akzeptabel ist.

Wichtig für die Bewertung und ein evtl. Redesign von QUERY-GENERATOR sind aber Erkenntnisse über die Laufzeit von QUERY-GENERATOR abzüglich der "reinen" INGRES-Laufzeit. Die bei den nachfolgend aufgezählten Tests verwendeten *deduktiven Regeln* sind die in 6.3.3.1. vorgestellten 13 Regeln zu Verwandtschaftsbeziehungen, die Abfragen nach drei Basis-Relationen (VATER, MUTTER und BRUDER) und sieben virtuellen Relationen (VORFAHR, ONKEL, EHEPARTNER, TANTE, SCHWAGER, OPA und OMA) erlauben. Dieses Paket deduktiver Regeln beinhaltet zwar verschiedenen Formen direkter und indirekter Rekursion, unterliegt aber folgenden Beschränkungen: alle Relationen haben zwei Attribute, die längste indirekte Rekursion hat die Länge zwei (bei ONK und TAN), maximal zwei Rekursionen treten parallel auf (bei VORF) und die längste Verankerung geht über zwei Regeln (bei SCHW, OMA und OPA).

Die drei *Basis-Relationen* stehen in vier, aus Zeitgründen automatisch erzeugten Test-DB zur Verfügung:

Test-DB	Tupelanzahl pro Relation	Gesamtzahl der DB-Tupel
A	400	1200
B	800	2400
C	1600	4800
D	3200	9600

Gestestet wurden *Abfragen* der Form R(a, b), wobei R der Name einer der drei Basis- oder sieben virtuellen Relationen ist und a und b Konstante sind. Es wurden Abfragen mit leerer und nicht-leerer Antwortmenge ausgewählt. Komplexere Abfragen (z.B. ein Join virtueller Relationen) wurden aus Laufzeitgründen nicht getestet.

Die Testreihe in Tab. 34 stellt einen repräsentativen Querschnitt der durchgeführten Tests dar und ist wie folgt aufgebaut.

Testfall : enthält eine fortlaufende Numerierung, wobei der Zusatz '*' einen "tagsüber" unter sehr unterschiedlichen - i.a. nicht exklusiv - Bedingungen, der fehlende Zusatz eines '*' einen "nachts" exklusiv durchgeführten Test anzeigt,
Relation : gibt die abgefragte Relation an,
Test-DB : weist die verwendete Test-DB aus,
Q-G : enthält die Laufzeit von QUERY-GENERATOR ohne INGRES-Laufzeit,
INGRES : zeigt die INGRES-Laufzeit,
Gesamtzeit : addiert die Zeiten von Q-G und INGRES.

Die in Q-G, INGRES und Gesamtzeit angegebenen Laufzeiten sind als Std./Min./Sek. zu lesen!

Testfall	Relation	Test-DB	Q-G	INGRES	Gesamtzeit
1	MUTTER	A	0.04	0.19	0.23
2*	MUTTER	C	0.09	0.42	0.51
3*	VATER	B	0.05	0.22	0.27
4*	VATER	D	0.05	0.59	1.04
5*	BRUDER	A	0.07	0.17	0.24
6*	BRUDER	D	0.09	1.24	1.33
7*	OPA	A	0.10	2.47	2.57
8	OPA	B	0.09	3.19	3.28
9	OPA	C	0.10	8.51	9.01
10	OPA	D	0.10	22.24	22.34
11*	VORFAHR	A	2.12	1.09.50	1.12.02
12	VORFAHR	B	1.46	52.15	54.01
13	VORFAHR	C	1.53	2.00.55	2.02.48
14	VORFAHR	D	2.15	7.35.50	7.38.05
15*	OMA	A	0.13	24.11	24.24
16	OMA	B	0.10	22.02	22.12
17	OMA	C	0.10	1.01.10	1.01.20
18	OMA	D	0.13	4.20.53	4.21.06
19*	TANTE	A	0.26	2.42	3.08
20	TANTE	B	0.23	2.48	3.11
21	TANTE	C	0.20	5.17	5.37
22	TANTE	D	0.21	19.45	20.06

Tab. 34 DEDUDAB-Testergebnisse

6.4.2. Bewertung

Die insgesamt durchgeführten Test, von denen in Tab. 34 nur ein geringer Teil dargestellt ist, genügen sicher nicht den Anforderungen, die man an Tests von Software-Systemen stellt. Die hohen Laufzeiten, Interessen anderer PDP11-Benutzer und die beschränkte Projektdauer verhinderten umfangreichere Testreihen.

Wenn auch die *Abhängigkeit der Laufzeit* von verschiedenen Parametern - wie etwa Komplexität der gestellten Abfrage - nicht systematisch erfasst wurde, lassen sich dennoch einige wesentliche Aussagen und Bewertungen treffen:

a) Die Laufzeiten von QUERY-GENERATOR liegen durchschnittlich im Minuten- bis Stundenbereich und machen DEDUDAB bei dieser "Umgebung" zu einem in der Praxis *nicht akzeptablen System.*

b) Die Laufzeiten steigen drastisch mit der *DB-Grösse* bzw. der Anzahl der ableitungs-relevanten Relationen. Im Durchschnitt lassen sich folgende Faktoren der Laufzeitsteigerung bei jeweiliger Verdopplung der Tupelanzahl feststellen:

- von 1200 auf 2400 Tupel Faktor 1,5,
- von 2400 auf 4800 Tupel Faktor 2,5,
- von 4800 auf 9600 Tupel Faktor 3.

Bei der Verachtfachung der Tupelanzahl tritt also ungefähr eine Verelffachung der Laufzeit ein. Der Anstieg der Laufzeiten scheint insgesamt (1,5 auf 2,5 und 2,5 auf 3) überproportional zum Anstieg der Tupelanzahl zu sein.

c) Die Laufzeiten hängen kaum davon ab, ob man den Rechner *exklusiv* nutzt oder nicht (Testfälle mit '*'). Unter zusätzlicher Auswertung von hier nicht dokumentierten Testfällen ist dabei mit einer Laufzeitsteigerung von lediglich ca. 15% zu rechnen.

d) Abfragen nach *rekursiven* virtuellen Relationen (siehe VORFAHR-Beispiel in Testfällen 11 bis 14) führen erwartungsgemäss zu hohen Laufzeiten. Die Testfälle 15 bis 18 zur *nicht-rekursiven* Relation OMA zeigen überraschend hohe, die Testfälle 19 bis 22 zur rekursiven Relation TANTE hingegen erstaunlich niedrige Laufzeiten (natürlich immer relativ zu den übrigen Laufzeiten). Dies ist durch die *Zufälligkeit* gestellter Abfragen und relevanter Relationen erklärlich.

Gleiche und zusätzliche Tests mit deutlich leistungsstärkerer Rechnerunterstützung sind unbedingt notwendig, um eine abschliessende Bewertung durchführen zu können. Wenn diese Tests in einer verbesserten Hardewareumgebung ebenfalls noch unbefriedigende Laufzeiten erbringen, sollte DEDUDAB auf einem anderen DB-System als INGRES implementiert werden. Erst dann sind Tests *realistischer DB-Grössen* und *komplexerer Abfragen* möglich, die auch die Qualität der bisherigen Ableitungs- und Suchstrategien prüfen und Erweiterungen (oder Beschränkungen) dieser Strategie nahelegen.

Die Integration eines anderen DB-Systems als INGRES in DEDUDAB scheint uns relativ problemlos, da die gute Modularität und eine weitgehend maschinenunabhängige Realisierung von Schnittstellen die Portabilität unterstützen.

6.5. Gesichtspunkte der Weiterentwicklung

In Abschnitt 6.5.1. stellen wir eine weitergehende *Ableitungs- und Suchstrategie* für QUERY-GENERATOR vor, die den Übersetzungsansatz stärker ausnutzt.

6.5.2. enthält Überlegungen zum *EDB/IDB-Problem*: welche Relationen sollten als Basis-, welche als virtuelle Relation mit geeigneter Auswahl deduktiver Regeln vereinbart werden? Vorbereitend beschreiben wir dazu das verwandte *IDB/SB-Problem*: welche Aussagen über den durch die DB modellierten Weltausschnitt sollten als deduktive Regeln, welche als semantische Integritätsbedingungen verstanden werden?

6.5.1. Eine weiterghende Ableitungs- und Suchstrategie für QUERY GENERATOR

Die Intention der neuen Ableitungs- und Suchstrategie ist die stärkere *Ausnutzung des Übersetzungsansatzes*, um seltenere, wenn auch komplexere DB-Aufrufe zu erreichen. Diese Form der Beantwortung von Abfragen nach virtuellen Relationen soll Punkt 4 des Anforderungskatalogs aus Abschnitt 6.2.2. wesentlich besser als die vorliegende DEDUDAB-Implementierung berücksichtigen.

Wir beschreiben eine Realisierung des neuen Konzepts auf der Grundlage von QUERY-GENERATOR, SCHNITTSTELLE und IDB-COMPILER der bisher vorgestellten DEDUDAB-Version, da diese deduktive Komponente unabhängig von der Basis INGRES ist und relativ problemlos auf ein anderes relationales DB-System aufgesetzt werden kann. Wenn wir also nachfolgend von QUERY-GENERATOR sprechen, ist damit ein mit der neuen Strategie arbeitender Programmteil gemeint, der sich anstelle des in DEDUDAB realisierten QUERY-GENERATOR einsetzen lässt. Die horizontale (zu SCHNITTSTELLE und IDB-COMPILER) und vertikale (zum basierenden DB-System INGRES) Systemunabhängigkeit von QUERY-GENERATOR unterstreicht die gute Konzeption bei der Modularisierung von DEDUDAB.

Die neue Ableitungs- und Suchstrategie von QUERY-GENERATOR veranschaulichen wir anhand der Regeln (1) bis (4) aus dem vollständigen Paket deduktiver Regeln in Abschnitt 6.3.3.1. Die darin beschriebene virtuelle Relation VORF ist die komplizierteste, da sie eine doppelte Rekursion enthält:

(1) VORF(x = VOR, y = NN) $\wedge$ VAT(y = VN, z = KN) $\rightarrow$ VORF(x = VOR, z = NN)
(2) VAT(x = VN, y = KN) $\rightarrow$ VORF(x = VOR, y = NN)
(3) VORF(x = VOR, y = NN) $\wedge$ MUT(y = MN, z = KN) $\rightarrow$ VORF(x = VOR, z = NN)
(4) MUT(x = MN, y = KN) $\rightarrow$ VORF(x = VOR, y = NN)

IDB-COMPILER erzeugt aus diesen vier Regeln die in Tab. 35 dargestellte SCHNITTSTELLE. Aus Gründen der Übersichtlichkeit verzichten wir auf die Spalten (B) bis (G) und notieren nur die Eintragung von REGEL-NR und VERANKERUNG. Die Fallunterscheidung in VERANKERUNG verwenden wir später.

QUERY-GENERATOR muss nun jede Abfrage nach einer Vorfahr-Beziehung in Abfragen bezüglich der Basis-Relationen VAT und MUT ableiten. Dies geschieht durch eine Ableitungs- und Suchstrategie, die in jedem *Rekursionsschritt* möglichst viele Abfragen zu einem komplexen DB-Aufruf zusammenfasst.

REGEL-NR	...	VERANKERUNG						
01		0101**	0102VV	010301**	010302VV	010303**	010304VV	0104VV
		Fall 1.1	Fall 1.2	Fall 1.3	Fall 1.4	Fall 1.5	Fall 1.6	Fall 1.7
02								
03		030101**	030102VV	030103**	030104VV	0302VV	0303**	0304VV
		Fall 3.5	Fall 3.4	Fall 3.3	Fall 3.6	Fall 3.2	Fall 3.1	Fall 3.7
04								

Tab. 35 Ausschnitt aus SCHNITTSTELLE für die Regeln (1) bis (4)

QUERY-GENERATOR muss nun jede Abfrage nach einer Vorfahr-Beziehung in Abfragen bezüglich der Basis-Relationen VAT und MUT ableiten. Dies geschieht durch eine Ableitungs- und Suchstrategie, die in jedem *Rekursionsschritt* möglichst viele Abfragen zu einem komplexen DB-Aufruf zusammenfasst.

Zur Veranschaulichung nehmen wir als Beispiel die Abfrage nach dem Tupel (a,b) der Relation VORF, d.h. wir suchen nach allen Tupeln der Relation VORF, bei denen der Vorfahr a den Nachfahren b hat. Aufgrund der Kodierung von Verankerungs-und Rekursionsfolgen in SCHNITTSTELLE (siehe Tab. 35) können wir durch einen *1. Rekursionsschritt* die in Abb. 36 dargestellten Vorfahren von b erreichen.

Die *direkte* Verankerung der Vorfahr-Beziehung von a zu b wird durch die Regeln 2 ("a ist Vater von b") und 4 ("a ist Mutter von b") angestrebt. Das zeigt Abb. 36 durch das Einschreiben der Ziffern 2 bzw. 4 in den "Vaterknoten" bzw. in den "Mutterknoten" von b. Damit stellen die im 1. Rekursionsschritt gesuchten Tupel VAT(a, b) und MUT(a, b) den unmittelbarsten Versuch einer Beantwortung der gesuchten Vorfahr-Beziehung dar.

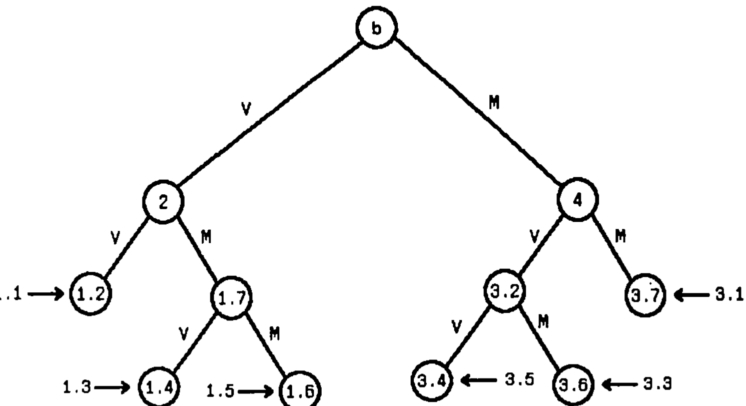

Abb. 36 Durch den 1. Rekursionsschritt erreichbare Vorfahren

Die Eintragung in SCHNITTSTELLE zu den Regeln (1) und (3) zeigt insgesamt acht
mehrschrittige Verankerungen und sechs Rekursionen. Die acht Verankerungen erlauben im 1.
Rekursionsschritt acht konkrete Abfragen nach bestimmten Tupelkombinationen der
Basis-Relationen VAT und MUT, die im positiven Fall die Vorfahr-Beziehung von a zu b
verifizieren. Die mit den entsprechenden Verankerungen verbundenen Abfragen sind in Tab. 37
zusammengestellt.

Fall	Entsprechende Eintragung in in VERANKERUNG	Umgangssprachlich formuliert: "Vorfahr ist:
1.2	0102VV	der Vater des Vaters"
1.7	0104VV	der Vater der Mutter"
1.4	010302VV	der Vater der Mutter des Vaters"
1.6	010304VV	der Vater der Mutter der Mutter"
3.2	0302VV	die Mutter des Vaters"
3.7	0304VV	die Mutter der Mutter"
3.4	030102VV	die Mutter des Vaters des Vaters"
3.6	030104VV	die Mutter des Vaters der Mutter"
2	direkte Ersetzung	der Vater"
4	direkte Ersetzung	die Mutter"

Tab. 37 Durch *einen* Rekursionsschritt lieferbare VORFAHR-Beziehungen

Schliesslich legen die Eintragungen von Rekursionsfolgen in der Spalte VERANKERUNG auch
die Ausgangspunkte für Abfragen des *2. Rekursionsschrittes* fest. Dies sollte aus Effizienzgründen
natürlich so geschehen, dass man nicht im 1. und 2. oder in späteren Rekursionsschritten die
Vorfahr-Beziehung zwischen gleichen Vor- und Nachfahren mehrfach abfragt.

Ob diese angestrebte "Disjunktheit" der gesuchten Vorfahr-Beziehungen zwischen den einzelnen
Rekusionsschritten erreichbar ist, hängt natürlich von der Semantik der deduktiven Regeln ab.
Nicht erreichbar ist sie etwa bei der Verwendung einer zusätzlichen deduktiven Regel (14)
OPA(x = OPA, z = ENK) → VORF(x = VOR, z = NN), da man in verschiedenen

Rekursionsschritten die gleiche Vorfahr-Beziehung (einmal als Opa-Beziehung, später als Vater-Vater- oder Mutter-Vater-Beziehung) überprüfen würde.
Die Regeln (1) - (4) ermöglichen jedoch die Disjunktheit der gesuchten Vorfahr-Beziehungen.

In Abb. 36 sind die für den nächsten Rekursionsschritt vorgesehenen Ausgangspunkte neuer Abfragen durch Pfeile ("n.k"→) gekennzeichnet, wobei "n.k" den in Tab. 38 spezifizierten Fall bezeichnet. Aus "x Vorfahr von b" folgt, dass auch mögliche Vorfahren von x, die im nächsten Rekursionsschritt erreicht werden, Vorfahren von b sind. Tab. 38 veranschaulicht diese Idee, aus dem im i-ten Rekursionsschritt erreichten Vorfahren einen "neuen Nachfahren" für den (i+1)-ten Rekursionsschritt zu machen.

Fall	Entsprechende Eintragung in VERANKERUNG	Umgangssprachlich formuliert: "Wenn x Vorfahr von y ist, ist z Vorfahr von y, wenn z ...
1.1	0101**	der Vater des Vaters von x ist"
1.3	010301**	der Vater der Mutter des Vaters von x ist"
1.5	010303**	der Vater der Mutter der Mutter von x ist"
3.1	0303**	die Mutter der Mutter von x ist"
3.3	030103**	die Mutter des Vaters der Mutter von x ist"
3.5	030101**	die Mutter des Vaters des Vaters von x ist"

Tab. 38 Für weitere Rekursionsschritte vorgesehene neue Nachfahren

Abb. 39 zeigt die durch zwei Rekursionsschritte erreichbaren Vorfahren, wobei zur Vereinfachung gegenüber der Abb. 36 ein "i" in einem Knoten bedeutet, dass dieser Vorfahr im i-ten Rekursionsschritt erreichbar ist. Pfeile an Knoten kennzeichnen die durch den 1. ("1→") bzw. 2. (nur "→") Rekursionsschritt ermittelten Vorfahr-Beziehungen, die in den 2. bzw. 3. Rekursionsschritt eingehen. Nach links führende Kanten sind "Vater-", nach rechts führende Kanten "Mutter-Kanten".

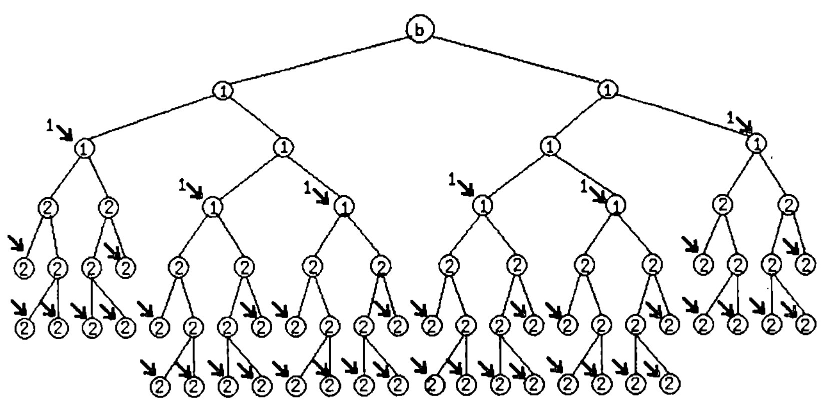

Abb. 39 Durch zwei Rekursionsschritte erreichbare Vorfahren

Wir verdeutlichen die Ableitungs- und Suchstrategie durch die nachfolgende Aufzählung der wesentlichen algorithmischen Schritte für das vorgestellte Beispiel:

1. Im 1. Rekursionsschritt werden zehn mögliche Verfahren von b in der DB gesucht und bei

Auffinden in einer temporären Relation VORF gespeichert.

2. Darunter befinden sich maximal sechs Vorfahren x von b, die als neue Nachfahren für den nächsten Rekursionsschritt verwendet werden.

3. Werden durch 2. keine neuen Nachfahren ermittelt, bricht der Algorithmus ab.

4. Werden durch 2. aber neue Nachfahren x bestimmt, so werden für alle x die Schritte 1. und 2. im nächsten Rekursionsschritt gemeinsam durchgeführt.

5. Erst danach werden wieder die Schritte 3. und 4. realisiert, usw.

6. Der Algorithmus terminiert, wenn - wegen der Endlichkeit der Basis-Relationen VAT und MUT garantiert - in einem Rekursionsschritt keine neuen Vorfahren mehr gefunden werden, d.h. die temporäre Relation VORF konstant bleibt.

7. Schliesslich wird VORF bezüglich der gestellten Abfrage durchsucht, um die gewünschte Beantwortung zu erreichen.

Bem. 1. Wir haben bisher nicht ausgeführt, wie man die durch eine DB-Abfrage gelieferten Tupel eines Rekursionsschrittes dahingehend unterscheidet, welche Tupelmenge (T_1) nur in der temporären Relation VORF gespeichert wird und welche Tupelmenge (T_2) in VORF gespeichert und zusätzlich für den nächsten Rekursionsschritt benötigt wird. Dieses Problem taucht auf, da man der durch einen DB-Abruf gelieferten Tupelmenge nicht entnehmen kann, welche Tupel sich aufgrund welcher Teilabfrage qualifiziert haben. Deshalb sind wir gezwungen, in einem *Rekursionsschritt* jeweils zwei *getrennte DB-Abrufe* durchzuführen, je einen zur Bestimmung der Mengen T_1 und T_2. Die schnell wachsenden Mengen können natürlich dazu führen, dass ein Rekursionsschritt wegen praktischer Beschränkungen der DB-Abfragesprache in mehr als zwei DB-Aufrufe aufgespalten werden muss.

Tab. 40 gibt die durch die vorgestellte Strategie in jedem Rekursionsschritt (mit je zwei DB-Aufrufen) maximal erzeugten Tupel an.

Dabei bezeichnet

R   den Rekursionsschritt,

D   die Anzahl der bis zu diesem Rekursionsschritt einschl. erfolgten DB-Aufrufe,

t_1 die maximale Mächtigkeit der in diesem Rekursionsschritt gebildeten Menge T_1,

Σt_1 die Summe der bis zu diesem Rekursionsschritt einschl. angefallenen Werte t_1,

t_2 die maximale Mächtigkeit der in diesem Rekursionsschritt gebildeten Menge T_2,

t_3 die Summe von Σt_1 und t_2 (entspricht der maximalen Knotenanzahl im Baum ausser der Wurzel).

R	D	t_1	Σt_1	t_2	t_3
1	2	4	4	6	10
2	4	30	34	36	70
3	6	180	214	216	430
4	8	1080	1294	1296	2590
5	10	6480	7774	7776	15550

Tab. 40 Maximal erzeugte VORF-Tupel

Die in Tab. 40 ausgewiesenen Zahlen reduzieren sich sehr stark bei nicht "vollständigem Stammbaum" von Vorfahr-Beziehungen. Man erreicht aber durch fünf Rekursionsschritte (mit zehn DB-Aufrufen) auf jeden Fall Vorfahren über 10 bis 15 Generationen (mindestens zwei und höchstens drei Generationen werden pro Rekursionsschritt überprüft).

2. Die in der implementierten Version von DEDUDAB verwendete Ableitungs- und Suchstrategie des Vollständigen Breitendurchlaufs (vergl. Abschnitt 6.3.) sieht für jede direkte Ersetzung (Regeln 2 und 4), jede Verankerungsfolge (Fälle 1.2, 1.4, 1.6, 1.7, 3.2, 3.4, 3.6 und 3.7) und jede Rekursionsfolge (Fälle 1.1, 1.3, 1.5, 3.1, 3.3 und 3.5) einen eigenen INGRES-Aufruf vor. Damit wird der Übersetzungsansatz kaum ausgenutzt und die Strategie nähert sich dem *Interpretierungsansatz* wie er z.B. in Minkers MRPPS gewählt wird. Ein weiterer Nachteil der DEDUDAB-Strategie ist die *fehlende Trennung* der gefundenen Vorfahr-Beziehungen in entsprechende Mengen T_1 (nur Speichern) und T_2 (Speichern und für weitere Abfragen nutzen). Dies führt dazu, dass bereits vorher erfragte und festgestellte Vorfahr-Beziehungen in einem späteren INGRES-Aufruf erneut geprüft werden. Diese Schwäche müsste bei einem Redesign unbedingt beseitigt werden.

6.5.2. Das EDB/IDB-Problem

Bisher sind wir bei der Betrachtung deduktiver DB immer von vorgegebener EDB und IDB ausgegangen und haben uns nicht mit der Frage beschäftigt, wie ein Wissensbasis-Administrator zu einer Menge von Relationen und einer Menge von deduktiven Regeln (zu diesen Relationen) entscheidet, welche Relation Basis- und welche Relation virtuelle Relation mit Einbeziehung geeigneter deduktiver Regeln sein soll (*EDB/IDB-Problem*). Wir schliessen bei dieser Frage hybride Relationen ohne Beschränkung der Allgemeinheit aus, da sich solche Relationen in eine Basis- und eine virtuelle Relation aufspalten lassen. Dies löst aber nicht die Probleme, die beim Update solcher aufgespaltenen Relationen auftreten.

Eine Entscheidung zum EDB/IDB-Problem lässt sich kaum von Fragestellungen trennen, die den Datenbank-Administrator eines *konventionellen DB-Systems* beschäftigen: funktionale Abhängigkeiten, Integritätsbedingungen, Transaktionskonzepte, Datensicherheit, usw.. Im Kontext dieser klassischen Entwurfsfragen ist das EDB/IDB-Problem noch weitgehend ungelöst.

Wir beschränken uns nachfolgend auf die isolierte Betrachtung des EDB/IDB-Problems und stellen ein Konzept vor, das dem Wissensbasis-Administrator eine "praktische Hilfestellung" gibt, indem es verschiedene Möglichkeiten zur *Aufteilung* der Relationen und zur *Auswahl* deduktiver Regeln aufzeigt. Diese Möglichkeiten muss er dann selbst bewerten und eine von ihnen schliesslich auswählen.
Diese pragmatische Hilfestellung sollte in ihrer Bedeutung für die Praxis nicht unterschätzt werden. Die Erfahrungen im Projekt DEDUDAB haben gezeigt, dass etwa bei einem grösseren Beispiel von Verwandtschaftsbeziehungen mit 14 Relationen und 43 deduktiven Regeln die verschiedenen Lösungsmöglichkeiten des EDB/IDB-Problems ohne das nachfolgend beschriebene Verfahren nur mit enormem Zeitaufwand und nicht immer vollständig und korrekt erfasst werden konnten.

Insofern ist das folgende Konzept zwar keine Lösung des eigentlichen EDB/IDB-Problems, aber ein wichtiges Hilfsmittel bei der Lösungsfindung. Insbesondere leistet es einen Beitrag zu der in Punkt 2 des Anforderungskatalogs in Abschnitt 6.2.2. verlangten *Transparenz* deduktiver Regeln. Vorbereitend stellen wir zunächst das verwandte IDB/SB-Problem vor, da dies sich der dem EDB/IDB-Problem vorgeschalteten Frage widmet, welche deduktiven Regeln in der IDB auftauchen (sollten).

6.5.2.1. Das IDB/SB-Problem

Wir haben bisher immer unterstellt, dass *deduktive Regeln* für die Wissensbereitstellung und *Integritätsbedingungen* zur Kontrolle der Wissensveränderung "a priori" festgelegt sind. Sowohl IDB als auch SB sind aber zunächst ganz allgemein Aussagen über den durch eine DB modellierten Weltausschnitt. Es stellt sich - in Vorbereitung des EDB/IDB-Problems der Aufteilung in Basis- und virtuelle Relationen und der Auswahl deduktiver Regeln - die Frage, welche Aussagen über den modellierten Weltausschnitt in IDB und welche in SB aufgenommen werden sollen *(IDB/SB-Problem)*.

Zu diesem IDB/SB-Problem gibt es noch keine befriedigende Antwort, doch sind Versuche dazu in [NIC1] und [REI1] unternommen worden. Diese Ansätze bringen für die vom Wissensbasis-Administrator geforderte Entscheidung aber insofern keine praktische Hilfe, da sie im wesentlichen nur die Empfehlung zur Beschränkung deduktiver Regeln auf Horn-Form beim Entwurf deduktiver DB bestätigen, was wir bei DEDUDAB vergleichbar zu anderen deduktiven DB-Systemen ohnehin machen:

- Funktionenverwendung: eine Formel, die eine Funktion enthält, sollte nicht in IDB, sondern in SB aufgenommen werden.
  Bsp. "Jede Person hat Vater und Mutter":
  $$VAT(x, y) \rightarrow MUT(f(y), y)$$
  $$MUT(x, y) \rightarrow VAT(f(y), y)$$
  f bzw. g sind dabei Skolem-Funktionen, die einer Person ihre Mutter bzw. ihren Vater zuordnen.

- Implikation einer Disjunktion: auch Formeln, bei denen auf der rechten Seite eine Disjunktion vorkommt, sollten als Integritätsbedingungen gelten, da sonst Inkonsistenzen mit der Metaregel (Annahme einer geschlossenen Welt) auftreten können ([REI1]).
  Bsp. "Ein Elternteil ist entweder Vater oder Mutter":
  $$ELT(x, y) \rightarrow VAT(x, y) \vee MUT(x, y)$$
  ELT sei eine zweistellige Relation mit den Attributen ELTERNTEIL und KIND.

- Implikation eines negativen Literals: Formeln, in denen ein negatives Literal impliziert wird, eignen sich nur als Integritätsbedingungen, da sie keinen Beitrag zur Wissensbereitstellung leisten können. Da die EDB keine negativen Literale enthält, kann eine entsprechende deduktive Regel auch keine Beantwortung ermöglichen.
  Bsp. "Ein Vater kann nicht gleichzeitig Mutter sein":
  $$VAT(x, y) \rightarrow \neg MUT(x, z)$$

Eine Reihe weiterer Beispiele wie funktionale Abhängigkeiten und interrelationale Bedingungen über den Wertebereich einzelner Attribute sind trivialerweise als semantische Integritätsbedingungen zu vereinbaren, da ihre Verwendung als deduktive Regeln ebenfalls nicht die Wissensbereitstellung unterstützen könnte.

Bem. 1. Bisherige Beiträge zum IDB/SB-Problem leisten keine Unterstützung bei der Lösung des EDB/IDB-Problems, da sie keine Aussagen zur *Aufteilung von Horn-Formeln* auf IDB oder EDB machen.

2. Bei einem *konventionellen DB-System* wird implizit unterstellt, dass alle Relationen vollständig durch die EDB repräsentiert sind und alle Aussagen über den modellierten Weltausschnitt als SB aufzufassen sind.

3. [MAFU] untersuchen, wie Aussagen einerseits als Integritätsbedingungen während des DB-Updates, andererseits als deduktive Regeln für Update- und Retrievaloperationen interpretiert werden können. Ausserdem schlagen sie sogenannte dynamische Aussagen vor, die Attributwerte vor und nach einem Update vergleichen.

4. Interessant ist die Beziehung des IDB/SB-Problems zum *Generierungsansatz* bei der Wissensveränderung deduktiver DB. Wenn deduktive Regeln beim DB-Update zur Generierung virtueller Relationen eingesetzt werden, kann dies zur automatischen Konsistenzprüfung anhand der Integritätsbedingungen genutzt werden ([BLAU]).

6.5.2.2. Ein Beitrag zur Lösung des EDB/IDB-Problems

Zur Veranschaulichung nehmen wir folgendes Beispiel.

Bsp. Einem Wissensbasis-Administrator sei die Aufgabe gestellt, ein deduktives DB-System zu entwerfen, das Abfragen nach den Verwandtschaftsbeziehungen MUTTER (MU), VATER (VA), EHEPARTNER (EH), OMA (OM) und OPA (OP) einer Menge von Personen beantwortet. Bezüglich dieser Relation mögen folgende *Aussagen* über den durch die DB modellierten Weltausschnitt gelten, wobei wir auf die QUEL-Schreibweise mit Verbundvariablen verzichten, um die Regeln übersichtlicher zu machen:

(1) EH (x, y)	$\wedge$ MU (y, z)	$\rightarrow$ VA (x, z)	
(2) EH (x, y)	$\wedge$ VA (x, z)	$\rightarrow$ MU (y, z)	Bem. Die Relationennamen haben
(3) MU (x, y)	$\wedge$ VA (z, y)	$\rightarrow$ EH (z, x)	wir gegenüber der bisherigen
(4) VA (x, y)	$\wedge$ VA (y, z)	$\rightarrow$ OP (x, z)	Verwendung in Beispielen
(5) VA (x, y)	$\wedge$ MU (y, z)	$\rightarrow$ OP (x, z)	um einen weiteren
(6) EH (x, y)	$\wedge$ OM (y, z)	$\rightarrow$ OP (x, z)	Buchstaben gekürzt.
(7) MU (x, y)	$\wedge$ VA (y, z)	$\rightarrow$ OM (x, z)	
(8) MU (x, y)	$\wedge$ MU (y, z)	$\rightarrow$ OM (x, z)	
(9) EH (x, y)	$\wedge$ OP (x, z)	$\rightarrow$ OM (y, z)	

Der Wissensbasis-Administrator soll nun entscheiden, welche der fünf Relationen Basis- und welche virtuelle Relationen sein sollen und welche der neun Aussagen als deduktive Regeln in die IDB aufzunehmen sind.

Dazu bieten sich verschiedene Möglichkeiten an: von einer rein *extensional* orientierten (alle fünf Relationen werden Basis-Relationen und deduktive Regeln sind nicht erforderlich) bis hin zu verschiedenen, *intensional* orientierten Lösungen (einige der Relationen werden zu virtuellen Relationen und es werden entsprechend deduktive Regeln ausgewählt). Eine Möglichkeit wäre, die Relation OP zu einer virtuellen Relation zu machen und die deduktiven Regeln (4) - (6) in die IDB aufzunehmen. Der Wissensbasis-Administrator würde damit festlegen, dass sich jede Opa-Beziehung durch einen Join von VA und VA, VA und MU oder EH und OM abfragen lässt. Man könnte aber die deduktiven Regeln (4) - (6) evtl. noch differenzieren und zwei Regelmengen $M_1 = \{(4), (5)\}$ und $M_2 = \{(6)\}$ bilden, um auszudrücken, dass jede Opa-Beziehung schon durch die deduktive(n) Regel(n) einer der beiden Mengen M_1 und M_2 "vollständig definiert" ist.

Durch diese Differenzierung würde der Wissensbasis-Administrator festlegen, dass "Opas entweder die Väter der Väter bzw. die Väter der Mütter sind oder die Ehepartner der Omas". Es lassen sich gerade bei Verwandtschaftsbeziehungen sehr differenzierte, nicht notwendig disjunkte Regelmengen bestimmen, die virtuelle Relationen in diesem Sinne *vollständig* definieren. Bei dieser Differenzierung würde dann entweder die Menge M_1 oder die Menge M_2 in IDB aufgenommen.

Natürlich kann die Festlegung, welche Regeln eine virtuelle Relation vollständig definieren, nur vom Wissensbasis-Administrator getroffen werden (und nicht etwa vom System).
Solche als gleichwertig betrachteten Wissensbasis-Realisierungen werden wir durch ein Verfahren aufzählen, das sich einer Beschreibung durch Grammatiken bedient, wie sie als Erzeugungsformalismus aus dem Bereich der Formalen Sprachen bekannt sind. Der rein extensionalen Lösung (keine virtuellen Relationen) entspricht dabei eine sogenannte *Basis-Grammatik*, den verschiedenen intensionalen Lösungen zur Basis-Grammatik als gleichwertig bezeichnete *deduktive Grammatiken*. Als *gleichwertig* zu einer konventionellen DB betrachten wir alle deduktiven DB, bei denen der Wandel einer Basis- zu einer virtuellen Relation zur Erweiterung der IDB um eine Menge deduktiver Regeln führt, die diese virtuelle Relation nach dem oben vorgestellten Verständnis vollständig definieren. Ausserdem müssen alle Abfragen nach virtuellen Relationen in Abfragen nach den verbliebenen Basis-Relationen ableitbar sein.

Wir ordnen also zunächst einer konventionellen, rein extensionalen DB eine Basis-Grammatik zu, deren erzeugte Sprache gerade aus endlichen Folgen der Namen der Basis-Relationen besteht. In der grammatikalischen Darstellung schreiben wir statt "Namen von Relationen" verkürzt nur "Relationen".

Def. Sei $B = \{B_1, ..., B_K\}$ die Menge aller (Basis-)Relationen einer konventionellen, rein extensionalen DB.

$G_0 = (H_0, T_0, P_0, q)$ heisst *Basis-Grammatik* (bzgl. B): $<=>$

1. $H_0 = \{q\}$
2. $T_0 = B$
3. $P_0 = \{q \rightarrow qq, q \rightarrow B_1, ..., q \rightarrow B_K\}$.

H_0 nennen wir *Hilfszeichenalphabet*, T_0 *Terminalalphabet*,

P_0 *Basis-Produktionenmenge* und q *Startsymbol*

Die von G_0 erzeugte Sprache ist wie gefordert $L(G_0) = B^+$, die Menge aller endlichen Folgen von Relationen aus B.

Wenn wir die jeweils verwendeten Attribute deduktiver Regeln vernachlässigen, können wir die Regeln auch als context-freie Produktionen einer geeigneten Grammatik interpretieren.
Die Menge der den deduktiven Regeln entsprechenden Produktionen lassen sich durch ein *Mengensystem 2. Stufe* (eine Menge von Mengen von Mengen) differenzieren:

- Menge aller deduktiven Regeln bzgl. B
  vereinigt mit der Basis-Produktionenmenge   : P_B (*Produktionenschema zu B*)

- Teilmenge von P_B mit P_0 und allen deduktiven
  Regeln, die die gleiche virtuelle Relation
  $B_j \in B$ implizieren   : P_{B_j} (*Produktionenmenge von B_j*)

- Teilmenge von P_{B_j} mit P_0 und einer Kollektion
  deduktiver Regeln, die B_j vollständig definieren: $P_{B_j,i}$ (*i-tes Produktionenpaket von B_j*).

Bsp. <u>Produktionenschema</u>
$$B \quad = \{OP, OM, VA, MU, EH\}$$
$$P_B \quad = \{P_{OP}, P_{OM}, P_{VA}, P_{MU}, P_{EH}\} \cup P_0 \text{ mit}$$

<u>Produktionenmengen</u>
$$P_{OP} = \{P_{OP,1}, P_{OP,2}\}, \; P_{OM} = \{P_{OM,1}, P_{OM,2}\}, \; P_{VA} = \{P_{VA,1}\}, \; P_{MU} = \{P_{MU,1}\},$$
$$P_{EH} = \{P_{EH,1}\} \text{ und } P_0 = \{q \to qq, q \to OP, q \to OM, q \to VA, q \to MU, q \to EH\} \text{ und}$$

<u>Produktionenpakete</u>
$$P_{OP,1} = \{OP \to VA \, VA, OP \to VA \, MU\}, \; P_{OP,2} = \{OP \to EH \, OM\},$$
$$P_{OM,1} = \{OM \to MU \, VA, OM \to MU \, MU\}, \; P_{OM,2} = \{OM \to EH \, OP\},$$
$$P_{VA,1} = \{VA \to EH \, MU\}, \; P_{MU,1} = \{MU \to EH \, VA\}, \; P_{EH,1} = \{EH \to MU \, VA\}.$$

Im Beispiel sind die Produktionenpakete jeweils "minimal" gewählt worden. Dies muss i.a. aber nicht so sein. Es können etwa Erkenntnisse über die "Nicht-Vollständigkeit" von Relationen zur *Erweiterung* oder *Streichung* von Produktionenpaketen führen. Wenn man z.B. weiss, dass nicht alle Vater-Beziehungen in VA gespeichert sind, könnte dies zur Vereinigung (bei P_{OP} und P_{OM}) und zur Streichung (bei P_{MU} und P_{EH}) von Produktionenpaketen führen. Wenn zu einer Relation keine Produktionenmenge existiert, kann diese natürlich nie virtuelle Relation werden.

Wir definieren nachfolgend zu einer Basis-Grammatik mit entsprechendem Produktionenschema sogenannte *deduktive Grammatiken.* Diese deduktiven Grammatiken repräsentieren dann verschiedene intensionale Lösungen.

Def. Seien $G_0 = (H_0, T_0, P_0, q)$ Basis-Grammatik, P_B Produktionenschema für eine Menge von Basis-Relationen $B = \{B_1, ..., B_k\}$ und $i \in IN_0$.

Eine Grammatik $G_i = (H_i, T_i, P_i, q)$ heisst *deduktive Grammatik* (bzgl. G_0, P_B) $:<=>$
1. $H_i = \{q\} \cup B_i$ mit $B_i \subset B$ und $B_0 = \{ \, \}$
2. $T_i = B \setminus B_i$
3. $P_i = P_0 \cup P_i'$, wobei $P_i' \subset P_B$ und P_i' enthält für jedes $B_j \in B_i$ genau ein Produktionenpaket aus P_B
4. G_i muss "sackgassen-frei" sein, d.h. jede Ableitung muss zu einer Ableitung fortsetzbar sein, die in einem terminalen String (Folge von Zeichen aus dem Terminalalphabet) endet.

Bem 1. Die Sackgassen-Freiheit context-freier Grammatiken ist mit polynomialem Aufwand entscheidbar und führt bei "normaler" Grössenordnung deduktiver Regeln nicht zu Laufzeitproblemen.

2. Mit $i = 0$ ist G_0 selbst deduktive Grammatik.

3. Wir nennen zwei deduktive Grammatiken *gleichwertig,* g.d.w. beide aus einer durch eine Basis-Grammatik und ein Produktionenschema induzierten Klasse deduktiver Grammatiken stammen.

Die deduktiven Grammatiken einer Klasse kann man in folgender Weise aufzählen (wir haben bei diesem Verfahren den jeweils notwendigen Test auf Sackgassen-Freiheit nicht aufgeführt):

G_0 : Basis-Grammatik

G_1 : Deduktive Grammatik, die durch Streichen der (bezüglich der Indizierung der Basis-Relationen) ersten Basis-Relation und Hinzufügen des (bezüglich der Aufzählung im Produktionenschema) 1. Produktionenpakets, das sich auf die gestrichene Basis-Relation bezieht, konstruiert werden kann.

G_2 : Unter Beibehaltung der zu streichenden Basis-Relation wird statt des 1. das möglicherweise vorhandene 2. Produktionenpaket dieser Basis-Relation hinzugefügt oder ~ wenn keines mehr existiert - die nächste Basis-Relation gestrichen und deren 1. Produktionenpaket hinzugefügt.

.

.   u. s. w.

.

Wenn alle "Einzelstreichungen" von Basis-Relationen erledigt sind, werden alle Streichungen von zwei Basis-Relationen in lexikographischer Reihenfolge mit entsprechenden Kombinationen ausgewählter Produktionenpakete durchgeführt, usw.

Wir veranschaulichen die vorgestellten Begriffe wieder an dem bekannten Beispiel.

Bsp. Seien B = {OP, OM, VA, MU, EH} und P_B wie bereits dargestellt.

Dann ist für dieses Beispiel G_0 = (H_0, T_0, P_0, q) (deduktive) Basis-Grammatik mit

H_0 = {q} und T_0 = B;

G_1 = (H_1, T_1, P_1, q) mit H_1 = {q, OP}, T_1 = {OM, VA, MU, EH}, P_1 = $P_0 \cup P_{OP,1}$.

In einfacher Darstellung sind die deduktiven Grammatiken bzgl. G_0 und P_B in Tab. 41 ausgeführt.

Es seien zwei Fälle erwähnt, die keine deduktive Grammatik ergeben:

a) Man kann nicht z.B. VA und MU in T_0 streichen, da beim Hinzufügen der einzig möglichen Produktionenpakete $P_{VA,1}$ und $P_{MU,1}$ jeweils wieder MU bzw. VA auf der rechten Seite auftreten und eine Ableitung in einen terminalen String nicht möglich ist.

b) Man kann zwar aus T_0 z.B. OP und OM streichen (siehe Grammatiken G_8 - G_{10} und G_{23} - G_{31}), aber nicht die Kombination $P_{OP,2}$ und $P_{OM,2}$ zu P_0 hinzufügen, um eine deduktive Grammatik zu erhalten. Dies liegt vergleichbar Fall a) wieder daran, dass auf der rechten Seite der Produktionen OM bzw. OP auftauchen und eine Ableitung in einen terminalen String verhindern.

Gestrichen in T_0	$\|$ OP	$|$ OP	$|$ OM	$|$ OM	$|$ VA	$|$ MU
Zu P_0 hinzugefügt	$\|$ $P_{OP,1}$	$|$ $P_{OP,2}$	$|$ $P_{OM,1}$	$|$ $P_{OM,2}$	$|$ $P_{VA,1}$	$|$ $P_{MU,1}$
Deduktive Grammatik	$\|$ G_1	$|$ G_2	$|$ G_3	$|$ G_4	$|$ G_5	$|$ G_6

Gestrichen in T_0	$\|$ EH	$|$ OP,OM	$|$ OP,OM	$|$ OP,OM	$|$ OP,VA
Zu P_0 hinzugefügt	$\|$ $P_{EH,1}$	$|$ $P_{OP,1}P_{OM,1}$	$|$ $P_{OP,2}P_{OM,1}$	$|$ $P_{OM,2}$	$|$ $P_{OP,1}P_{OM,2}$
Deduktive Grammatik	$\|$ G_7	$|$ G_8	$|$ G_9	$|$ G_{10}	$|$ G_{11}

Gestrichen in T_0	$\|$ OP,VA	$|$ OP,MU	$|$ OP,MU	$|$ OP,EH
Zu P_0 hinzugefügt	$\|$ $P_{OP,2}P_{VA,1}$	$|$ $P_{OP,1}P_{MU,1}$	$|$ $P_{OP,2}P_{MU,1}$	$|$ $P_{OP,1}P_{EH,1}$
Deduktive Grammatik	$\|$ G_{12}	$|$ G_{13}	$|$ G_{14}	$|$ G_{15}

Gestrichen in T_0	$\|$ OP,EH	$|$ OM,VA	$|$ OM,VA	$|$ OM,MU
Zu P_0 hinzugefügt	$\|$ $P_{OP,2}P_{EH,1}$	$|$ $P_{OM,1}P_{VA,1}$	$|$ $P_{OM,2}P_{MU,1}$	$|$ $P_{OM,1}P_{MU,1}$
Deduktive Grammatik	$\|$ G_{16}	$|$ G_{17}	$|$ G_{18}	$|$ G_{19}

Gestrichen in T_0	$\|$ OM,MU	$|$ OM,EH	$|$ OM,EH	$|$ OP,OM,VA
Zu P_0 hinzugefügt	$\|$ $P_{OM,2}P_{MU,1}$	$|$ $P_{OM,1}P_{EH,1}$	$|$ $P_{OM,2}P_{EH,1}$	$|$ $P_{OP,1}P_{OM,1}P_{VA,1}$
Deduktive Grammatik	$\|$ G_{20}	$|$ G_{21}	$|$ G_{22}	$|$ G_{23}

Gestrichen in T_0	$\|$ OP,OM,VA	$|$ OP,OM,VA	$|$ OP,OM,MU
Zu P_0 hinzugefügt	$\|$ $P_{OP,2}P_{OM,1}P_{VA,1}$	$|$ $P_{OP,1}P_{OM,2}P_{VA,1}$	$|$ $P_{OP,1}P_{OM,1}P_{MU,1}$
Deduktive Grammatik	$\|$ G_{24}	$|$ G_{25}	$|$ G_{26}

Gestrichen in T_0	$\|$ OP,OM,MU	$|$ OP,OM,MU	$|$ OP,OM,EH
Zu P_0 hinzugefügt	$\|$ $P_{OP,2}P_{OM,1}P_{MU,1}$	$|$ $P_{OP,1}P_{OM,2}P_{MU,1}$	$|$ $P_{OP,1}P_{OM,1}P_{EH,1}$
Deduktive Grammatik	$\|$ G_{27}	$|$ G_{28}	$|$ G_{29}

Gestrichen in T_0	$\|$ OP,OM,EH	$|$ OP,OM,EH
Zu P_0 hinzugefügt	$\|$ $P_{OP,2}P_{OM,1}P_{EH,1}$	$|$ $P_{OP,1}P_{OM,2}P_{EH,1}$
Deduktive Grammatik	$\|$ G_{30}	$|$ G_{31}

Tab. 41 Deduktive Grammatiken

Bez. Grammatiken, die schon wegen des Streichens von einer oder mehreren Relationen nicht deduktiv sind (d.h. es gibt keine geeigneten Produtionenpakete in P_B, die diese Grammatik "deduktiv machen"), nennen wir *nicht-deduktiv wegen Relationenstreichung* (Fall a) des letzten Beispiels). Grammatiken, bei denen man zwar die gestrichenen Relationen grundsätzlich streichen kann, aber das (die) zu P_0 hinzugefügte(n) Produktionenpaket(e) keine deduktive Grammatik ergibt, nennen wir *nicht-deduktiv wegen falscher Auswahl eines oder mehrerer Produktionenpakete* (Fall b) des letzten Beispiels).

Bezüglich des Beispiels können wir feststellen, dass es zur Basis-Grammatik G_0 und dem Produktionenschema P_B prinzipiell 32 verschiedene Möglichkeiten zur Bestimmung der Menge der Hilfszeichen gibt. Die Anzahl 32 entspricht der Mächtigkeit der Potenzmenge 2^{T_0}.

Unter diesen 32 verschiedenen *Grammatiktypen* sind aber nur 14 verschiedene Typen, die deduktive Grammatiken besitzen, wobei der Grammatiktyp von der Menge der aus T_0 gestrichenen Elemente bestimmt wird. Insgesamt 18 Typen sind nicht-deduktiv wegen Relationenstreichung. Unter den 14 deduktiven Typen gibt es 4, die auch nicht-deduktive Grammatiken wegen falscher Auswahl eines oder mehrerer Produktionenpakete umfassen (Typen der Grammatiken G_8 - G_9, G_{23} - G_{25}, G_{26} - G_{28}, G_{29} - G_{31}).

Bem. 1. Das vorgestellte Verfahren bietet eine *praktische Hilfestellung* bei der Lösung des EDB/IDB-Problems. Erfahrungen mit grossen Mengen deduktiver Regeln haben gezeigt, dass dem Wissensbasis-Administrator beim Arbeiten mit IDB-COMPILER eine Unterstützung zur Aufzählung *gleichwertiger deduktiver DB* fehlt.

2. Beim *Update der IDB* passierte es immer wieder, dass eine Regel unbeabsichtigt gelöscht wurde, die zur vollständigen Beantwortung von Abfragen nach virtuellen Relationen benötigt wird, da wir den Begriff der Produktionenpakete (als Menge "vollständiger" Regeln) auf Regelmengen nicht entsprechend umgesetzt haben.

3. Auf der anderen Seite erkennt man ohne ein solches rechnergestütztes Verfahren mitunter nicht, dass man noch Regeln löschen kann, ohne die vollständige Beantwortung von Abfragen einzuschränken. Das führt dann zu erhöhter *Laufzeit* von QUERY-GENERATOR, weil gleiche Tupel virtueller Relationen auf verschiedene Weise abgeleitet werden.

4. Gerade bei *Expertensystemen* mit Regelmengen, deren Grössenordnung häufig bei mehreren hundert Regeln liegt, sind Verfahren in der Art des vorgestellten Konzepts sicher hilfreich.

7. PROLOG und Datenbanken

Die Entwicklung deduktiver DB-Systeme ist - wie in Kapitel 3 ausführlich begründet - vor allem durch die Erweiterung relationaler Abfragesprachen auf durch deduktive (vor allem rekursive) Regeln definierte *virtuelle Relationen* motiviert. Ein anderer, allerdings verwandter Ausgangspunkt ist die Fragestellung dieses Kapitels: wie können DB-Systeme zur Unterstützung eines *Logischen Programmiersystems* (wie PROLOG) genutzt werden? Logische Programmiersysteme, bei denen ein DB- (bzw. DB-Sub-) System zur Verwaltung von Fakten und evtl. Regeln eingesetzt wird, nennen wir *DB-basierte Logische Programmiersysteme.*

Der Unterschied zwischen deduktiven DB-Systemen und DB-basierten Logischen Programmiersystemen wird bereits an der Benutzerschnittstelle deutlich. Bei deduktiven DB-Systemen wie z.B. dem in Kapitel 6 vorgestellten DEDUDAB wird dem Benutzer die gleiche, relationale *Datenmanipulationssprache* (DML) angeboten, die auch das zugrundeliegende konventionelle DB-System besitzt. Der Benutzer arbeitet also mit der gleichen DML, wie der vom konventionellen DB-System angebotenen, ohne zu wissen, ob von ihm erfragte (oder veränderte) Relationen "normale", in der DB gespeicherte Basis-Relationen oder durch deduktive Regeln definierte virtuelle Relationen sind.
Bei DB-basierten Logischen Programmiersystemen besteht die Benutzerschnittstelle aus der gleichen *Programmierumgebung*, die das Logische Programmiersystem auch ohne DB-Unterstützung bietet.

PROLOG ([CLO1]), als inzwischen bekanntestes Logisches Programmiersystem, hat insbesondere im Zusammenhang mit Anwendungen auf dem Gebiet der Expertensysteme zunehmend an Attraktivität gewonnen. PROLOG-"Anhänger" betonen die Vorteile der *deklarativen* Formulierung von Aufgabenstellungen in Form von *Fakten* und *Regeln,* die sowohl vom *algorithmischen Problem* der Festlegung des sequentiellen Programmablaufs als auch vom Problem der *Typisierung* von Objekten und ihrer Implementierung als *Datenstrukturen* befreit: statt des "wie" wird nur das "was" spezifiziert.
Diese Befreiung von den beiden zentralen Fragestellungen der Programmentwicklung bezahlt man mit schlechtem Laufzeitverhalten (bedingt durch die feste Ableitungsstrategie des *Backtracking*) und Problemen bei der Datenrepräsentierung und "korrekten" Programminterpretation.
Ein weiterer Nachteil vieler PROLOG-Systeme ist die fehlende Möglichkeit zur *externen* Verwaltung von Fakten und evtl. auch Regeln, was vor allem bei grösseren Applikationen und knappem Hauptspeicher zu kaum lösbaren Problemen führt.

Auf eine Unterstützung bei der *externen Datenverwaltung* und eine Verbesserung im *Laufzeitverhalten* zielt die Entwicklung des in diesem Kapitel vorgestellten Systems CPDB (Controlled PROLOG for DB). Zum einen wird bei CPDB in eine PROLOG- Programmierumgebung das relationale DB-System SYSTEM B ([BENS]) integriert und zur Verwaltung von Fakten bzw. - und dies ist u.E. bisher einmalig - Regeln eingesetzt. Zum anderen enthält CPDB einen *Meta-Interpreter* mit der Möglichkeit zur Vereinbarung von lokalen *Metaregeln,* die als "Regeln zum Gebrauch von Regeln" die Laufzeit gegenüber dem normalen Backtracking verbessern können.

In diesem Kapitel behandeln wir zunächst in Abschnitt 7.1. einige Grundlagen von PROLOG-Systemen, diskutieren in 7.2. eine Klassifizierung DB-basierter PROLOG-Systeme und stellen in Abschnitt 7.3. das System CPDB vor.

7.1. PROLOG-Systeme

Die Sprache PROLOG
Ein PROLOG-Programm ist - syntaktisch gesehen - eine Folge von (Horn-)Klauseln. Eine *Klausel* besteht aus einem oder mehreren Literalen (Prädikaten), ein *Literal* aus einem *Prädikatsnamen* und einer *Argumentliste* (mit Konstanten, Variablen, Listen oder Strukturen).

Klauseln sind *Fakten*, wie z.B. 'A ist Teil von D' mit der Syntax 'TEIL(A,D);', *Regeln*, wie z.B. 'Wenn x Teil von y und y Teil von z ist, dann ist x Teil von z' mit der Syntax 'TEIL(x,z) :- TEIL(x,y), TEIL(y,z);' oder *Abfragen*, wie z.B. 'Ist E Teil von B?' mit der Syntax '? :- TEIL(E,B);'.

Eine Regel besteht aus einem *Kopfliteral* und einem *Regelrumpf* mit einem (oder mehreren) *Rumpfliteral(en)*. Das "linke" (implizierte) Literal ist das Kopfliteral, auch als *Klauselkopf* bezeichnet, alle hinter dem Implikationszeichen ':-' stehenden Literale sind die Rumpfliterale. Die Semantik von PROLOG-Programmen soll durch das nachfolgende kleine Beispiel und die daran anschliessenden Bemerkungen klar werden.

Bsp. /* Dies ist ein PROLOG-Programm, das die Abfrage 'Ist E Teil von B?' (Statement 1) mit Hilfe von Fakten (Statements 2-5) und einer Regel (Statement 6) beantwortet. */

```
1 ?:- TEIL (E,B).
2 TEIL (C,A).
3 TEIL (D,B).
4 TEIL (A,D).
5 TEIL (E,C).
6 TEIL (x,z) :- TEIL (x,y), TEIL (y,z).
```

Programmschritte:	Erreichter Ausdruck:	Variablenersetzung:
	TTEIL (E,B)	
Aufruf an 6		(E,x), (B,z)
	TTEIL (E,y), TTEIL (y,B)	
Aufruf an 5 (mit erstem Ausdruck)		(C,y)
	TTEIL (C,B)	
Aufruf an 6		(C,x), (B,z)
	TTEIL (C,y), TTEIL (y,B)	
Aufruf an 2 (mit erstem Ausdruck)		(A,y)
	TTEIL (A,B)	
Aufruf an 6		(A,x), (B,z)
	TTEIL (A,), TTEIL (y,B)	
Aufruf an 4 (mit erstem Ausdruck)		(D,y)
	TTEIL (A,D), TTEIL (D,B)	
Erzeugung der leeren Klausel		---
	□	

Bem. 1. Die Berechnung erfolgt durch einen *Interpreter*, der einen *Resolutions-Widerlegungs-Beweiser* realisiert. Die Abfrage wird negiert und als Abfrage-Klausel zusammen mit den Klauseln für die Statements 2 - 6 auf Unerfüllbarkeit getestet. Im ersten Schritt erfolgt z.B. die Resolution zwischen der Abfrage-Klausel ⌐TEIL (E,B) und der Klausel ⌐TEIL (x,y) ∨ ⌐TEIL (y,z) ∨ TEIL (x,z) nach der Umformung durch die Ersetzungspaare (E,x) und (B,z). Die weitere Ableitungsfolge geschieht nach einer *leftmost depth-first Strategie*, auch als *Backtracking* bezeichnet.

2. Nach sieben Schritten wird die leere Klausel zum Zeichen des entdeckten Widerspruchs erzeugt. Daher ist TEIL (E,B) aus den Fakten (2 - 5) mit Hilfe der Regel (6) ableitbar.

3. Bezüglich einer ausführlichen PROLOG-Beschreibung, insbesondere der zahlreichen built-in-Prädikate für Ein-/Ausgabe, Klassifizierung von Termen, traces und Beeinflussung der Ableitungsstrategie (z.B. über '!' und 'fail'), sei auf [CLO1] verwiesen.

Architektur

Eine gute und aktuelle Übersicht über implementierte PROLOG-Systeme gibt [CAMP]. PROLOG-Systeme bestehen im wesentlichen aus einer *Programmierumgebung* (Sprachumfang mindestens wie im "Standardwerk" [CLO1] beschrieben) zur Formulierung von Fakten, Regeln und Abfragen, einer i.a. hauptspeicher-residenten *Datenbasis* (zur Speicherung der Fakten und Regeln) und einem *Interpreter*. Der PROLOG-Interpreter setzt sich wiederum aus einer *Ableitungskomponente*, die für das Backtracking anhand der Regeln verantwortlich zeichnet, und einer *Zugriffskomponente*, die von der Ableitungskomponente mit der Verwaltung und Beschaffung von Fakten betraut ist, zusammen. Spezielle Komponenten von PROLOG-Systemen, etwa für das Compilieren ausgewählter Klauseln (wie z.B. beim DEC10-PROLOG-System von [PERE]) oder für das Interrupt-Handling zum Abbrechen oder Unterbrechen des Ableitungsprozesses (wie z.B. beim PDP11- UNIX- PROLOG-System von [CLO2]) lassen wir bei der vereinfachten Architekturskizze in Abb. 42 unberücksichtigt.

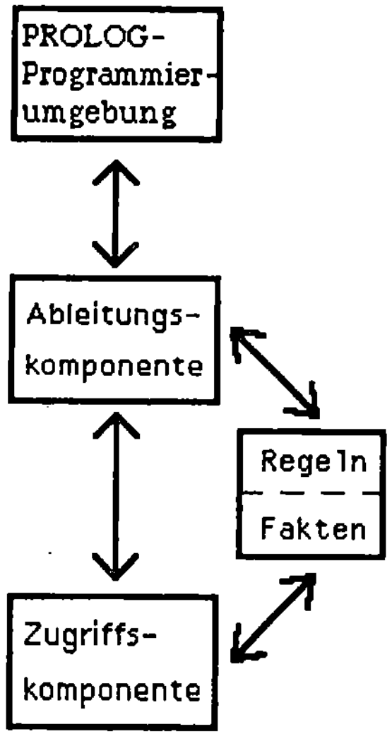

Abb. 42 Vereinfachte Architektur eines PROLOG-Systems

Einsatz von PROLOG

Rund zehn Jahre nach seiner Entwicklung hat PROLOG eine grosse Attraktivität erlangt. Dies liegt nicht zuletzt an der Entscheidung der Japaner, PROLOG als einheitliche sprachliche Grundlage ihres offiziell im April 1982 begonnenen "Fifth Generation Computer Projects" ([FEI3]) zu wählen, dessen Publizität allerdings grösser ist als durch die bisher erzielten Erfolge gerechtfertigt scheint. Im Rahmen dieses Projekts wird die PROLOG-DB-Integration sehr stark forciert. Einen Ansatz dazu beschreiben [KUYO].
Neben der *Programmierung von Expertensystemen* wird PROLOG für recht unterschiedliche Bereiche verwendet, z.B. als *Spezifikationssprache* und zum *rapid prototyping* ([SCHN]).

Überlegungen zur Nutzung von PROLOG in einem wissensbasierten Büro-Informationssystem beschreibt [APP2]. Es gibt auch Ansätze, *PROLOG als Abfragesprache* für Datenverwaltungssysteme (z.B. DB-Systeme) zu nutzen. Hierunter fällt auch die PROLOG-Schnittstelle für das GRID-File ([MUEL]). Dabei steht die Frage im Vordergrund, ob PROLOG eine geeignete Abfragesprache ist, und nicht die in diesem Kapitel gestellte Frage, ob Datenverwaltungssysteme (speziell DB-Systeme) effizient PROLOG unterstützen. "Reines" PROLOG bietet wegen der Rekursivität der Regeln und hybrider Prädikate mehr als eine Codd-vollständige Abfragesprache (vergl. Abschnitt 3.1.), PROLOG fehlt aber die Möglichkeit zur Bildung von Vereinigung und Differenz, was allerdings durch "set-Prädikate" kompensiert werden kann.

PROLOG-Programmierumgebungen

Bis vor kurzer Zeit wurden PROLOG-Systeme meist mit besonders empfindlichen Lücken im Bereich Arithmetik, algorithmischer Kontrollstrukturen, I/O und debugging-tools angeboten. Inzwischen werden viele Interpreter mit umfangreichen Paketen von *"Systemprädikaten"* (*built-in-Prädikate*) ausgestattet, die eine bequemere und raschere Softwareentwicklung ermöglichen.

Auch der Vergleich von fünf aktuellen PROLOG-Systemen bezüglich 22 Kriterien, den Noelke und Savory in [NOSA] bringen, ist für die Evaluation von PROLOG-Systemen recht hilfreich.

Einen wesentlichen Fortschritt bei der Gestaltung einer komfortablen Programmierumgebung stellt die *Integration von Programmiersprachen* in PROLOG bzw. PROLOG in andere Programmiersprachen dar. Wir wollen nur die zahlreichen Ansätze zur Verbindung von PROLOG und LISP (u.a. LOGLISP von [ROSI]) und als neue Entwicklung LOGULA ([SCSC]) mit der Einbindung von MODULA-Funktionen als spezielle PROLOG-Prädikate erwähnen. Damit ist MODULA-2 in PROLOG komplett verfügbar und ermöglicht z.B. Arithmetik und Ein-/Ausgabe als Seiteneffekt immer "wahrer" Prädikate.

Effizienzsteigerung

Das Backtracking des Interpreters hat den Nachteil, dass die oft unbewusst festgelegte Reihenfolge von Fakten und vor allem Regeln im Programm die Abfragebeantwortung u.U. sehr ineffizient werden lässt. Auf der anderen Seite kann eine "geschickte" Festlegung der Reihenfolge ("erfolgversprechende" Regeln möglichst nach oben) auch zu einer sehr raschen Abarbeitung führen.

In den Regelrümpfen stehen i.a. mehrere Literale, deren Aufrufreihenfolge nicht gesteuert werden kann. Zu einem Literal kann es auch mehrere aufrufbare Regelköpfe geben. Auch für diesen Fall bietet PROLOG keine Kontrollmechanismen für die Auswahl der als erstes anzuwendenden Regel.

Das Ziel der *Effizienzsteigerung* von PROLOG haben (neben der Compilierung - vergleichbar dem Übersetzungsansatz deduktiver Regeln - und Clusterung "verwandter" Regeln - mit dem Ziel der Modularisierung von PROLOG-Programmen -) zwei Forschungsansätze gemeinsam: die *Metasystembildung* und die *Interaktivität*.

1. Mit Hilfe eines Metasystems können der Systemverwalter und evtl. zusätzlich die Benutzer Meta-Wissen integrieren, mit dem die statisch vorgegebene Ableitungsstrategie verbessert werden kann. Dazu können z.B. global gültige oder lokal definierte Metaregeln als *Ausschlussregeln* und *Präferenzregeln* festgelegt werden, die durch einen Meta-Interpreter gewisse Teilbäume beim *leftmost depth-first Durchlauf* ausschliessen oder bezüglich ihrer Ableitungsreihenfolge verändern. Die Idee lokaler Metaregeln werden wir bei der Vorstellung des Systems CPDB vertiefen.

2. Einen anderen Ansatz stellt die Überlegung dar, den Ableitungsprozess interaktiv zu steuern. Im Gegensatz zum normalen Backtracking mit oder ohne Metasystem, bei dem <u>alle Entscheidungen vor</u> dem Ableitungsstart zu treffen sind, erlauben interaktive PROLOG-Systeme, <u>einige Entscheidungen während</u> des Ableitungsprozesses zu treffen. Diese Interaktivität von PROLOG-Systemen wirft aber noch eine Reihe schwieriger konzeptioneller und implementierungstechnischer Probleme auf, so dass wir eine Behandlung im Rahmen von CPDB zurückgestellt haben.

7.2. DB-basierte PROLOG-Systeme

7.2.1. Generelle Überlegungen zu Nicht-Standard-DB

Konzepte einer DB-Unterstützung für sogenannte *Nicht-Standard-Anwendungen* (NSA), etwa aus den Bereichen Büro, Technik und Wissenschaft ([BLPI]), haben gegenüber nicht DB-basierten Lösungen die üblichen Vorteile von DB-Applikationen wie Redundanzbeschränkung, Datenunabhängigkeit, Datenkonsistenz, einheitliche DML und relativ schnelle Softwareentwicklung. Auf der anderen Seite zeigt sich, dass Implementierungen auf der Grundlage konventioneller DB-Systeme nicht für solche, sondern nur für kommerzielle Applikationen mit einfacheren Objekten und Objektbeziehungen als bei NSA üblichen akzeptabel scheinen ([HARE]).

[MITS] schlägt ein Architekturkonzept für DB-Systeme vor, das speziell für den Einsatz in NSA gedacht ist. Auf einen allgemeinen DB-Kern, auch Speicherserver genannt, wird eine durch die spezielle Anwendung bestimmte Modellabbildungsschicht aufgesetzt. Dem Benutzer wird ein anwendungsorientiertes Modellierungswerkzeug angeboten (z.B. in Form semantischer Datenmodelle) und die damit definierte Benutzersicht auf die Schnittstelle zum Speicherserver abgebildet.

Dieses Konzept scheint uns für NSA mit komplexeren Objekten wie Prozess-, geographische, Bild- und CAD-Daten und darauf definierten Operationen durchaus sinnvoll. Für PROLOG-orientierte Anwendungen halten wir allerdings dieses Konzept nicht für geeignet, da die PROLOG-Objekte "Fakt" und "Regel" und ihre Beziehungen nicht so komplex sind, dass sie eine spezielle Modellabbildungsschicht verlangen. Fakten und Regeln sind direkt im relationalen Modell recht effizient modellierbar (für Fakten ist dies ohnehin einsichtig und für Regeln werden wir dies bei der Beschreibung von CPDB zeigen) und können durch konventionelle DB-Subsysteme gut verwaltet werden.

Bei der Modellierung komplexer Objekte in NSA wird häufig das von Schek ([SCH1]) entwickelte NF^2-Modell (<u>N</u>on-<u>F</u>irst-<u>N</u>ormal-<u>F</u>orm) verwendet, wie Beiträge in [BLPI] deutlich machen. Dieses Datenmodell bietet in Erweiterung des "flachen", atomaren Relationenmodells mengenwertige Attribute.

7.2.2. Drei Varianten

Die Absicht zur Nutzung von DB in PROLOG-Systemen basiert auf der in der Einleitung dieses Kapitels geschilderten Erkenntnis, dass die Fakten- und Regelverwaltung (insbesondere die der während des Ableitungsvorgangs anfallenden Fakten) vor allem bei grösseren Anwendungen nicht mehr im Hauptspeicher zu bewältigen ist. Die Auslagerung von Daten auf Sekundärspeicher und ihre effiziente Einbindung in das Backtracking der Ableitungskomponente ist allerdings in den meisten PROLOG-Systemen nicht oder nicht befriedigend gelöst. Nachfolgend wollen wir drei verschiedene Architekturen einer DB-Unterstützung für PROLOG-Systeme vorstellen.

Durch diese Klassifikation differenzieren wir folgende Varianten DB-basierter PROLOG-Systeme (DBPS):
1. DBPS mit Kopplung auf Zugriffssystem-Ebene
2. DBPS mit Kopplung auf Datensystem-Ebene
3. DBPS mit Integration eines kompletten DB-Systems.

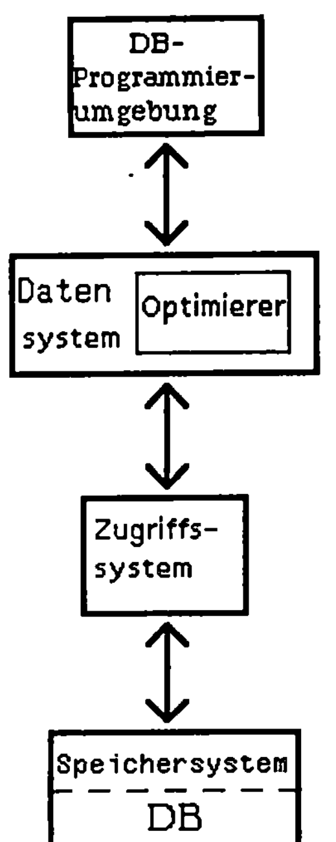

Abb. 43 Vereinfachte Architekturskizze eines DB-Systems

Um das Verständnis der drei Varianten zu unterstützen, wollen wir sie jeweils durch eine kleine Architekturskizze veranschaulichen. Dazu gehen wir von dem in Abb. 42 dargestellten, vereinfachten Aufbau eines PROLOG-Systems aus, das als zentrale Komponenten Ableitungs- und Zugriffskomponente enthält. Entsprechend vereinfacht zeigt Abb. 43 einen Architekturausschnitt eines DB-Systems, bei dem wir Datensystem (mit Optimierer) und Zugriffssystem unterscheiden.

Bem. 1. Ausser bei Variante 3 (Frontend-Lösung eines existierenden DB-Systems) sind in der Literatur als DBPS beschriebene Systeme nicht immer Systeme, die tatsächlich Komponenten eines DB-Systems nutzen. Mitunter sind PROLOG-Systeme nur um nicht aus DB-Systemen stammende Komponenten zur Datenverwaltung erweitert worden und werden als DBPS bezeichnet. Wir verzichten deshalb auf eine Differenzierung in "echte" DBPS (mit Komponenten existierender DB-Systeme) und "unechte" DBPS (ohne Komponenten existierender DB-Systeme), um eine vergleichende Einordnung und gemeinsame Sichtweise von Systemen beider Klassen zu unterstützen.

2. Konzeption und Implementierung DB-basierter PROLOG-Systeme behandelt in sehr ausführlicher Form Li ([LI]).

7.2.3. Kopplung auf Zugriffssystem-Ebene

Ein solches DBPS kann man sich als ein PROLOG-System vorstellen, bei dem die PROLOG-Fakten ganz (Variante 1a) oder zumindest teilweise (Variante 1b) in einer DB gespeichert werden und zu ihrer Verwaltung das Zugriffssystem eines DB-Systems genutzt wird. D.h., es werden alle (oder nur einige) Prädikate als DB-Relationen (vergleichbar den Basis-Relationen deduktiver DB) vereinbart und durch aus DB-Systemen bekannte Zugriffsmechanismen wie B*-Bäume verwaltet.
Abfragen an das DB-System betreffen immer das Retrieval eines Tupels (Fakt mit Konstanten als Terme) oder einer Tupelmenge (Fakt mit Variablen als Terme). Da sich Abfragen auf nur eine Relation beziehen und die Ableitungskomponente keine komplexeren relationenalgebraischen Abfragen stellt, ist die (ggf. leicht modifizierte) *Ein-Tupel-Schnittstelle* des Zugriffsystems als Aufsatzpunkt für die PROLOG-Ableitungskomponente völlig ausreichend.

Bei Variante 1a wird die Zukriffskomponente des PROLOG-Systems ganz gestrichen und durch ein DB-Zugriffssystem ersetzt, das alle - und nicht wie im zweiten Fall nur Teilmengen - der Fakten verwaltet. Abb. 44 zeigt die Architektur solcher Systeme.
Bei Variante 1b wird die PROLOG-Zukriffskomponente beibehalten, um Faktenzugriffe sowohl über diese Komponente als auch über ein DB-Zugriffssystem zu ermöglichen (siehe Abb. 45). In der PROLOG-Programmierumgebung der Benutzerschnittstelle werden dazu Möglichkeiten (etwa durch Vereinbarung spezieller Meta-Prädikatsymbole für in der DB gespeicherten Relationen) angeboten, um die im "normalen" PROLOG-System verwalteten Fakten von den DB-Fakten unterscheiden zu können.

In einem nach Variante 1b um ein Zugriffssystem erweiterten PROLOG-System ist die Ableitungskomponente so zu modifizieren, dass je nach Fakt, das im aktuellen Ableitungsschritt zu überprüfen ist, ein "Suchauftrag" an die Zugriffskomponente des PROLOG-Systems oder das Zugriffssystem (eines DB-Systems) ergeht. Die dazu notwendige Unterscheidung in "disjunkte" Faktenmengen (*disjunkt* seien Faktenmengen, bei denen zu jedem Prädikat alle Fakten entweder im PROLOG- oder im DB-System, aber nicht in beiden verwaltet werden) fehlt natürlich hybriden Relationen bzw. hybriden Prädikaten, so dass wir disjunkte Faktenmengen unterstellen. Allerdings stellt dies keine prinzipielle Beschränkung dar, da man ein hybrides Prädikat P in zwei Prädikate P-DB (Fakten zu P in der DB) und P-PR (Fakten zu P in der PROLOG-Datenbasis) aufspalten und zusätzlich die Regeln P-DB (...) -> P (...) und P-PR (...) -> P (...) aufnehmen könnte.

Die Variante 1b zeichnet sich gerade dadurch aus, dass dem Benutzer ein flexibles Instrument zur Aufteilung der Faktenmenge in PROLOG- und DB-Fakten zur Verfügung steht.

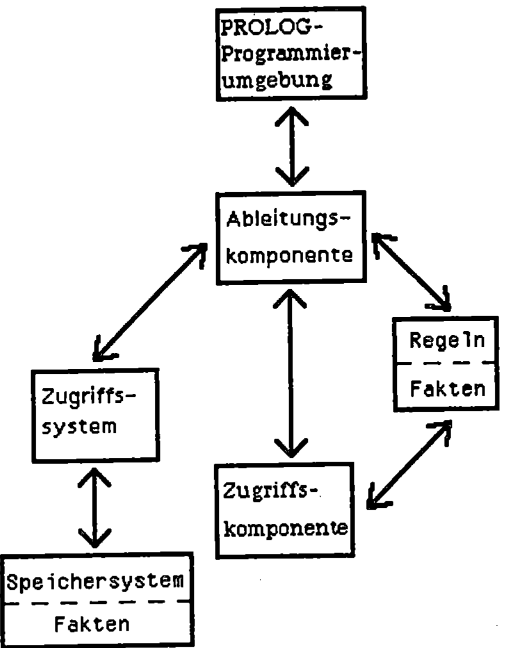

Abb. 44   Kopplung auf Zugriffssystem-Ebene
(mit Streichung der PROLOG-Zugriffskomponente)

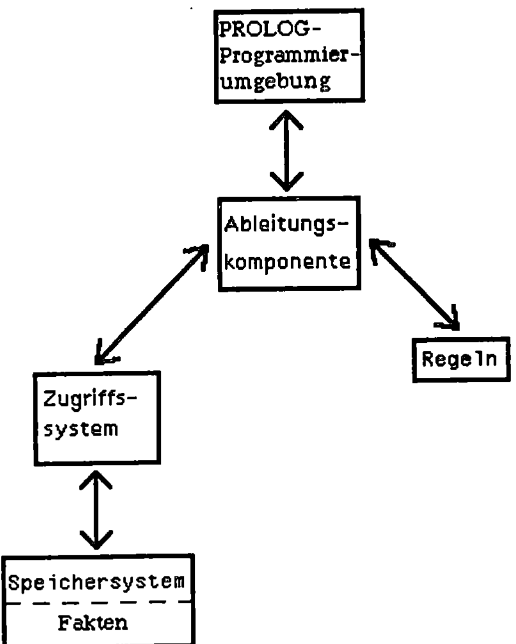

Abb. 45   Kopplung auf Zugriffssystem-Ebene
(mit Beibehaltung der PROLOG-Zugriffskomponente)

Ein Problem beider Architekturvarianten ist die unterschiedliche Behandlung von Abfragen an DB-Zugriffssystem bzw. PROLOG-Zugriffskomponente. Das DB-Zugriffssystem liefert i.a. Tupelmengen - und nicht wie die PROLOG-Zugriffskomponente nur ein Tupel - zurück. Die Ableitungskomponente braucht im Ableitungsprozess aber jeweils genau ein Tupel, so dass die vom DB-Zugriffssystem bereitgestellten Tupelmengen in Puffern zwischengespeichert werden müssen.

7.2.4. Kopplung auf Datensystem-Ebene

Im Vergleich zur Variante 1 geschieht hier die Kopplung mit dem DB-System bereits an der Datensystem-Schnittstelle des DB-Systems (siehe Abb. 46), wobei nicht unbedingt das komplette Datensystem integriert wird, sondern im wesentlichen der "Optimierungskern" herausgelöst und für das DBPS verwendet wird. Wir wollen hier nicht - wie bei Variante 1 - differenzieren, ob das PROLOG-System noch eine eigene Zugriffskomponente besitzt (in Abb. 46 ist diese Optionalität durch dünnere Begrenzungslinien und kursive Schrift der Zugriffskomponente veranschaulicht).

Die grundlegende Idee dieser Variante ist die, dass die PROLOG-Ableitungskomponente nicht nur Abfragen bezüglich einer Relation an das DB-System übergeben kann (wie bei Variante 1), sondern Abfragen i.a. Joins von Relationen sind (Klasse der "conjunctive queries"). Joins entsprechen ja genau den für Horn-Klausel-Logik charakteristischen Konjunktionen von Prädikaten, die als Resolventen im Ableitungsprozess auftreten. Der Vorteil dieser Lösung zeigt sich insbesondere bei effizienten Optimierern im DB-Datensystem.

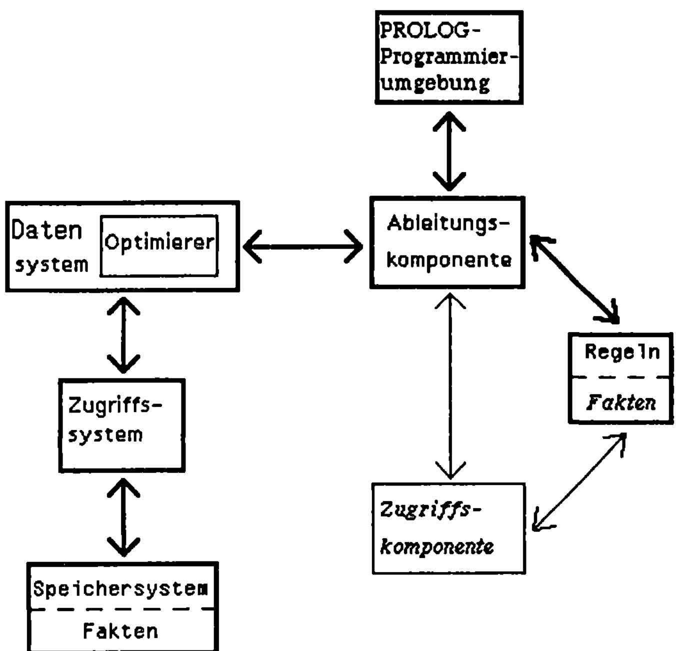

Abb. 46 Kopplung auf Datensystem-Ebene

Die wesentlichen Fragen dieser Variante treten bei der Entscheidung auf, wann "Suchaufträge" an das DB-System übergeben werden. Sollen bereits Abfragen ageschickt werden, wenn nur Teilausdrücke aus DB-Relationen bestehen, oder erst dann, wenn die Resolvente vollständig

abgeleitet ist? Wieviel Rekursionsstufen sollen bei rekursiven Regeln durchlaufen werden, bevor eine Abfrage übergeben wird? Wie werden die zurückgelieferten Relationen in den Ableitungsprozess einbezogen?
Die unterschiedliche Beantwortung dieser Fragen erlaubt eine Differenzierung von DBPS, die sich an der in Kapitel 4 beschriebenen Klassifizierung der Ableitungsstrategien deduktiver DB-Systeme orientiert und uns gut übertragbar scheint.

DBPS, die bereits eine *abfrage-unabhängige (Vor-)Übersetzung* von Regeln durchführen *(compiled approach)*, nennen wir *DBPS mit Übersetzungsansatz*. Insbesondere die Übersetzung *virtueller Prädikate* (Prädikate zu denen keine Fakten gespeichert sind), die rekursiv definiert sind oder erst über lange Ableitungen in *Basis-Prädikate* (Prädikate, zu denen Fakten in DB oder Faktenbasis gespeichert sind) überführt werden können, kann den Ableitungsprozess zur späteren Beantwortung einer Abfrage beschleunigen.
Venken gibt in [VENK] einen Überblick über verschiedene Compilierungstechniken mit denen, allerdings abfrage-abhängig, PROLOG-Abfragen in Konjunktionen von DB-Abfragen übersetzt werden.

DBPS, die auf abfrage-unabhängige Übersetzungstechniken verzichten, bezeichnen wir als *DBPS mit Interpretierungsansatz*. Solche Systeme unterscheiden sich auf der anderen Seite von DBPS der Variante 1 dadurch, dass erst komplexere Ausdrücke (längere Konjunktionen von Fakten) gebildet werden, die dann als Joins an das Datensystem übergeben werden. Das "faktenweise Suchen" in der DB ist bereits bei Variante 1 möglich und würde ein DBPS der Variante 2 unterfordern, da das Datensystem nicht ausgenutzt wird.

Eine weitere Unterscheidung von DBPS, die allerdings auch bereits Systeme der Variante 1 differenzieren kann, zielt auf die unterschiedliche Behandlung abgeleiteter Fakten(mengen). Bei *DBPS mit Generierungsansatz* werden neu gewonnene, bisher nicht in der DB oder Faktenbasis gespeicherte Fakten als *temporäre Fakten* vorgehalten und erst bei Updates (wegen der möglicherweise auftretenden und nur sehr schwer identifizierbaren und korrigierbaren Inkonsistenzen) wieder gelöscht. Dies hat bei längeren, rein retrieval-orientierten Sitzungen den Vorteil, dass erneut benötigte Fakten nicht erneut abgeleitet werden müssen.
DBPS mit Ableitungsansatz nutzen abgeleitete Fakten nur "ad hoc" und verzichten auf ihre temporäre Speicherung und spätere Verwendung.

Bem. Diese Unterscheidung von Generierungs- und Ableitungsansatz bezieht sich auf den Funktionsbereich der *Wissensbereitstellung* und nicht auf den der Wissensveränderung (vergl. die Unterscheidung von Generierungs- und Ableitungsansatz bezüglich Wissensbereitstellung bzw. Wissensveränderung bei deduktiven DB-Systemen in Abschnitt 4.4.).

7.2.5. Integration eines kompletten DB-Systems

Variante 3 ist eine echte DB-Frontend-Lösung (siehe Abb. 47). Dies bedeutet, dass nicht wie bei Variante 2 nur die zur Beantwortung von "conjunctive queries" notwendigen Teile des DB-Systems integriert werden, sondern das komplette DB-System einbezogen wird.
Die Integration eines vollständigen DB-Systems erscheint insofern unangemessen, als damit gegenüber der Variante 2 kein funktionaler Gewinn verbunden ist. Trotzdem besitzen solche Frontend-Lösungen eine eigenständige Bedeutung, da sie aus pragmatischen Gründen (schnellere Systementwicklung, keine "saubere" Modularisierung des DB-Systems mit geeigneten Schnittstellen) häufig bevorzugt werden.

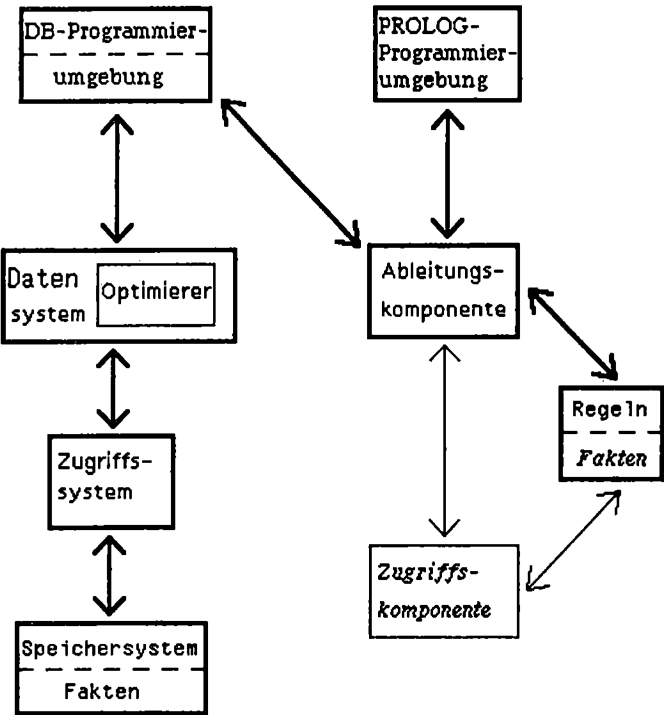

Abb. 47 Integration eines kompletten DB-Systems

DBPS der Variante 3 zeichnen sich dadurch aus, dass sie neben der PROLOG-Programmierumgebung auch die relationale DML des zugrundeliegenden DB-Systems als zweite Benutzerschnittstelle anbieten könnten.

Eine interessante Realisierung dieser Variante beschreiben Jarke, Clifford und Vassiliou in [JAR1]. Sie zeigen einen flexiblen Mechanismus zur Kopplung von PROLOG und SQL über eine Zwischensprache, die nach "oben" (zur Integration von SQL in Expertensysteme) und "unten" (zur Integration anderer DB-Systeme in PROLOG) Freiheiten lässt.

7.3. Das System CPDB - PROLOG mit DB-Unterstützung und Meta-Interpreter

Bevor wir in den Abschnitten 7.3.2. und 7.3.3. das System CPDB vorstellen, wollen wir kurz das zugrundeliegende DB-System SYSTEM B beschreiben.

7.3.1. Das DB-System SYSTEM B

SYSTEM B ([BENS]) wurde in den Jahren 1979/ 80 als relationales DB-System für Mikrocomputer entwickelt. Es besitzt eine dem ANSI-SPARC-Ansatz angelehnte Schichtenarchitektur, die in Abb. 48 in vereinfachter Form dargestellt ist und dem in Abschnitt 7.2. vorgestellten Architekturkonzept entspricht (vergl. Abb. 42). In einem integrierten *Datenwörterbuch* wird die Struktur der Datensätze bzw. Relationen festgelegt, womit ein Höchstmass an Datenunabhängigkeit gewährleistet ist.

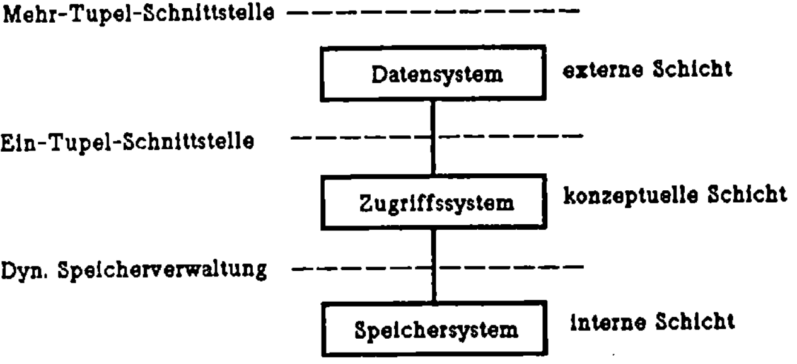

Abb. 48 Schichtenarchitektur von SYSTEM B

Als unterste Ebene wurde ein *Speichersystem* realisiert, das darauf aufbauenden Moduln ein lineares Adressraumkonzept zur Verfügung stellt. Mit dem Speichersystem wird auch Unabhängigkeit von den verwendeten Sekundärspeichermedien erreicht.

Das *Zugriffssystem* auf der nächst höheren Ebene übernimmt die Abspeicherung von Dateien und Sekundärindexen durch den Einsatz von *Präfix-B*-Bäumen*. Datensätze können durch Operationen des Zugriffssystems eingefügt oder verändert werden. Ausserdem stehen Funktionen für den Direktzugriff sowie für das sequentielle Durchlaufen von Relationen und Sekundärindexen zur Verfügung. Da die Operationen des Zugriffssystems jeweils nur auf einem Datensatz arbeiten, bildet diese Schnittstelle die *Ein-Tupel-Schnittstelle* zu höheren Moduln. Sowohl die Funktionen des Speichersystems als auch die des Zugriffssystems können über die Programmiersprache PASCAL als *Gastsprache* direkt aufgerufen werden. Von dieser Möglichkeit macht auch das System CPDB Gebrauch.

Für SYSTEM B wurde die deskriptive graphische *Abfragesprache GQL* entwickelt ([SCHW]), die sich stark an Query-by-Example anlehnt. GQL bietet eine benutzerfreundliche, mengen-orientierte *Mehr-Tupel- Schnittstelle* und stellt damit die oberste Ebene des Schichtenmodells, das *Datensystem*, dar.
[BECR] zeigen, dass Eigenschaften von SYSTEM B wie dynamische Speicherplatzverwaltung, virtuelle Speicherverwaltung und physikalische Clusterung von Datensätzen bezüglich des Primärschlüssels einer Relation die Integration von *Programmiersprachen-* und *Methodenbankkonzepten* erlauben.

7.3.2. Einige Entwurfsentscheidungen

Architektur
Das System CPDB sollte als ein DBPS der Variante 1a (siehe Abschnitt 7.2.3.) realisiert werden, mit der Besonderheit, dass neben den Fakten auch Regeln in der DB des zugrundeliegenden SYSTEM B gespeichert werden. Eine an Abb. 44 angelehnte Architekturskizze mit differenzierter Darstellung von (PROLOG-)*Ableitungskomponente* und (DB-)*Zugriffssystem* zeigt Abb. 49. Aus Gründen einer kompakteren Beschreibung von CPDB sind darin bereits einige Implementierungsdetails enthalten, auf die wir in Abschnitt 7.3.3. noch näher eingehen.

Die CPDB-Ableitungskomponente beinhaltet die *Ableitungssteuerung* und das *Datenverwaltungs-System* mit den *Laufzeit-stacks*. Die Ableitungssteuerung realisiert einen normalen PROLOG-Interpreter mit *Meta-Interpreter* unter Verzicht auf temporäre Speicherung abgeleiteter Fakten (DBPS mit *Interpretierungs-* und *Ableitungsansatz*) und ist in [ROSE] ausführlich dargestellt. Die Ableitungssteuerung hat sowohl Zugriff auf die Laufzeit-stacks des

Datenverwaltungssystems als auch (über die Prozeduren `HoleLiteral` und `HoleKlausel`) auf Klauseln, d.h. Fakten und Regeln, der PROLOG-Programme des CPDB-Zugriffssystems.

Das CPDB-Zugriffssystem besteht aus dem Zugriffs- und dem Speichersystem des DB-Systems SYSTEM B, sowie einem vorgeschalteten Zwischenspeicher (*Literal-Cache*), der dem Einlagern von jeweils ableitungs-relevanten PROLOG-Programmteilen des PROLOG-Interpreters Rechnung trägt. Damit soll erreicht werden, dass Klauseln, die mehrmals kurzfristig hintereinander benötigt werden (z.B. bei Rekursion), nicht ständig über explizite Datenbankzugriffe ein- und ausgelagert werden müssen. In [EISE] werden spezielle *Ein- und Auslagerungstechniken* vorgestellt, die es gestatten, solches "Lokalitätsverhalten" in PROLOG-Programmen zu berücksichtigen. Laufzeit-stacks (Stack-Datei) erlauben die Ausführung "beliebig" komplexer Deduktionen, die nur durch die Kapazität der Sekundärspeichermedien begrenzt sind.

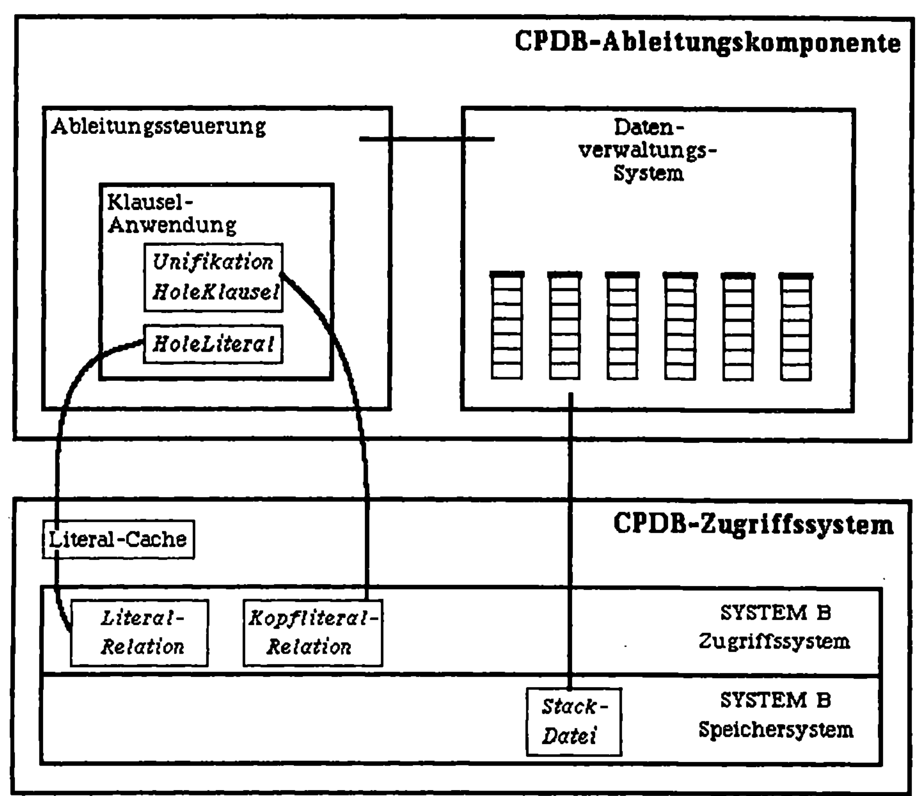

Abb. 49 CPDB-Architektur

Ableitungsstrategie

Die Ableitungsstrategie basiert auf dem *Resolutionsprinzip* und verfolgt einen *leftmost depth-first Durchlauf*, der allerdings durch eine Beschleunigung des Durchlaufs (*Literalfädelung* statt Klauselspeicherung und eine sogenannte *Vorunifikation*) sowie einen Meta-Interpreter verbessert ist.

Abb. 50 soll anhand eines kleinen Beispiels veranschaulichen, warum wir zur Beschleunigung des Durchlaufs PROLOG-Programme in zwei DB-Relationen (LITERAL und KOPFLITERAL genannt) ablegen.

Die Rechtecke in Abb. 50 repräsentieren Literale. Literale einer Klausel sind jeweils durch dicke waagerechte Linien verbunden (z.B. bilden L_{21}, L_{22} und L_{23} eine Klausel). Bei der leftmost depth-first Ableitungsstrategie werden alle Literale in der durch die dick gezeichneten Linien festgelegten Reihenfolge durchlaufen (also erst L_1, dann L_{21}, dann L_{31}, L_{32} usw.) und beim Backracking im Falle erfolgloser Ableitung in umgekehrter Reihenfolge zurück verfolgt.

Es sollte klar sein, dass es bei tiefen Ableitungsbäumen und evtl. zusätzlich langen, d.h. aus vielen Literalen bestehenden Klauseln wenig sinnvoll ist, jeweils die kompletten Klauseln des durch das zu bearbeitende Literal ausgezeichneten Ableitungsweges zugreifbar zu halten. Vielmehr scheint es uns zweckmässig, ausgehend vom "aktuellen" Literal, das bezüglich des Backtracking folgende bzw. vorhergehende Literal direkt, d.h. ohne seine komplette Klausel zugreifen zu können (Prinzip der *Literalfädelung*).

In Abb. 50 ist die Reihenfolge der im "Direktzugriff" gewünschten Literale durch die dünn gezeichneten Linien veranschaulicht. In einer DB-Relation (in CPDB die Relation LITERAL) sollten folgerichtig nicht die kompletten Klauseln, sondern nur die Literale der Klauseln in der durch das PROLOG-Programm vorgegebenen Reihenfolge abgelegt werden.

Um während der Ableitung die zu einem Literal passenden Klauseln zu finden, wird in vielen PROLOG-Systemen das gesamte PROLOG-Programm sequentiell durchsucht. Dies kann aber durch Einführung einer zweiten DB-Relation (in CPDB die Relation KOPFLITERAL) vermieden werden. In dieser Relation sollte für jedes Argument eines Klauselkopfes ein Tupel eingetragen werden.

Eine geschickte Ausnutzung und Kombination der Sortier- und Clustermöglichkeiten von SYSTEM B ermöglicht es dann, im Rahmen einer sogenannten *Voruniflkation*, nicht in Frage kommende Regeln von der Überprüfung auf Anwendbarkeit auszuschliessen, indem die Unmöglichkeit zur Unifikation von Argumenten festgestellt wird. Gerade bei grossen Fakten- und Regelbasen führt das zu einer erheblichen Reduzierung des Ableitungsaufwandes, wie Beispiele in [ROSE] belegen.

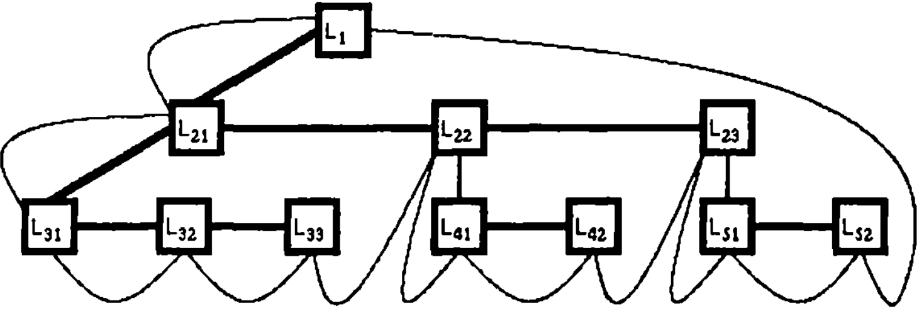

Abb. 50 Ableitungsbaum

Metasystembildung

CPDB sollte einen Meta-Interpreter besitzen, der die Definition und Anwendung verschiedener Metaregeln erlaubt.

Im Gegensatz zu dem Ansatz von [GALA] sollte nicht bei jedem Ableitungsschritt geprüft werden, ob eine global deklarierte Metaregel relevant ist, sondern durch lokale, auf jeweils eine Regel bezogene Metaregeln die Ableitung beschleunigt werden.

Als Beispiele globaler *Ausschlussregeln* mögen die beiden folgenden dienen:
"Wende Regel 2 immer nur nach Regel 4 an".
"Wende (die rekursiven) Regeln 3 und 4 höchstens zweimal in einem 'Ableitungsweg' an."

Diese Art des definitiven Ausschlusses von möglichen Regelanwendungen kann durch weitere globale Metaregeln zur Vereinbarung von Präferenzen bei der Verfolgung von gleichzeitig möglichen Regeln ergänzt werden.

Beispiele <u>globaler</u> *Präferenzregeln*:
"Wenn Regel 1 und Regel 2 anwendbar sind, wende zunächst Regel 2 an."
"Wenn möglich, wende immer erst Regel 3 an."

Metaregeln in CPDB sollten vielmehr lokal sein, sollten also auf eine einzelne PROLOG-Regel bezogen werden können und damit ein flexibleres Werkzeug zur Effizienzsteigerung bieten, als dies bei global vorgegebenen, für den gesamten Ableitungsprozess gültigen und damit in jedem Ableitungszustand zu überprüfenden Metaregeln der Fall wäre.

Die bei CPDB verfolgte Idee der Bildung lokaler Metaregeln stützt sich auf die aus dem Bereich der Formalen Sprachen bekannten *controlled grammars* von Ginsburg ([GINS]). Danach werden Produktionen contextfreier Grammatiken sogenannte *Kontrollworte* zugeordnet, die die Ableitungskomplexität i.a. wesentlich einschränken. Etwa im Vergleich zu einer vollständigen leftmost Ableitung des nicht-terminalen Startsymbols werden jeweils nur solche Produktionen angewandt, die den aktuellen Ableitungszustand des Kontrollworts respektieren. Als lokale Metaregeln sollten Konzepte wie "Sequenz", "Alternative" und Kontrollstrukturen wie "While-" und "For-Schleife" realisiert werden, die wir zum Abschluss von Abschnitt 7.3.3. noch ausführlich darstellen.

Die Verwendung solcher lokaler Metaregeln ermöglicht eine Unterbrechung und Abkürzung des Backtracking, wenn eine Regel mit einem Kontrollwort angewendet wird: der "normale" Ableitungsvorgang wird unterbrochen und nur die durch die Metaregel vorgeschriebene Ableitung durchgeführt, bis der durch das Kontrollwort gesteuerte Ableitungsprozess beendet ist, um dann wieder in die globale Steuerung zurückzukehren.

Der Meta-Interpreter sollte als Frontend in PROLOG implementiert werden, um eine *Portabilität* bezüglich anderer PROLOG-Systeme zu erreichen.

7.3.3. Implementierung von CPDB

Die Implementierung des Systems CPDB wollen wir nur in einigen Ausschnitten beschreiben und konzentrieren uns auf die Darstellung der für die Ableitungsstrategie grundlegenden Relationen LITERAL und KOPFLITERAL, der Vorunifikation und des Meta-Interpreters. Diese Auswahl orientiert sich daran, die beiden wesentlichen Charakteristika von CPDB, die DB-Unterstützung und den Meta-Interpreter, auch bezüglich der Realisierung herauszustellen. Für ein intensiveres Studium der implementierungstechnischen Details, Tests und Ergebnisse sei auf [EISE] und [ROSE] verwiesen.

Die Relation LITERAL
Zur Eingabe von PROLOG-Programmen steht ein *Editor* zur Verfügung, mit dem die Programme direkt in die SYSTEM B-Relationen LITERAL und KOPFLITERAL abgebildet werden. Die Relation
```
LITERAL (NR, PRÄDIKAT, PARAMETER)
```
enthält als erstes und gleichzeitig sequenzerhaltendes Attribut die Literalnummer (NR), die, weil sie *Primärschlüssel* der Relation ist, direkt angesprungen und somit als "PROLOG-*Programmarke*" verwendet werden kann.

Die beiden folgenden Attribute PRÄDIKAT und PARAMETER werden vom DB-System als Zeichenketten variabler Länge verwaltet, in die auch Informationen über die interne Darstellung integriert werden. Damit ist eine optimale Speicherplatzausnutzung und schnelle Abarbeitung sichergestellt, da während der Ableitung kein *parsing* mehr notwendig ist. Die syntaktischen Informationen werden bei der Eingabe der Literale gewonnen.

1. Beispiel:

Der PROLOG-Programmabschnitt

```
(1) Vorgesetzter (x,z) :- Chef (y,z), Vorgesetzter (x,y);
(2) Vorgesetzter (x,y) :- Chef (x,y);
(3) Chef (Schulz, Meier);
(4) Chef (Schulz, Müller);
(5) Chef (Meier, Lehmann);
(6) Chef (Hermann, Weber);
```

wird in die in Tab. 51 dargestellte Relation LITERAL überführt.

NR	PRÄDIKAT		PARAMETER
01	k Vorgeset 2		v0 v1 e
02	n Chef 2 2 2		v2 v1 e
03	n Vorgeset 2 2 2		v0 v2 e
04	k Vorgeset 1		v0 v1 e
05	n Chef 2 2 2		v0 v1 e
06	k Chef /		a 6 Schulz a 5 Meier e
07	k Chef /		a 6 Schulz a 6 Müller e
08	k Chef /		a 5 Meier a 7 Lehmann e
09	k Chef /		a 5 Meier a 5 Weber e

Tab. 51 1. Beispiel einer Extension der Relation LITERAL

Aus Tab. 51 wird deutlich, wie eine Regel über mehrere Literale hinweg konsekutiv in der Relation LITERAL abgelegt wird: in den beiden ersten Tupeln ist die Regel (1), in den Tupeln mit NR 03 bis 05 die Regel (2) und in den Tupeln mit NR 06 bis 09 sind die Fakten (3) bis (6) gespeichert.

Das Attribut PRÄDIKAT

Bei einem Kopfliteral oder Fakt setzt sich der Eintrag im Feld PRÄDIKAT zusammen aus:

Prädikatindex*Prädikatname*MaxVarNr

bei Rumpfliteralen aus:

Prädikatindex*Prädikatname*VorunifikationsInfo

Das erste Zeichen im Feld PRÄDIKAT, der Prädikatindex, zeigt an, um welche Literalart es sich handelt. Prädikatindex kann folgende Werte annehmen:

k: für Kopfliterale oder Fakten
n: für vom Benutzer deklarierte Rumpfliterale
b: für "built-in" Rumpfliterale

Prädikatname enthält eine auf 8 Zeichen beschränkte Bezeichnung des Prädikatnamens.

MaxVarNr (bei Kopfliteralen oder Fakten) enthält eine implementierungstechnisch bedingte Angabe über den grössten vergebenen "Variablenindex". Für z.B. eine Variable (standardmässig als "v0" notiert) steht dort eine "0", für z.B. drei Variablen (als "v0", "v1" und "v2" notiert) steht dort eine "2" und ein "/" taucht auf, falls die Klausel keine Variable enthält.

In VorunifikationsInfo (bei vom Benutzer deklarierten oder"built-in" Rumpfliteralen) werden zunächst die Anzahl und darauf folgend die Längen der Parameter, die in PARAMETER stehen, codiert.

Das Attribut PARAMETER

Es gibt fünf verschiedene Parameterarten, die durch ein entsprechendes Zeichen repräsentiert den daran anschliessenden Werten vorangestellt werden:

a: Atom
i: integer
f: frei definiertes Funktionssymbol
r: arithmetisches Funktionssymbol
v: Variable.

Ein Atom etwa besteht dann aus der Längenangabe und dem Bezeichner, z.B. in Tupel 06 "a 6 Schulz". Bei Funktionssymbolen kommt zu den beiden vorgenannten Angaben zusätzlich ein Argumenttext hinzu, der durch ein "e" begrenzt wird, um beliebige Verschachtelungen zu ermöglichen. Variablen brauchen nur bezüglich einer Klausel eindeutig identifizierbar zu sein. Daher folgt dem Variablenindikator "v" nur ein relativer Variablenindex.

2. Beispiel:

```
mag (besitzt(x, Buch (Uderzo, Asterix), Mike));
```

Das 2. Beispiel (für das einstellige Prädikat mag) verwendet geschachtelte Funktionsaufrufe, d.h. Argumente eines Prädikats können wiederum Prädikate sein. Zur Verdeutlichung ist der zugehörige Syntaxbaum in Abb. 52 angegeben. Über die Prädikate mag-besitzt-Buch wird in diesem Beispiel eine Schachtelungstiefe von 3 erreicht. Aus der Darstellung dürfte deutlich werden, dass die Klauseln praktisch ohne jeden Zerlegungsaufwand abgearbeitet werden können.

```
1                       mag
                         |
2                      besitzt
                      /   |   \
3                    x   Buch  Mike
                        /    \
4                   Uderzo  Asterix
```

Abb. 52 Syntaxbaum

Für das 2. Beispiel ergibt sich für die Abspeicherung in der Relation LITERAL das in Tab. 53 dargestellte Bild.

```
NR    | PRÄDIKAT      | PARAMETER
------------------------------------------------------------------------------------
10    | k mag    0    | f 7 besitzt v0 f 4 buch a 6 Uderzo a 7 Asterix e
      |               | a 4 Mike e e
```

Tab. 53 2. Beispiel einer Extension der Relation LITERAL

Die Relation KOPFLITERAL

Die Relation KOPFLITERAL enthält Einträge für alle Klauselköpfe, auf die bei der Vorunifikation direkter Zugriff besteht, und hat folgenden Aufbau:

```
KOPFLITERAL (PRÄDIKAT, ARGNR, KLNR, TYP, WERT, LITANZ)
```

In die Relation KOPFLITERAL wird für jedes Argument eines Klauselkopfes ein Tupel eingetragen. Das erste Feld PRÄDIKAT enthält den Prädikatnamen des Klauselkopfes. ARGNR ist die laufende Nummer der Argumente innerhalb des Klauselkopfes. Das dritte Feld KLNR enthält die Nummer des Kopfliterals, unter der die Klausel beginnt und direkt zugreifbar ist.

Das Feld TYP beschreibt die Parameterart und entspricht der oben dargestellten Codierung der Parameter in der Relation LITERAL. Im Feld WERT wird bei den Parameterarten Atom ("a") und Integer ("i") der entsprechende Wert des Atoms abgelegt. Schliesslich wird im Attribut LITANZ die Anzahl der Literale der angesprochenen Klausel notiert.

PRÄDIKAT	ARGNR	KLNR	TYP	WERT	LITANZ
Chef	1	06	a	Schulz	2
Chef	1	07	a	Schulz	2
Chef	1	08	a	Meier	2 <-
Chef	1	09	a	Meier	2 <-
Chef	2	06	a	Meier	2
Chef	2	07	a	Müller	2
Chef	2	08	a	Lehmann	2
Chef	2	09	a	Weber	2 <<-
mag	1	10	f	besitzt	1
Summe	1	11	v		3
Summe	2	11	v		3
Summe	3	11	v		3
Vorgeset	1	01	v		3
Vorgeset	1	04	v		2
Vorgeset	2	01	v		3
Vorgeset	2	04	v		2

Tab. 54 Beispiel der Relation KOPFLITERAL

Die ersten fünf Attribute (PRÄDIKAT, ARGNR, KLNR, TYP, WERT) bilden den Primärschlüssel der SYSTEM B- Relation KOPFLITERAL. Damit sind alle Tupel der Relation bezüglich dieser Attributkombination nicht nur sortiert, sondern sogar "geclustert", d.h. physisch benachbart abgelegt. Man kann daher davon ausgehen, dass mit einem logischen Zugriff auf KOPFLITERAL alle Tupel zu einem bestimmten Argument eines Prädikates in den Hauptspeicher übertragen werden.

Für den zuvor aufgeführten Programmausschnitt und die beiden Beispiele ergeben sich in der Relation KOPFLITERAL die in Tab. 54 aufgeführten Einträge.

Bei geschachtelten Literalen, wie bei dem Literal mag, wird nur ein Eintrag für Prädikatnamen auf Schachtelungsebene 2 gemacht (besitzt), da von der Ableitungskomponente keine tiefergehenden Informationen für die Unifikation benötigt werden.

Vorunifikation

Die Schnittstelle zwischen dem CPDB-Zugriffssystem und der CPDB-Deduktionskomponente besteht nur aus einer Prozedur mit folgendem Prozedurkopf:

```
procedure HoleKlausel (PrädName:   string[8];
                       DB Marke:   integer[6];
                       var Vorunif: VorunifListe;
                       var determ:  boolean);
```

Die Informationen der Relation KOPFLITERAL werden ausgenutzt, wenn während des Ableitungsvorganges mit dieser Prozedur HoleKlausel zu einer Klausel eine zu "matchende" Klausel gesucht wird.

Das soll an folgendem Beispiel demonstriert werden.

Gesucht sei ab Klauselnummer (DB-Marke) "06" eine Klausel mit PrädName "Chef", dem ersten Argument "Meier" und dem zweiten Argument "Weber". An das Zugriffssystem wird nun der Verweis Vorunif auf folgende Vorunifikationsliste als Suchargument übergeben:

| PrädName = Chef
DB Marke = 06 | ----> | ARGNR = 1
TYP = a
WERT = Meier | ----> | ARGNR = 2
TYP = a
WERT = Weber | ----\| |

Mit nur einem logischen Zugriff werden dann aus der Relation KOPFLITERAL alle Tupel mit dem PRÄDIKAT "Chef", mit Argumentnummer "1" oder "2" und mit einer Klauselnummer KLNR grösser oder gleich "06" geladen. Durch sequentiellen Durchlauf durch die Relation KOPFLITERAL ab den "Einstiegsstellen" (<-, <<-; siehe Tab. 54) und nach Vergleich mit den als Suchargument übergebenen Parameterwerten kann schnell festgestellt werden, dass die Klausel mit der Nummer "09" die nächste ist, die in Frage kommt. Ausserdem wird dem aufrufenden Interpreter über die Variable determ mitgeteilt, ob es noch mindestens eine weitere Klausel gibt, die den Suchargumenten genügt. Wenn das nicht der Fall ist, so bezeichnet man die Klauselanwendung als deterministisch. Dies kann zur Reduzierung des Ableitungsbaumes führen, was sich wiederum in einer kleineren Zahl an Backtracking-Versuchen und weniger Speicherplatzbedarf ausdrückt.

Metasystem

Die Bedeutung eines effizienten Metasystems haben wir wiederholt betont. CPDB versucht dieser Anforderung durch einen Meta-Interpreter zur Beschleunigung des Backracking anhand lokaler, an die Klauseln gebundener Metaregeln gerecht zu werden. Die Idee ist die, Kontrollworte für Klauselköpfe durch einige sogenannte *Basiskonstrukte* wie Sequenz, Alternative und algorithmische Kontrollstrukturen zu bilden, an denen sich die Anwendung der durch die jeweiligen Klauselköpfe bestimmten Regeln orientieren muss.

Das bedeutet, dass nicht alle Literale des Regelrumpfes bezüglich aller "passenden" Klauselköpfe anderer Regeln gematcht und diese Regeln ausgeführt werden dürfen, sondern dass die Reihenfolge von weiteren Regelanwendungen durch die Basiskonstrukte vorgegeben ist.

Im System CPDB sind dazu die folgenden Basiskonstrukte verfügbar.

<u>Sequenz[i_1,...,i_n]</u>
    bedeutet: "wende erst Regel i_1, dann Regel ..., dann Regel i_n an",

<u>Alternative[i_1,...,i_n]</u>
    bedeutet: "versuche erst Regel i_1 anzuwenden, dann und nur wenn dies nicht ging, wende Regel i_2 an, usw.", wobei kein Backtracking erlaubt ist, wie dies beim nächsten Konstrukt der Fall ist,

<u>Präzedenz[i_1,...,i_n]</u>
    hat die gleiche Semantik wie Alternative bis auf den Unterschied, dass bei erfolgloser Ableitung ein Backtracking erlaubt ist,

<u>Stern[i]</u>
    bedeutet: "wende Regel i so oft wie möglich an",

<u>While[b,i]</u>
    bedeutet: "wende Regel i solange an, wie Bedingung b erfüllt ist",

<u>For[i,n]</u>
    bedeutet: "wende Regel i n-mal an",

<u>If-then-else[b,i_1,i_2]</u>
    bedeutet: "wenn die Bedingung b erfüllt ist, wende Regel i_1 sonst Regel i_2 an".

Bem. 1. Aus solchen Basiskonstrukten lassen sich durch Schachtelung "beliebige" Kontrollworte zusammensetzen.

2. In den Konstrukten while und if-then-else wird eine dynamische Kontextabhängigkeit der Ableitungssteuerung ermöglicht, indem Bedingungen ('b') geprüft werden. Solche Bedingungen können etwa Prüfungen der zeit-varianten Argumentliste eines Literals sein, was völlig neue Möglichkeiten zur Effizienzsteigerung eröffnet.

Im folgenden seien `KwList := [k1,k2,...,kn]` eine Liste von Klauselnummmern und `Kw` die Nummer einer einzelnen Klausel. Ferner seien `GLein` und `GLaus` sogenannte *Ziellisten* (GoalLists) für Ein- und Ausgabe des Meta-Interpreters, d.h. `GLein` enthält den Klauselkopf, auf den das Kontrollwort angewendet werden soll und in `GLaus` wird das Ergebnisprädikat zurückgegeben. Ausserdem sei `TE` ein built-in Prädikat für die textuelle Ersetzung. `AKW` (Ausführung des Kontrollwortes) sei schliesslich ein reservierter Prädikatname für folgende Regel:

```
AKW(GLein,GLaus,Kw)        ← integer(Kw), !, TE(GLein,GLaus,Kw);
```

Das erste Argument gibt an, auf welches Literal die Metaersetzung angewendet werden soll. Im zweiten Parameter wird das Ergebnis der Metaersetzung abgeliefert. Das dritte Argument ist das Kontrollwort, das die Ableitung beschreibt. Das built-in Prädikat `integer` überprüft, ob sein Argument `Kw` eine gültige Klauselnummer repräsentiert.

Die Einbettung in den Ableitungsmechanismus des PROLOG-Interpreters veranschaulichen wir anhand der beiden Regeln (1) und (2) des oben aufgeführten RROLOG-Programmausschnitts. Durch Angabe der Metaregel

```
AKW(Vorgesetzter(x,y),GLaus,Sequenz([1,2]));
```

kann man erreichen, dass man anstelle aller Vorgesetzten nur die Chefs der Chefs (also die Vorgesetzten auf der 2. "Hierarchiestufe") als Vorgesetzte definiert.

Zunächst wird durch die Anwendung der Regel

```
meta(Literal,Kw) :- AKW(Literal,GLaus,Kw);
```

folgende textuelle Ersetzung durchgeführt:

```
meta(Vorgesetzter(x,y), Sequenz([1,2]))              ->
meta(meta(Vorgesetzter(x,y),[1]),Sequenz([2]))       ->
meta(meta((Vorgesetzter(x,z),Chef(z,y)),[]),[2])     ->
meta((Chef(x,z),Chef(z,y)),[])                       ->
Chef(x,z),Chef(z,y)                                  = GLaus
```

Das Kontrollwort `Sequenz` ([1,2]) legt fest, dass das Literal zunächst gemäss Regel 1 und anschliessend der daraus entstandene Ausdruck durch Anwendung von Regel 2 noch einmal textuell ersetzt wird. Das erste Argument des `AKW`-Prädikats kann als Wurzelknoten eines *"Meta-Ableitungsbaumes"* betrachtet werden. Resolutionen werden im Meta-Ableitungsbaum bis auf den Unterschied in der Reihenfolge der Abarbeitung genauso wie beim PROLOG-Backtracking ausgeführt. Für dasselbe Literal können in verschiedenen Regelrümpfen natürlich auch verschiedene Kontrollwörter angegeben werden.
Durch die Meta-Ableitung wurde nun folgende Regel abgeleitet, die an den Anfang des PROLOG- Programms eingefügt wird:

```
ChefChef(x,y) :- Chef(x,z),Chef(z,y);
```

Um Namenskonflikte zu vermeiden, wird der Prädikatsname `ChefChef` ersetzt durch einen für diesen Zweck vorgesehenen reservierten Prädikatsnamen `ResPräd`. Mit dem Aufruf `call(ResPräd);` wird dann der Ableitungsschritt durchgeführt. Das built-in Prädikat "call" schränkt die Ableitung auf die als Argument übergebene Klausel ein. Anschliessend wird die durch Meta-Ableitung entstandene Klausel wieder aus dem PROLOG-Programm entfernt.

Basiskonstrukte des Meta-Interpreters in PROLOG
Die folgende Liste gibt die PROLOG-Realisierung der oben aufgeführten Basiskonstrukte an, wobei wir das Symbol ":-" zwischen Kopf- und Rumpfliteralen durch "←" ersetzt haben.

<u>Sequenz</u>
```
AKW(GLein,GLaus,sequenz,KwList) ← SEQUOP(GLein,GLaus,KwList);
SEQUOP(GLein,GLaus,[])          ← !, true;
SEQUOP(GLein,GLaus,[Kw | Rest]) ← AKW(GLein,GLZwErg,Kw),
                                  SEQUOP(GLZwErg,GLaus,Rest);
```

In GLaus steht als Ergebnis die sukzessive textuelle Ersetzung von GLein mit allen Kontrollwörtern der KwList. Es wird vorausgesetzt, dass jeweils eine Anwendung erfolgen kann. Andernfalls würde GLein als Ergebnis zurückgegeben. In anderer Schreibweise:

        GLaus = TE(. . . TE(TE(GLein,k1)k2) . . . kn)

GLZwErg steht für eine Zwischenergebnisliste von Klauselnummern. [Kw | Rest] ist die in [CLO1] eingeführte Listennotation. Hier steht Kw für den Listenkopf und Rest für die Restliste. Im Fall KwList = [k1,k2,...,kn] bedeutet das: Kw = k1 und Rest = [k2,...,kn].

Für die Definition des Basiskonstrukts Alternative ist ein Hilfskonstrukt LISTENKOPF notwendig:

Listenkopf
        GetKw(Kw,[Kw | Rest]);
        GetKw(Kw,[- | Rest])   ← GetKw(Kw,Rest);

Die Anwendung der Hilfsregel GetKw bewirkt ein Abspalten des Listenkopfes von einer Liste. Das Zeichen "-" repräsentiert eine beliebige Variablenbelegung.
Damit kann Alternative wie folgt spezifiziert werden:

Alternative
        AKW(GLein,GLaus,alternat(KwList))   ← ALTEROP(GLein,GLaus,KwList);
        ALTEROP(GLein,GLaus,KwList)   ← GetKw(Kw,KwList),AKW(GLein,GLaus,Kw),!,true;

Die Anwendung der textuellen Ersetzung von GLein mit Kontrollwörtern k1,k2,...,kn der KwList wird solange versucht, bis ein Kontrollwort ki gefunden wurde, mit dem die textuelle Ersetzung

        GLaus = TE(GLein,ki)

durchführbar ist. Falls es kein solches i gibt, wird GLein selber zurückgegeben. Alternative unterliegt - wie bereits ausgeführt - nicht dem Backtracking.

Präzedenz
        AKW(GLein,GLaus,präz(KwList))   ← PRAEZEDOP(GLein,GLaus,KwList);
        PRAEZEDOP(GLein,GLaus,KwList)   ← GetKw(Kw,KwList),AKW(GLein,GLaus,Kw);

Die Präzedenz arbeitet bis auf das Backtracking wie die Alternative. Wenn die weitere Ausführung eines PROLOG-Programms also in einen nicht mehr weiter ableitbaren Zustand führt, so kann aus der Kontrollwortliste KwList das jeweils nächste Kontrollwort kj ausprobiert werden mit 1 <= i < j <= n und GLaus =TE(GIein, kj) ist ausführbar.

Stern
        AKW (GLein, Glaus, stern (Kw))   ← STERNOP (GLein, GLaus, Kw);
        STERNOP (GLein, GLaus, Kw)   ← AKW (GLein, GLZwErg, Kw), !,
                                              STERNOP (GLZwERg, GLaus, Kw);
        STERNOP (GLein, GLein, Kw)   ← !, true;

Mit dem Stern-Operator wird die textuelle Ersetzung des Klauselkopfes mit dem Kontrollwort Kw solange durchgeführt, bis eine weitere Anwendung nicht mehr möglich ist. Das Ergebnis der letzten Ersetzung wird in GLaus zurückgegeben.

While
        AKW (GLein, GLaus, while (Bed,Kw)) ← WHILEOP (GLein, Blaus, Bed, Kw);
        WHILEOP (GLein, GLaus, Bed, Kw)   ← call (Bed),!,AKW (GLein,GLZwErg,Kw),
                                              AKW (GLZwErg, GLaus, while (Bed, Kw));
        WHILEOP (GLein, GLein, Bed, Kw)   ← !, true;

Die textuelle Ersetzung von GLein mit dem Kontrollwort Kw wird solange durchgeführt, wie die Bedingung Bed erfüllt ist.

```
For
    AKW (GLein, GLaus, for (N, Kw))    ← FOROP (GLein, GLaus, 1, N, Kw);
    FOROP (GLein, GLaus, Anz, N, Kw)   ← <=(Anz,N),!,AKW (GLein,GLZwErg,Kw),
                                         FOROP(GLZwErg,GLaus,+(Anz,1),N,Kw),!;
    FOROP (GLein, GLein, Anz, N, Kw)   ← !, true;
```

Die textuelle Ersetzung von GLein mit dem Kontrollwort Kw wird N-mal durchgeführt. Der boolesche Vergleichsoperator für "kleiner-gleich" wurde hier mit "<=" abgekürzt.

```
If-then-else
    AKW(GLein,GLaus,ifthel(Bed,Kw1,Kw2))   ← IFTHELOP(GLein,GLaus,Bed,Kw1,Kw2);
    IFTHELOP(GLein,GLaus,Bed,Kw1,Kw2)      ← call(Bed),!AKW(GLein,GLaus, Kw1);
    IFTHELOP(GLein,GLaus,Bed,Kw1,Kw2)      ← I,AKW (GLein,GLaus,Kw2);
```

Wenn die Bedingung Bed erfüllt ist, wird GLein textuell mit dem Kontrollwort Kw1, andernfalls mit Kw2 ersetzt.

7.3.4. Abschliessende Bemerkungen

Das System CPDB hat inzwischen bezüglich seiner Funktionalität einen stabilen Zustand erreicht und darf als eines der wenigen "echten" DB-unterstützten PROLOG-Systeme bezeichnet werden. Nach unseren Untersuchungen ist es das einzige DBPS, das Fakten <u>und</u> Regeln in einer DB verwaltet. Die Entwicklung eines Meta-Interpreters für ein DBPS ist uns ebenfalls nicht bekannt.

Natürlich bedarf die Frage, inwieweit die vom Meta-Interpreter angebotenen Basis-Konstrukte in praxisnahen Anwendungen tatsächlich eine wesentliche Effizienzsteigerung erlauben, noch weiterer Untersuchungen.

Eine grundsätzliche Fragestellung bleibt aber unabhängig vom Ergebnis solcher Untersuchungen, ob die Meta-Konstrukte einen Benutzer nicht überfordern. Zugespitzt formuliert kann man sagen, dass "die aus der deklarativen Problembeschreibung mit PROLOG resultierenden Nachteile mit dem gezielten, aber schwierig zu handhabenden Einsatz prozeduraler Elemente kompensiert werden müssen".
Allerdings ist festzuhalten, dass die Verwendung von Metaregeln dem Anwender völlig freigestellt ist: wenn der Anwender keine Metaregeln angibt, muss er sich mit dem normalen Backtracking begnügen; wenn das Backtracking zu ineffizient ist, muss er eben das Wissen um eine effizientere Ableitung durch Angabe von Metaregeln dem System mitteilen.

Die getroffenen Entwurfsentscheidungen haben sich unter den gegebenen Voraussetzungen (begrenzter Hauptspeicher, geringe CPU-Leistung) und Anforderungen (extensive Nutzung eines integrierten DB-Zugriffssystems und Kontrolle des Backtracking durch ein Metasystem) als richtig erwiesen. Insbesondere das "Aufbrechen" der Klauseln in Literale und deren Abspeicherung als Relationentupel brachten die erhofften Vorteile.
Bei der Analyse der Ein-/ Auslagerungsstrategien für den *Literal-Cache* erwies sich das LRD-Verfahren (*L*east *R*eference *D*ensity) als besonders geeignet für den Zugriff auf Literale während des Ableitungsprozesses. Es berücksichtigt sowohl die *Häufigkeit* H, als auch die *Zeitdifferenz* Z (zwischen der aktuellen Zeit und dem Zeitpunkt der letzten Anwendung des Literals): Referenzdichte RD = H / Z. Das Literal mit der niedrigsten Referenzdichte RD wird bei Bedarf durch ein neu einzulagerndes Literal überschrieben. Diese Strategie wird sowohl der Idee der Vorwärtsableitung als auch dem Backtracking gerecht und gewährleistet, dass etwa zunächst häufig verwendete, z.B. rekursive Regeln, nach einer gewissen Zeit durch fallende Referenzdichte "altern" und ausgelagert werden.

Zur Zeit existiert ein CPDB-System auf einem *apple III* mit *256* KB Hauptspeicher. Es werden verschiedene Programme getestet, um einen Vergleich mit anderen PROLOG-Systemen vorzubereiten. Ausserdem wird CPDB auf einen apple Lisa mit 68000 CPU übertragen. Dadurch sollen vor allem Laufzeituntersuchungen ermöglicht werden, die eine fundiertere Aussage zulassen, inwieweit man mit einer herkömmlichen Rechnerarchitektur den Anforderungen eines Logischen Programmiersystems gerecht werden kann.

Der hier vorgestellte Implementierungsansatz erhält aus der Sicht von Applikationen aus dem Bereich der Expertensysteme eine besondere Bedeutung, da wegen der *Mehrbenutzerfähigkeit* von SYSTEM B alle in der DB gespeicherten PROLOG-Programme von mehreren Benutzern gleichzeitig zugegriffen werden können. Im Gegensatz zum heutigen "state of the art" bei Expertensystemen bedeutet das einen grossen Vorteil bezüglich der *Verfügbarkeit* und *Anwendbarkeit* von Wissen. Natürlich entstehen im Rahmen sogenannter *kooperierender Expertensysteme* neue Problemstellungen, zu deren Lösung aber Erkenntnisse vom Mehrbenutzerbetrieb in DB-Systemen beitragen können.

Literaturverzeichnis

Die in der Literaturliste verwendeten Abkürzungen bedeuten:

AI = Artificial Intelligence, An International Journal,
North-Holland Publishing Company, Amsterdam

CACM = Communications of the ACM

GWAI = German Workshop on Artificial Intelligence

IJCAI = International Joint Conference on Artificial Intelligence

JACM = Journal of the ACM

MI = Machine Intelligence, An International Journal,
John Wiley & Sons, New York-Chichester

TODS = Transactions on Database Systems

TOPLAS = Transactions On Programming Languages And Systems

VLDB = International Conference on Very Large Data Bases

[AHUL] A.V. Aho, J.D. Ullman: "Universality of Data Retrieval Languages", Proceedings 6th ACM Symposium on Principles of Programming Languages, San Antonio/Texas, 1979, S. 110-120.

[APB1] H.-J. Appelrath, H. Bense: "Projektgruppe Deduktive DB-Systeme: Abschlussbericht", Interner Bericht der Abt. Informatik der Universität Dortmund, 1982.

[APB2] H.-J. Appelrath, H. Bense: "Zwei Schritte zur Verbesserung von PROLOG-Programmiersystemen: DB-Unterstützung und Meta-Interpreter", in [BLPI], S. 161-176.

[APP1] H.-J. Appelrath: "Wissensbereitstellung in Expertensystemen: Inferenzmechanismen auf relationalen Datenbanken", Dissertationsschrift, Universität Dortmund, Abteilung Informatik, 1983.

[APP2] H.-J. Appelrath: "Die Erweiterung von DB- und IR-Systemen zu Wissensbasierten Systemen", Tagungsband Deutscher Dokumentartag '84, Verlag Saur, München, 1985.

[AST1] M.M. Astrahan, D.D. Chamberlin: "Implementation of a Structured English Query Language", CACM, Vol. 18, No. 10, Oktober 1975, S. 580-588.

[AST2] M.M. Astrahan et al.: "System R: Relational Approach to Database Management", ACM TODS, Vol. 1, No. 2, Juni 1976, S. 97-137.

[BANC]   F. Bancilhon: "On the completeness of query languages for relational databases", Proceedings 7th Symposium on Mathematical Foundations of Computer Science, Springer-Verlag, Berlin-Heidelberg-New York, 1978, S. 112-123.

[BECR]   H. Bense, A.B. Cremers: "B-GEN - A Generalized Application Development System", Forschungsbericht Nr. 178, Universität Dortmund, Abteilung Informatik, 1984.

[BENO]   E. Bergmann, H. Noll: "Mathematische Logik mit Informatik-Anwendungen", Springer-Verlag, Berlin-Heidelberg-New York, 1977.

[BENS]   H. Bense: "Datenbankkonzepte für die Anwendungsprogrammierung im Personal Computing", Proceedings der GACM-Fachtagung Personal Computing, Teubner Verlag, Stuttgart,1981.

[BIBE]   W. Bibel: "Automated Theorem Proving", Vieweg-Verlag, Braunschweig, 1982.

[BISI]   W. Bibel, J. Siekmann: "Künstliche Intelligenz", (Frühjahrsschule Teisendorf, 1982), Informatik-Fachbericht Nr. 59, Springer-Verlag, Berlin-Heidelberg-New York, 1982.

[BISK]   J. Biskup: "A formal approach to null values in database relations", in [GAL1], S. 299-341.

[BLAU]   B.T. Blaustein: "Enforcing database assertions: Techniques and Applications", Ph. D. Thesis, Harvard University, Cambridge, August 1981.

[BLPI]   A. Blaser, P. Pistor (eds.): Tagungsband der GI-Fachtagung "DB-Systeme für Büro, Technik und Wissenschaft", Informatik-Fachbericht Nr. 94, Springer-Verlag, Berlin-Heidelberg-New York, 1985.

[BOBR]   D.G. Bobrow et al.: "GUS - a frame-driven dialog system", AI 8, 1977, S. 155-173.

[BOKO]   K.A. Bowen, R.A. Kowalski: "Amalgamating language and metalanguage in logic programming", in "Logic Programming" (Clark, Tärnlund, eds.), Academic Press, London, 1982, S. 153-172.

[BOWI]   D.G. Bobrow, T. Winograd: "An overview of KRL, a Knowledge Representation Language", Cognitive Science, Vol. 1, No. 1, Januar 1977, S. 3-46.

[BROD]   M. Brodie, J. Mylopoulos, J.W. Schmidt: "On Conceptual Modelling, Perspectives from Artificial Intelligence, Databases and Programming Languages", Springer-Verlag, Berlin-Heidelberg-New York, 1984.

[BUCH]   B.G. Buchanan, G. Sutherland, E.A. Feigenbaum: "Dendral and Meta-Dendral", AI 11, 1978, S. 5-24.

[BUNG]   D. Bungers, F. di Primio, W. Klar, E. Rome: "Konzept einer Expertensystem-Architektur", Arbeitspapiere der Gesellschaft für Mathematik und Datenverarbeitung (GMD), Nr. 91, Birlinghoven, 1984.

[BUPE]   B.P. Buckles, F.E. Petry: "A Fuzzy Representation Of Data For Relational Databases", Fuzzy Sets and Systems 7, North-Holland Publishing Company, 1982, S. 213-226.

[BUSH]   B.G. Buchanan, E.H. Shortliffe: "Rule-Based Expert Systems", Addison-Wesley
         Publishing Company, Reading, Massachusetts, 1984.

[CAMP]   J.A. Campbell: "Implementations of PROLOG", Ellis Horwood Limited, Chichester,
         1984.

[CHAK]   U.S. Chakravarthy, J. Minker, D. Tran: "Interfacing Predicate Logic Languages and
         Relational Databases", Proceedings of the First International Logic Programming
         Conference (M. van Caneghem, ed.), Marseille, 1982, S. 91-98.

[CHAM]   D.D. Chamberlin: "Relational Data-Base Management Systems", Computing Surveys,
         Vol. 8, No. 1, März 1976, S. 43-61.

[CHA1]   C.L. Chang: "DEDUCE 2: Further Investigations of Deduction in Relational Data
         Bases", in [GAMI], S. 201-236.

[CHA2]   C.L. Chang: "On evaluation of queries containing derived relations in relational
         databases", in [GAL1], S. 235-260.

[CHHA]   A.K. Chandra, D. Harel: "Computable queries for relational databases", Proceedings
         11th ACM Symposium on Foundations of Computer Science, Syracuse, Oktober 1980,
         S. 333-347.

[CHLE]   C.L. Chang, R. Lee: "Symbolic Logic and Mechanical Theorem Proving", Academic
         Press, New York, 1973.

[CLAR]   K.L. Clark: "Negation as failure", in [GAMI], S. 293-322.

[CLO1]   W.F. Clocksin, C.S. Mellish: "Programming in PROLOG", Springer-Verlag,
         Berlin-Heidelberg-New York, 2. Auflage, 1984.

[CLO2]   W.F. Clocksin, C.S. Mellish: "The UNIX PROLOG System", Software Report 5, Dept.
         of Artificial Intelligence, University of Edinburgh, Schottland, 1979.

[COD1]   E.F. Codd: "A Relational Model of Data for Large Shared Data Banks", CACM, Vol.
         13, No. 6, Juni 1970, S. 377-387.

[COD2]   E.F. Codd: "A Data Base Sublanguage Founded On The Relational Calculus",
         Proceedings of the workshop ACM SIGFIDET 1971, San Diego/California, November
         1971, S. 35-68.

[COD3]   E.F. Codd: "Relational completeness of data base sublanguages", in "Data Base
         Systems" (Rustin, ed.), Prentice-Hall, Englewood Cliffs/N.J., 1972.

[COD4]   E.F. Codd: "Extending the database relational model to capture more meaning", ACM
         TODS, Vol. 4, No. 4, 1979, S. 23-28.

[CRDO]   A.B. Cremers, G. Domann: "AIM - An Integrity Monitor", Proceedings VLDB 83,
         Florenz/ Italien, 1983, S. 167-170.

[DAHL] V. Dahl: "On Database Systems Development Through Logic", ACM TODS, Vol. 7, No. 1, März 1982, S. 102-123.

[DATE] C.D. Date: "An Introduction to Database Systems", Third Edition, Addison-Wesley Publishing Company, Reading, Massachusetts, 1981.

[DAVI] R. Davis: "Interactive Transfer of Expertise: Acquisition of New Inference Rules", AI 12, 1979, S. 121-157.

[DEDO] D. McDermott, J. Doyle: "Non-Monotonic Logic 1", AI 13, 1980, S. 41-72.

[DOYL] J. Doyle: "A truth maintenance system", AI 12, 1979, S. 231-272.

[EISE] J. Eisermann: "Entwurf und Implementierung eines Zugriffssystems für die Verwaltung von PROLOG-Programmen in relationalen Datenbanken", Diplomarbeit der Abt. Informatik der Universität Dortmund, 1984.

[ERLE] L.D. Erman, V. Lesser: "The application of artificial intelligence techniques to cooperative distributed processing", Proceedings 6th IJCAI, Tokyo, 1979, S. 537-540.

[ERMA] L.D. Erman et al.: "The HEARSAY-II speech-understanding system: integrating knowledge to resolve uncertainty", ACM Comput. Surveys, Vol. 12, No. 2, 1980, S. 213-253.

[FEI1] E.A. Feigenbaum: "Knowledge Engineering: The Applied Side of Artificial Intelligence", Stanford Heuristics Programming Project, Report No. HPP-80-21, 1980.

[FEI2] E.A. Feigenbaum, A. Barr: "The Handbook of Artificial Intelligence", Vol. 1 - 3, Kaufmann Inc., Los Altos, California, 1982.

[FEI3] E.A. Feigenbaum, P. McCorduck: "The Fifth Generation", Addison-Wesley Publishing Company, Reading, Massachusetts, 1983.

[FINA] D.H. Fishman, S.A. Naqvi: "An Intelligent Database System: AIDS", in [GAL4].

[FINI] R. Fikes, N. Nilsson: "STRIPS: A new approach to the application of theorem proving to problem solving", AI 2, 1971, S. 189-208.

[FORG] C.L. Forgy: "The OPS5 user's manual", Technical Report CMU-CS-81-135, Computer Science Department, Carnegie-Mellon University, 1981.

[FURU] K. Furukawa: "A deductive question-answering system on relational databases", Proceedings 5th IJCAI, Cambridge, August 1977, S. 59-66.

[GALA] H. Gallaire, C. Lasserre: "Metalevel Control for Logic Programs", in: "Logic Programming" (Clark, Tärnlund eds.), Academic Press, London, 1982, S. 173 ff.

[GAL1] H. Gallaire, J. Minker, J.M. Nicolas: "Advances in Database theory - vol. 1", Plenum Press, New York, 1981.

[GAL2] H. Gallaire, J. Minker, J.M. Nicolas: "Logic and Databases: A Deductive Approach", Computing Surveys, Vol. 16, No. 2, Juni 1984, S. 153-185.

[GAL3] H. Gallaire: "Impacts of Logic and Data Bases", Proceedings VLDB 81, Cannes/ Frankreich, 1981, S. 248-259.

[GAL4] H. Gallaire, J. Minker, J.M. Nicolas: "Advances in Database theory - vol. 2", Plenum Press, New York, 1984.

[GAMI] H. Gallaire, J. Minker: "LOGIC AND DATA BASES", Plenum Press, New York, 1978.

[GASC] J. Gaschnig: "Application of the PROSPECTOR System to Geological Exploration Problems", MI 10, 1982, S. 301-323.

[GINS] S. Ginsburg: "Control Sets on Grammars", Mathematical Systems Theory, Vol. 2, No. 2, 1968, S. 159ff.

[GRE1] C. Green: "Application of theorem proving to problem solving", Proceedings 1th IJCAI, Washington, D. C., 1969, S. 219-239.

[GRE2] C. Green: "Theorem-proving by resolution as a basis for question-answering systems", MI 4, März 1969, S. 183-205.

[HABE] C. Habel: "Logische Systeme und Repräsentationsprobleme", Tagungsband GWAI 83 (Neumann, ed.), Informatik-Fachbericht Nr. 76, Springer-Verlag, Berlin-Heidelberg-New York, 1983, S. 118-142.

[HAER] T. Härder: "Implementierung von Datenbank-Systemen", Hanser-Verlag, München, 1978.

[HAMC] M. Hammer, D. McLeod: "Database Description with SDM: A Semantic Database Model", ACM TODS, Vol. 6, No. 3, September 1981, S. 351-386.

[HARE] T. Härder, A. Reuter: "Database Systems for Non-Standard Applications", in Proceedings of the International Computing Symposium, Stuttgart, 1983, S. 452-466.

[HARL] D. Harel: Review zu "LOGIC AND DATABASES" ([GAMI]), Computing Reviews, August 1980, S. 367-369.

[HAYE] F. Hayes-Roth, D. A. Waterman, D. B. Lenat: "Building Expert Systems", Addison-Wesley Publishing Company, Reading, Massachusetts, 1983.

[HENA] L.J. Henschen, S.A. Naqvi: "On compiling queries in recursive fist-order databases", JACM, Vol. 31, No. 1, Januar 1984, S. 47-85.

[HERM] H. Hermes: "Introduction to mathematical logic", Springer-Verlag, Berlin-Heidelberg-New York, 1973.

[HEWI] C. Hewitt: "Description and theoretical analysis (using schemata) of PLANNER: A language for proving theorems and manipulating models in a robot", Ph. D. Thesis, MIT, Rep. No. AI-TR-258, Juni 1971.

[IBM]   SQL/Data System, Concept and Facilities, IBM Corp., GH 24-5013, Januar 1981.

[INGR]   Ingres Reference Manual, Version 6.1, Memo. No ERL-M 579, University of California, Berkeley, Dezember 1977.

[JAR1]   M. Jarke, J. Clifford, Y. Vassiliou: "An Optimizing Prolog front end to a relational query system"' Proceedings of ACM SIGMOD Conference, Boston, Juni 1984, S. 296-306.

[JAR2]   M. Jarke: "Zur Beurteilung natürlichsprachlicher Endbenutzerschnittstellen von Datenbanken", in [SCHM], S. 42-60.

[KERN]   B.W. Kernighan: "Programming in C - A Tutorial", Bell Labs, Murray Hill/New Jersey, 1977.

[KETR]   C. Kellogg, L. Travis: "Reasoning with Data in a Deductively Augmented Data Management System", in [GAL1], S. 261-295.

[KONO]   K. Konolige: "A Metalanguage Representation of Relational Databases for Deductive Question-Answering Systems", Proceedings 7th IJCAI, Vancouver, August 1981, S. 496-503.

[KONR]   E. Konrad: "Formale Semantik von Datenbanksprachen", Dissertationsschrift, TU Berlin, 1976.

[KORF]   R.E. Korf: "Toward a Model of Representation Changes", AI 14, 1980, S. 41-78.

[KOWA]   R.A. Kowalski: "Logic for Problem Solving", Elsevier North Holland Inc., 1979.

[KUHL]   R. Kuhlen: "Volltextanalyse zum Zweck des Abstracting"' Tagungsband Deutscher Dokumentartag '82, Verlag Saur, München, 1983, S. 300-312.

[KUNT]   B. Kuntzsch: "Ein Vergleich graphentheoretischer und grammatikalischer Strukturdefinitionen deduktiver Datenbanken", Diplomarbeit an der Abteilung Informatik der Universität Dortmund, 1981.

[KUYO]   S. Kunifugi, H. Yokota: "PROLOG and relational databases for fifth generation computer systems", in [GAL4].

[LEGU]   H. Lehmann, F. Guenthner: "Linguistische und logische Aspekte beim Aufbau eines juristischen Expertensystems", in Tagungsband der GLDV-Tagung 1984 (Hellwig, Lehmann, eds.), Olms Verlag, Hildesheim, 1984.

[LI]   D. Li: "A PROLOG Database System", Research Studies Press Ltd., John Wiley & Sons Inc., New York, 1984.

[LIPS]   J.W. Lipski: "On semantic issues connected with incomplete information databases", ACM TODS, Vol. 4, No. 3, 1979, S. 262-296.

[LLOY]   J.W. Lloyd: "An Introduction to Deductive Database Systems", The Australian Computer Journal, Vol. 15, No. 2, 1983, S. 52-57.

[LOEW] L. Löwenheim: "Über Möglichkeiten im Relativkalkül", Math. Annalen 76, 1915, S. 447-470.

[LOMA] P.C. Lockemann, H.C. Mayr: "Rechnergestützte Informationssysteme", Springer-Verlag, Berlin-Heidelberg-New York, 1978.

[LOST] D.W. Loveland, M.E. Stickel: "A hole in goal trees: some guidance from resolution theory", IEEE Trans. on Computers, C-25 (4), 1976, S. 335-341.

[LOVE] D.W. Loveland: "Automated Theorem Proving: A Logical Basis" North-Holland Publishing Company, New York, 1978.

[LUNI] D.C. Luckham, N.J. Nilsson: "Extracting information from resolution proof trees", AI 2, 1971, S. 27-54.

[MAFU] T.S. Maibaum, A.L. Furtado: "A uniform logical treatment of queries and updates", Technical report TR-DBO 18001, Pontificia Universidade Catolica, Rio de Janeiro, 1980.

[MAMO] A. Martelli, U. Montanari: "An Efficient Unification Algorithm", ACM TOPLAS, Vol. 4, No. 2, April 1982, S. 258-282.

[MANE] H. Marburger, B. Nebel: "Natürlichsprachlicher Datenbankzugang mit HAM-ANS: Syntaktische Korrespondenz, natürlichsprachliche Quantifizierung und semantisches Modell des Diskursbereichs", in [SCHM], S. 26-41.

[MCDE] J. McDermott: "A rule-based configurer of computer systems", AI 19, 1982, S. 39-88.

[MCHA] J. McCarthy, P.J. Hayes: "Some philosophical problems from the standpoint of Artificial Intelligence", MI 4, 1969, S. 463-502.

[MINI] J. Minker, J.M. Nicolas: "On recursive axioms in deductive databases", Information Systems, Vol. 8, No. 1, 1983, S. 1-13.

[MINS] M. Minsky: "A Framework For Representing Knowledge", in "The Psychology of Computer Vision" (Winston, ed.), 1975, S. 211-277.

[MIN1] J. Minker: "Search Strategy and Selection Function for an Inferential Relational System", ACM TODS, Vol. 3, No. 1, März 1978, S. 1-31.

[MIN2] J. Minker: "An experimental relational database system based on logic", in [GAMI], S. 107-147.

[MITS] B. Mitschang: "Überlegungen zur Architektur von Datenbanksystemen für Ingenieuranwendungen", Tagungsband der GI-Jahrestagung '84, Informatik-Fachbericht Nr. 88, Springer Verlag, Berlin-Heidelberg-New York, 1984, S. 318-334.

[MUEL] C. Müller: "A Prolog Front End To The Grid File", Diplomarbeit am Institut für Informatik der ETH Zürich, 1984.

[NAQ1] S.A. Naqvi, L.J. Henschen: "Performing Inferences over Recursive Databases", Proceedings of the First Annual National Conference on Artificial Intelligence (AAAI-80), Stanford, August 1980, S. 263-265.

[NAQ2] S.A. Naqvi, L.J. Henschen: "Synthesizing Least Fixed Point Queries into Non-recursive Iterative Programms", Proceedings 8th IJCAI, Karlsruhe, August 1983, Vol. 1, S. 25-28.

[NESI] A. Newell, H. Simon: "GPS, a program that simulates human thought", in: "Computers and Thought", (Feigenbaum, Feldman, eds.), McGraw Hill, New York, 1963.

[NEUM] B. Neumann: "Towards Natural Language Description of Real-World Image Sequences", Tagungsband der GI-Jahrestagung '82, Informatik-Fachbericht Nr. 57, Springer Verlag, Berlin-Heidelberg-New York, 1982, S. 349-358.

[NIC1] J.M. Nicolas, H. Gallaire: "Data Base: Theory vs. Interpretation", in [GAMI], S. 33-54.

[NIC2] J.M. Nicolas, K. Yazdanian: "Integrity Checking in Deductive Data Bases", in [GAMI], S. 325-346.

[NIC3] J.M. Nicolas, K. Yazdanian: "An Outline of BDGEN: A deductive DBMS", Proceedings of the IFIP 9th World Computer Congress (Mason, ed.), Paris, September 1983, S. 711-717.

[NIEM] H. Niemann: "Control Strategies in Image and Speech Understanding", Tagungsband GWAI 83 (Neumann, ed.), Informatik-Fachbericht Nr. 76, Springer-Verlag, Berlin-Heidelberg-New York, 1983, S. 31-49.

[NIEV] J. Nievergelt: "Die Gestaltung der Mensch-Maschine-Schnittstelle", in [SCHM], S. 1-10.

[NIL1] N.J. Nilsson: "Principles of Artificial Intelligence", Springer-Verlag, Berlin-Heidelberg-New York, 1982.

[NIL2] N.J. Nilsson: "A production system for automated deduction", MI 9, Dezember 1978, S. 101-128.

[NOSA] U. Noelke, S. Savory: "PROLOG-Systeme im Vergleich", Angewandte Informatik 3/84, S. 108-112.

[OSBO] J. Osborn et. al.: "Managing data from respiratory measurement", Medical Instrumentation, Vol. 13, No. 6, 1979.

[OTZO] N. Ott, M. Zoeppritz: "USL - an Experimental Information System based on Natural Language", in: "Natural Language Based Computer Systems" (Bolc, ed.), Hanser Verlag, München, 1979.

[PAGO] S.G. Pauker, G. Gorry: "Toward the Simulation of Clinical Cognition: Taking a Present Illness by Computer", American Journal of Medicine 60, Juni 1976, S. 981-995.

[PERE] L.M. Pereira, F. Pereira, D. Warren: "User's Guide to DECsystem-10 PROLOG", Interner Bericht des Laboratorio Nacional de Engenharia Civil, Lissabon/ Portugal, 1980.

[PIRO] A. Pirotte: "High Level Data Base Query Languages", in [GAMI], S. 409-436.

[POLA] W. Polak: "Program verification at Stanford: past, present, future", Tagungsband GWAI 81 (Siekmann, ed.), Informatik-Fachbericht Nr. 47, Springer-Verlag, Berlin-Heidelberg-New York, 1981, S. 256-276.

[POPL] H.E. Pople: "The Formation of Composite Hypotheses in Diagnostic Problem Solving: An Exercise in Synthetic Reasoning", Proceedings 5th IJCAI, Cambridge, August 1977, S. 1030-1037.

[PUPU] F. Puppe, B. Puppe: "Overwiev on MED1: A Heuristic Diagnostic System with an Efficient Control-Structure", Tagungsband GWAI 83 (Neumann, ed.), Informatik Fachbericht Nr. 76, Springer-Verlag, Berlin-Heidelberg-New York, 1983, S. 1120.

[RAUL] P. Raulefs: "Methoden der Künstlichen Intelligenz: Übersicht und Anwendungen in Expertensystemen", Tagungsband der GI-Jahrestagung '82, Informatik-Fachbericht Nr. 57, Springer-Verlag, Berlin-Heidelberg-New York, 1982, S. 170-187.

[REHA] U. Reimer, U. Hahn: "A Formal Approach to the Semantics of a Frame Data Model", Proceedings 8th IJCAI, Karlsruhe, 1983, S. 337-339.

[REI1] R. Reiter: "On closed world databases", in [GAMI], S. 55-76.

[REI2] R. Reiter: "Deductive question-answering on relational databases", in [GAMI], S. 149-177.

[RIC1] M.M. Richter: "Logikkalküle", Teubner Verlag, Stuttgart, 1978.

[RIC2] E. Rich: "Artificial Intelligence", McGraw-Hill, New York, 1983.

[ROB1] J.A. Robinson: "A machine-oriented logic based on the resolution principle", JACM, Vol. 12, Januar 1965, S. 23-41.

[ROB2] J.A. Robinson: "Logic Programming - Past, Present and Future", New Generation Computing, Vol. 1, No. 1, 1983, S. 107-124.

[ROGO] R.B. Roberts, I.P. Goldstein: "The FRL Manual", Technical Report, MIT Artificial Intelligence Laboratory, 1977.

[ROSE] T. Rose: "Entwurf und Implementierung eines PROLOG-Interpreters und eines Meta-Systems zur Integration von Kontroll-Wissen", Diplomarbeit der Abt. Informatik der Universität Dortmund, 1984.

[ROSI] J.A. Robinson, E.E. Sibert: "LOGLISP: An Alternative to Prolog", MI 10, 1982.

[SALT] G. Salton, E.A. Fox, H. Wu: "Extended Boolean Information Retrieval", CACM, Vol. 26, No. 12, Dezember 1983, S. 1022-1036.

[SAND]   E. Sandewall: "An approach to the frame Problem, and its implementation", MI 7, 1972, S. 195-204.

[SCAB]   R.C. Schank, R.P. Abelson: "Scripts, Plans, Goals and Understanding", Lawrence Erlbaum Association, 1977.

[SCHM]   J.W. Schmidt (ed.): Tagungsband des Fachgesprächs "Sprachen für Datenbanken" auf der GI-Jahrestagung '83, Informatik-Fachbericht Nr. 72, Springer-Verlag, Berlin-Heidelberg-New York, 1983.

[SCHN]   P. Schnupp: "PROLOG als Spezifikations- und Modellierungswerkzeug", in Tagungsband Requirements Engineering, Informatik-Fachbericht Nr. 74, Springer-Verlag, Berlin-Heidelberg-New York, 1983, S. 173 ff.

[SCHU]   L.K. Schubert: "Extending the Expressive Power of Semantic Networks", AI 7, 1976, S. 163-198.

[SCHW]   J. Schweinberger: "Implementierung einer graphischen Query Language auf einem Mikrocomputer", Diplomarbeit der Abt. Informatik der Universität Dortmund, 1983.

[SCH1]   H.-J. Schek: "Methods for the Administration of Textual Data in Database Management and Information-Retrieval System", in: "Information Retrieval Research (Oddy et al., eds.), Butterworths, London, 1981.

[SCH2]   P. Schefe: "Natürlicher Zugang zu Datenbanken?", Angewandte Informatik 10/83, S. 419-423.

[SCSC]   P. Schorn, T. Schulz: "LOGULA- die Integration von PROLOG und MODULA-2", Semesterarbeit am Institut für Informatik der ETH Zürich, 1984.

[SCST]   G. Schlageter, W. Stucky: Datenbanksysteme: Konzepte und Modelle", Teubner Verlag, Stuttgart, 1977.

[SHMC]   S.C. Shapiro, D.P. McKay: "Inference with recursive rules", Proceedings of the First Annual National Conference on Artificial Intelligence (AAAI-80), Stanford, August 1980, S. 151-153.

[SHOS]   R. Shostak (ed.): "Proceedings of the Seventh International Conference on Automated Deduction", Lecture Notes in Computer Science, Band 170, Springer-Verlag, Berlin-Heidelberg-New York, 1984.

[SIGA]   acm SIGART Newsletter: "Special Section on AI and Database Research" No. 86, Oktober 1983, S. 32-72.

[SIWR]   J. Siekmann, G. Wrightson (eds.): "Automation of Reasoning", Band 1 (Classical Papers on Computational Logic 1957-1966) und Band 2 (Classical Papers on Computational Logic 1967-1970), Springer-Verlag, Berlin-Heidelberg-New York, 1983.

[SMBA]   R.G. Smith, J.D. Baker: "The Dipmeter Advisor System", Proceedings 8th IJCAI, Karlsruhe, 1983, Vol. 1, S. 122-129.

[SMIT]   R.G. Smith: "A framework for distributed problem solving", Proceedings 6th IJCAI, Tokyo, 1979, S. 836-841.

[SMSM]   J.M. Smith, D.C.P. Smith: "Database Abstractions: Aggregation and Generalization", ACM TODS, Vol. 2, No. 2, Juni 1977, S. 105-133.

[STE1]   M. Stefik: "An examination of a frame-structured representation system", Proceedings 6th IJCAI, Tokyo, 1979, S. 845-852.

[STE2]   M. Stefik: "Planning with constraints (MOLGEN: Part 1)" bzw. ""Planning and Meta-planning (MOLGEN: Part 2)", AI 16, 1981, S. 111-139 bzw. S. 141-169.

[STE3]   M. Stefik: "The Organization of Expert Systems, A Tutorial", AI 18, 1982, S. 135-173.

[STON]   M. Stonebraker, E. Wong, P. Kreps: "The Design and Implementation of INGRES", ACM TODS, Vol. 1, No. 3, September 1976, S. 189-222.

[SUWI]   G. Sussman, T. Winograd: "Micro-planner reference manual", Technical Note AIM-203, MIT Cambridge, 1970.

[SZPA]   P. Szolovits, S.G. Pauker: "Categorical and Probabilistic Reasoning in Medical Diagnosis", AI 11, 1978, S. 115-144.

[THRI]   K. Thompson, D.M. Ritchie: "UNIX Programmer's Manual", 6. Ausgabe, Bell Labs, Murray Hill/New Jersey, Mai 1975.

[ULLM]   J.D. Ullman: "Principles of Database Systems", Computer Science Press, 1980.

[VASS]   Y. Vassiliou: "Integrating Database Management and Expert Systems" in [BLPI], S. 147-160.

[VENK]   R. Venken: "The interaction between PROLOG and relational databases ", VLDB '85, Stockholm, 1985, (preprint).

[VICT]   N. Victor: "Probleme des Einsatzes entscheidungstheoretischer Methoden in der medizinischen Diagnostik", Tagungsband der GI-Jahrestagung '81, Informatik-Fachbericht Nr. 50, Springer-Verlag, Berlin-Heidelberg-New York, 1981, S. 557-567.

[WAHL]   W. Wahlster: "Natürlichsprachliche Argumentation in Dialogsystemen", Informatik Fachbericht Nr. 48, Springer-Verlag, Berlin-Heidelberg-New York, 1981.

[WALT]   D.L. Waltz: "Natural Language interfaces", SIGART Newstetter 61, 1977, S. 16-65.

[WARR]   D.H.D. Warren: "Efficient Processing of Interactive Relational Database Queries expressed in Logic", Proceedings VLDB 81, Cannes/ Frankreich, 1981, S. 272-281.

[WEIN]   J.L. Weiner: "BLAH, A System Which Explains its Reasoning", AI 15, 1980, S. 19-48.

[WEIS]   S.M. Weiss et. al.: "A Model-Based Method for Computer-Aided Medical Decision-Making" AI 11, 1978, S. 145-172.

[WEKU] S.M. Weiss, C.A. Kulikowsk: "EXPERT: A System for Developing Consultation Models", Proceedings 6th IJCAI, Tokyo, 1979, S. 942-947.

[WINS] P. H. Winston: "The AI Business", MIT Press, Cambridge, Massachusetts, 1984.

[WIN1] T. Winograd: "Understanding Natural Language", Academic Press, New York, 1972.

[WIN2] T. Winograd: "Extended Inference Modes in Reasoning by Computer Systems", AI 13, 1980, S. 5-26.

[ZADE] L.A. Zadeh: "A theory of approximate reasoning", MI 9, 1979, S. 149-196.

[ZEHN] C.A. Zehnder: "Informationssysteme und Datenbanken", Teubner Verlag, Stuttgart, 1985.

[ZLOO] M.M. Zloof: "Query-By-Example: a database language", IBM Systems Journal 16,4, 1977, S. 324-343.

Abkürzungsindex